KB264967

글로벌 뉴스와 번역

글로벌 뉴스와 번역

글로벌 뉴스와 번역

Translation in global news

에스페랑카 비엘사 · 수잔 바스넷 지음
노승엽 · 손은희 · 권인경 · 이한별 옮김

도서출판 동인

* 이 번역학 총서는 2단계 두뇌한국(BK)21 사업에 의하여 지원되었음
(부산대 영상산업 번역전문인력 양성사업단 번역학 총서)

감 사 의 글

이 책은 다년간의 학술 세미나와 연구 사업을 지원해온 예술인문 연구회Arts and Humanities Research Council의 기금으로 출간하였다. 프로젝트를 진행하는 동안 계속해서 조언을 아끼지 않았던 튀르쿠 대학의 이브 겜비어 교수와 애스턴 대학의 크리스티나 샤프너 교수에게 특히 감사드린다.

또한 우리를 다정하게 맞아주며 기꺼이 인터뷰에 응해준 몬테비데오의 IPS, AFP 그리고 런던 로이터본사의 저널리스트들 모두와 그 중 IPS의 마리오 루베킨과 미렌 구티에레스, 로이터의 앤서니 윌리엄스에게도 특별히 감사의 말을 전하고 싶다.

워릭대학교 번역과 문화비교연구 센터 및 세계화와 지역화 연구 센터의 동료와 대학원생, 특히 레드 찬, 크리스 휴스, 알베르토 오렌고, 장 아뜨 솔티, 조이 시슬리, 클레어 차이에게도 감사한다. 또한 비서지원업무에 자넷 베일리, 캐롤린 파커, 모린 터스틴에게도 감사드린다.

2장의 초판본은 *Language and Intercultural Communication*에서 확인할 수 있다(Vol. 5: 2, 2005). 3장은 *Global Networks*로 출간되었으며(Vol. 8: 3, 2008), 4장은 존 벤자민스 출판사(www.benjamins.com)의 너그러운 허락을 받아 *Target* 저널에 *Translation in Global News Agencies*로 출간되었다 (Vol. 19: 1, 2007).

부록은 2004년 4월에 열린 심포지엄 개최 후 워릭대학교 웹사이트에 공개되었다.

서 문

이 책은 서로 다른 두 학제간 분야에 관한 연구를 위해 쓰였다. 하나는 번역학Translation Studies이고 다른 하나는 세계화 연구Globalization Studies이다. 문화 간의 커뮤니케이션이 중요해진 21세기에 두 학문이 크게 발전하였으나 각 분야의 연구자들은 각각의 연구가 서로 얼마나 밀접한 관련이 있는지 모른 채 독자적인 길을 걸어왔다. 제1장에서 보듯이 번역학은 언어 등가의 성질, 번역 불가능성 문제, 언어와 문화의 복잡한 관계 등에 대한 논쟁을 중심으로 연구가 이루어진 반면 세계화 연구는 놀랍게도 언어 문제를 간과한 채 글로벌 커뮤니케이션과 상호교류에 관한 연구를 확장시켰다. 이런 양상에 대한 이유는 번역학은 언어를 출발점으로 하였고 세계화 연구는 사회학을 출발점으로 하였기 때문이다. 하지만 두 분야가 발전을 거듭하면서, 베네딕트 앤더슨Benedict Anderson의 연구와 같이 때로 똑같은 이론적 장치를 이용하여 학문적 분석이 이뤄졌기 때문에 서로 만나는 접점이 많아졌다. 그래서 세계화와 번역이 지향하는 주요한 함축적 의미를 다양한 연구 주제와 연계하여 하나의 분야로 논의할 시기가 되었다. 바로 뉴스의 국제적 전달이다.

이 책에서는 글로벌 뉴스 분야에서 가장 강력한 조직인 뉴스 에이전시가 역사적으로 어떤 발전을 이룩했으며 글로벌 환경에서 번역에 대해 어떤 생각을 가지고 있고 어떻게 이용하는지 고찰하고자 한다. 동시에 뉴스 기사를 서로 다른 언어로 전달하는 복잡한 일련의 과정과 번역 자체의 경계와 정의에 대해 제기되는 중요한 문제와 관련한 여러 과정을 탐구한다.

일반적으로는 번역을 한 언어에서 다른 언어로 주어진 글을 전달하는 언어적 행위로 정의하지만, 뉴스 번역 방식을 살펴보면 번역이 지닌 개념은 이러한 전달 행위 이상의 의미가 있음을 알 수 있다.

기자들은 '번역'을 소위 '문자 그대로의 번역'으로 생각하는 경향이 있으며, 앞으로 살펴보겠지만 번역가보다 '국제 기자'로 불리길 원하는 사람들의 견해에 따르면 그들이 번역에 대해 생각하는 방식이 언어학자나 언어교사가 생각하는 방식과 너무도 다르다는 것을 알 수 있다. 뉴스 에이전시를 통해서 전달된 정보는 언어 간 의미로 '번역'될 뿐 아니라 새로운 독자들이 소비할 수 있도록 재구성, 편집, 통합, 변형의 과정을 거친다. 글로벌 미디어 세계에서 번역의 정의에 의문이 제기되고 번역의 경계 또한 재구성됨을 알 수 있다.

이 책은 뉴스 번역의 메커니즘을 조사하여 글로벌 커뮤니케이션 전략에 관한 심층 연구를 위한 기초 확립을 목적으로 한다. 세계화 연구, 미디어학, 사회학, 번역학은 많은 공통영역을 가지고 있지만 본격적인 교류는 최근에 와서 이루어졌다. 글로벌 정보 흐름의 문제는 미디어가 뉴스 기사를 구성하는 방식과 공간 및 언어, 문화 경계를 넘어서 이동하는 뉴스 전달 방식과 밀접한 관련이 있다.

제2장에서 논의할 세계화는 세계를 좁고 동질적인 것으로 만든다. 세계의 흐름에 대한 생각과 인터넷은 지역 공간의 중요성이 감소하고 있음을 암시하는 상호연계 이미지를 보여준다. 글로벌 정보 언어로서 영어의 지배적 위상이 이러한 견해를 한층 부각했고 몇 가지 지역 언어가 쇠퇴의 길을

걷다가 마침내 사라진 경우를 증거 사례로 들 수 있다. 이런 추세는 특정 세계 언어가 이념적으로 지배하는 것과 직접적인 관련이 있다. 그러나 이러한 가설을 넘어선 다른 이야기가 있다. 세계 경제 발전에 글로벌 커뮤니케이션 네트워크가 중요하다고 하지만 신국수주의와 분쟁 지역이 세계적으로 확산됨에 따라 지역에 대한 관심이 부활하고 있다는 징후가 바로 그것이다. 아프리카의 최근 상황과 발칸 반도를 비롯한 중동, 아프가니스탄 등의 미해결 분쟁 지역은 세계와 지역의 힘이 서로 밀접하게 엉켜 있는 지역화 갈등을 보여주는 예들이다.

이때 중요한 것은 지역의 차이를 이해하는 일이며 그 중심에는 번역이 있다. 서구 정치인들은 민주주의가 승리할 것이고 아프가니스탄 여성들이 부르카로부터 해방될 것이라고 장담하면서 아프가니스탄으로 달려갔지만 아프가니스탄 문화가 어떻게 기능하고 아프가니스탄의 전통적인 사회 형태가 앞으로 얼마나 더 중요한 역할을 할 것인지 전혀 이해하지 못했다. 사실 서구 개념의 민주주의가 수출할만한 가치가 있는 것인지도 의문이다. 역사를 살펴보면 오히려 그 반대의 경우가 사실인 것 같다. 2008년 1월에 파키스탄의 수상인 베나지르 부토가 암살당한 후 그녀의 19세 아들과 대중의 지지를 얻지 못한 남편이 정당 지도자 자리를 승계하는 것을 보고 서구 언론은 정치적으로 통치자를 계승하는 일이 타당한지에 대해 놀라울 정도로 침묵을 지켰다. 그 이유는 이러한 권력 승계가 서구 민주주의와는 맞지 않는 개념으로 파키스탄의 상황을 감안한다 해도 쉽게 설명할 수 있거나 도외시할 만한 개념이 아니기 때문이다.

본서는 번역 관행을 검토하면서 통시적으로는 19세기와 20세기 뉴스의 세계화를 설명하고, 공시적으로는 현대 저널리즘의 관행을 보여줌으로써 글로벌 커뮤니케이션에 대해 살펴볼 것이다. 번역과 관련 있는 사람이 이

책에 갖는 흥미가 전 세계로 뉴스가 전달되는 방식에 언어적으로 관심이 있는 언어학자가 갖는 흥미와 많이 다르기를 바란다. 더불어 이 책에서 수행한 연구를 출발점으로 상대적으로 미개척지대로 남아 있는 미디어와 인터넷 번역에 관한 심층연구가 이뤄지길 바란다. 무엇보다도 이 책에 담긴 연구 결과가 학제간 연구에 도움이 되고 미디어학, 번역학, 사회학을 연구하는 학생과 실전 종사자들이 정보와 아이디어를 공유하기 위한 초석이 되길 바라는 바이다.

1

권력과 언어, 그리고 번역

21세기의 번역

1970년대 후반 번역학이 시작된 이래로 독자적인 학문으로 성장한 것은 여러 다른 학문분야에 상당한 충격을 주었다. 번역학이 그 자체로 하나의 학문으로 분류될 수 있을지에 대한 의견이 여전히 분분하고, 현재는 '학제간 학문'이라는 용어가 가장 선호되고 있는 것으로 보인다(Snell-Hornby et al., 1994). 그러나 이러한 학문의 이름과 특성에 대한 논쟁 속에서도 명백한 것은, 번역학에 관한 논의가 꾸준히 중요하게 여겨졌으며 문학 연구에서부터 포스트식민 연구까지, 사회언어학에서 담화이론, 경영학에서 국제관계학 및 세계화 연구까지 다양한 분야에서 중요성이 부각된 것이다. 바야흐로 번역행위가 일어날 때 발생하는 현상을 이해하는 것이 필수적이며 중요하다고 인식되고 있다.

또한 문화 간의 상호교류에 대한 은유로 상징되는 번역은 지구촌 사람들의 이동이 활발한 21세기 시발점에서 핵심적인 이미지를 가진다. 수백만 명의 사람들이 전쟁이나 억압적 정부에 의해, 혹은 형편없는 수확과 기아, 경제적 재난으로 인해 이동하고 있다. 수백만의 사람들은 자신의 문화와 언어를 버리고 다른 곳에서 새로운 삶을 시작하기 위해 고향을 떠나왔다. 이와 같은 상황에서 문화적 차이에 대한 인식은 고조되고, 그 어느 때보다 문화·언어적 경계선을 초월하려는 필요성이 대두된다. 이러한 사실은 문학에 점점 더 반영되고 있으며, 우리 시대의 많은 위대한 작가들은 언어를 바꾸고, 국경을 넘어 친숙하지 않은 것들을 시도해 왔다. 그 예로 블라디미르 나바코프, 조셉 브로드스키, 밀란 쿤데라, 사무엘 베케트, 카를로스 푸엔텐스와 같은 작가들과 줄리아 크리스테바, 츠베탄 토도로브와 같은 문학 이론가들은 제임스 조이스, 조셉 콘라드, 프란츠 카프카를 따라 모국어가 아닌 다른 언어로 번역함으로써 자신의 작품을 더욱 새롭게 했다. 망명의 고통이 뛰어난 창조성을 낳을 수 있고 또한 다른 방식으로 글을 쓰는 수단이 되었다. 망명자는 번역가와 마찬가지로 다양한 관점으로 자신의 세계를 바라보기 때문이다.

21세기 역사상 가장 주목할 만한 사건으로는 기독교 세계와 이슬람 세계 사이의 갈등으로 인해 발생한 2001년 9월 11일 뉴욕의 쌍둥이 빌딩 파괴와 이라크전, 아프가니스탄에서의 치열한 전투를 재개한 것을 들 수 있다. 언론 논평가들은 민족 간의 오해와 오역, 즉, 잘못된 번역으로 인한 문제를 반복해서 제기했다. 9·11사건 직후 미국 전역의 대학과 번역회사에는 아프가니스탄과 그 주변지역에서 사용하는 언어에 대한 지식을 가진 사람을 찾는 전갈이 왔다. 이 지역에서는 갈등 초기단계부터 수백 명의 젊은 군인들이 죽어갔고, 수많은 시민과 번역가, 통역자도 희생되있다.

갈등의 시기에, 다른 언어로 말한 것을 글이나 말의 형태로 생산해내는 번역가의 역할은 전면에 부각되었지만 한편으로는 매우 모호해지기도 했다. 번역가의 의무는 한 언어로 말해지거나 써진 것을 다른 언어로 옮기는 것이지만, 국가 간 갈등이 고조된 상황에서 그러한 일은 극도로 어렵고 조심스럽다. 번역가의 능력에 의존한다는 것은 신뢰를 포함하는데, 그것은 다른 어디선가 발생한 메시지를 번역가가 적절히 번역할 것이라는 신뢰를 말한다. 화자와 청자 양측은 번역가의 기술과 신뢰에 의존하며, 그 의존도는 다른 어느곳보다 전쟁지역에서 가장 높다.

전령사가 전쟁터로부터 분쟁통제권을 가진 왕자에게 뉴스를 전달했던 중세시대에는 원치 않은 뉴스를 가져왔다는 이유만으로 신체 일부를 자르거나 심지어 죽음에 처하는 경우도 있었다. 오늘날에도 몇몇 번역가들은 비슷한 운명을 겪고 있으며, '국경없는 기자회Reporters Without Borders'와 같은 국제단체들은 정기적으로 전 세계의 갈등지역에서 죽거나 투옥된 번역가와 지원 인력이 포함된 저널리스트 목록을 업데이트하고 있다. 상대편의 메시지를 가지는 것은 위험한 일이므로 번역가들은 자신의 직업 때문에 종종 생명의 위협을 겪게 된다. 갈등이 시작된 이후 이라크에서 영국을 위해 일했던 60여 명의 이라크인 통역자들이 살해당했다. 《타임즈The Times》는 2007년 8월호의 1면에 91명의 이라크인 통역자와 그 가족들의 비참한 상황을 보도했다. 보도에 따르면, 이라크 통역자들은 영국 정부에 의해서 버림받았는데, 이는 덴마크정부가 통역자 보호를 위해 은신처까지 제공해준 특별 조치와는 대조적이다.

번역의 모호성

사람들은 예나 지금이나 번역가의 역할에 의심과 우려의 눈길을 보낸다. 생소한 것을 탐구하고 적대적이거나 오해의 긴 역사를 지닌 문화 쌍방을 중재하는 사람이 바로 번역가이기 때문이다. 번역행위는 언어를 초월한 매우 특별한 기술을 필요로 한다. 어휘에 담긴 의미를 단순히 추상적으로 이해하는 것만으로 충분하지 않다. 번역가는 특정 문맥 속에서 어휘의 의미를 이해하고 의미의 부가적인 부분을 찾아서 번역해야 한다. 드러난 것이 아니라 '드러나지 않은' 것을 번역하고, 함축적이고 추론적인 내용을 번역하며 어휘와 어휘의 빈 공간을 번역하는 것이 번역가의 당연한 임무로 여겼다. 그러나 이 일을 효과적으로 수행하기란 무척 어렵다.

유럽인들이 아메리카 대륙을 발견하고 식민지에 정착한 역사 또한 번역의 역사이다. 초기 식민화 과정에 나타난 신화에서 여성이 주요 등장인물이라는 사실은 흥미롭다. 북부에는 포카혼타스가 남부에는 라 말린체가 있었다. 특히 라 말린체가 보여준 태도는 분명하다. 그녀는 코르테스 지배의 스페인과 아메리카 원주민의 관계를 확립하는 중요한 도구이자 동시에 유창한 식민언어로 식민화와 노예화를 도운 민족의 반역자로 여겨진다. 많은 점에서 라 말린체는 두 세계를 중재하는 메시지의 창시자임과 동시에 전달자로서 충성을 다하는 번역가의 모호한 입장을 보여주는 인물이다. 그녀는 영웅일 수도 배신자일 수도 있는 두 가지 면을 지니고 있다. 마치 무장 게릴라가 한쪽에서는 자유 수호전사로 다른 한쪽에서는 테러범으로 여겨지는 것과 같다.

이중적 관점을 갖는다는 점에서 번역가의 역할도 그 성격이 비슷하다. 번역가는 두 문화를 넘나들며 타문화권의 언어를 모르는 사람들을 대화에

참여시키고 동시에 불평등한 권력관계를 세우거나 강화시키는 공모의 과정
에서 큰 몫을 한다. 테자스위니 니란자나Tejaswini Niranjana와 비센테 라파엘
Vicente Rafael과 같은 후기 식민주의 학자들은 원주민 문화를 근접 가능한 대상
으로 전락시키거나 원주민 문화에 식민지배자의 관점을 주입하거나 강화시
켜서 번역을 억압의 도구로 사용하는 여러 방법에 주목해 왔다(Niranjana,
1992; Rafael, 1988). 번역은 문화 쌍방의 의사소통을 위한 새로운 통로를
열 수 있는 이상적인 기능을 수행하지만 반면에 현재 상황을 강화시키고
목표 언어 독자들이 지닌 기존 인식에 모순되는 새로운 사상, 새로운 문학
유형 등을 수입하는 일을 효과적으로 제약할 수 있다.

물론 모든 언어와 문화가 똑같이 권력과 지위를 가진 것은 아니다. 예를
들어, '소수minority'언어라는 용어 자체가 불평등을 암시한다. 일부 언어는
정치, 경제, 지정학적인 요인으로 다른 언어보다도 더 중요한 지위를 누려
왔다. 식민주의 역사가 언어들 사이에 존재하는 불평등한 권력관계를 보여
주는 극단적인 예이긴 하지만 언어는 여러 세기에 걸쳐 더 높거나 더 낮은
지위를 항상 지녀왔다. 예를 들어, 라틴어는 르네상스 말기까지 유럽에서
가장 높은 지위를 누린 언어였으며, 통속어의 지위가 점차 높아져 18세기부
터는 문화 중심의 자리를 차지하기 시작했다. 그러므로 번역 행위는 수평
축을 중심으로 나타나는 과정이 아니라 원천언어이든 목표언어이든 더 높
은 지위를 지닌 한 언어를 중심으로 하는 수직 방향으로 나타난다. 이 사실
은 번역가가 이용하는 전략에 변화를 주기 때문에 번역이 나타나는 방식에
필연적으로 영향을 미친다.

번역가가 글이나 말로 되어 있는 텍스트를 가져와서 다른 언어로 바꿔
쓰는 것이 번역의 기본 활동이다. 이런 과정에서 나타나는 여러 제약 중 언
어적 제약이 가장 크다. 간단히 말해서, 어떤 두 언어가 같은 사물을 표현

하기 위해 동일한 구조와 어휘를 사용하는 경우는 결코 있을 수 없다. 두 나라가 지정학적으로 근접하고 언어와 사회가 밀접한 관계를 지녔다고 해도 두 나라의 언어가 동일한 구조를 지녔다고 볼 수 없다. 1956년에 에드워드 사피르Edward Sapir가 언어 차이에 대해 처음으로 언급한 다음의 말은 오늘날에도 유효하다. '같은 사회 현실을 드러내는 것으로 여길 만큼 유사한 두 언어는 존재하지 않는다. 다른 사회가 존재하는 각각의 세계는 별개의 세계이지 단순히 다른 꼬리표를 가진 같은 세계가 아니다'(Sapir, 1956: 69).

이 말은 번역가는 다른 두 언어의 제약 속에서 작업해야 한다는 뜻이다. 예를 들어 북부 유럽어와 일본어에서 예의 관습을 어떻게 표현하는지 살펴보자. 말을 전달하는 형식은 사회적 지위, 연령, 성별, 그리고 친밀도에 따라 크게 다르다. 그래서 실수를 하게 되면 아무리 좋게 넘어가도 당황함을 유발할 것이고 최악의 경우에는 상대방의 기분을 상하게 할 것이다. 혹은 프랑스 사람과 영국 사람이 하는 말의 수사학적 관습을 생각해 보라. 프랑스 사람은 복잡하고 두서없는 일련의 규범을 사용하는 반면에 영국 사람은 17세기까지 거슬러 올라가는 역설과 강력한 종교적인 암시를 사용한다.

마리아 티모츠코Maria Tymoczko와 에드윈 겐츨러Edwin Gentzler는 번역과 권력 관계를 서술한 자신들의 책에서 번역은 복잡한 작용이라고 요약하면서 다음과 같이 말하였다.

> 그래서 번역은 충실하게 재현하는 단순한 활동이 아니라 선택, 수집, 구성, 제작 과정을 거치는 정교하고 의도적인 행위이다. 어떤 경우에는 번역이 거짓, 정보 거부, 위조, 비밀 암호 생성의 기능을 하기도 한다. 이런 경우에 번역가는 창의적인 작가나 정치가와 마찬가지로 지식을 창조하고 문화를 형성하는 강력한 행위에 참여한다.
>
> (Tymoczko and Gentzler, 2002: xxi)

그러므로 번역은 절충, 의식적인 선택, 목표 언어에서의 재창조를 포함한다. 티모츠코와 겐츨러는 그들이 정보조작과 정보거부라는 용어로 부른 사악한 텍스트 조작이 번역에 포함될 수도 있다고 말한다. 그들의 말은 번역가가 임의로 텍스트에 내용을 넣거나, 더 빈번하게는 일부 내용을 빼버릴 수 있다는 것을 의미한다. 번역가는 상세한 설명을 집어넣어 텍스트를 확장시킬 수도 있고 목표 언어 사용자들이 이해하기에 너무 낯설다고 판단되는 부분을 삭제할 수도 있다. 흔히 나타나는 생략 전략은 목표언어 독자들이 원천 텍스트를 있는 그대로 접근할 수 없도록 하는 효과를 가진다. 티모츠코와 겐츨러는 이런 전략을 검열과 거의 동일한 것으로 보고 1930년대 파시즘 국가인 이탈리아나 스페인과 같은 독재 정권의 번역 역사를 조사하여 생략이 중앙 정부의 검열과 직접 관련된 고의 전략임을 보여주고 있다. 그러나 특정지역 대상자들의 필요에 따라 소재를 재단하는 뉴스 번역의 핵심 전략이 생략이라는 사실에 주목할 필요가 있다. 이 책에서는 뉴스를 번역할 때 발생하는 통합, 생략, 설명 등의 여러 가지 텍스트 조작 전략을 다룰 것이다.

1970년대 초기의 번역학은 조작과 관련된 문제보다는 등가를 정의하고 결정하는 문제와 씨름하였다. 번역문이 모든 면에서 원천 텍스트와 등가를 이룰 수 있다는 것은 가능한가? 만약 그렇지 않다면 그 이유는 무엇인가? 유진 나이다Eugene Nida는 이 문제를 형식적 등가와 역동적 등가의 구분을 통해서 탐구하였다. 그의 이분법적 구분은 로마시대와 단어 대 단어나 의미 대 의미로 나누는 번역의 범주화에서 그 뿌리를 찾을 수 있다. 그러므로 단어 대 단어의 형식적 등가는 원천 언어의 구조에 집착하는 반면, 의미 대 의미의 역동적 등가는 더 넓은 관점에서 형식적등가를 포기하고 동일함으로써의 등가는 거부한다.

1980년대 카타리나 라이스Katharina Reiss와 한스 페르메이르Hans Vermeer는 목표 텍스트의 목적이 번역의 방법을 결정한다는 이론의 근거로 스코포스skopos이론을 내놓았다. 이 이론에서 그들은 번역이 원천텍스트에서 상당히 벗어나도 원래의 목표는 성취할 수 있다고 주장한다. 페르메이르의 이론은 기술 번역과 수용 이론을 논의할 때 광범위하게 사용되었으며 뉴스 번역을 이야기할 때 특히 도움이 된다. **스코포스***이론은 언어적 차원에서의 이분법적 등가가 아닌 동일한 효과의 개념을 뒷받침한다. 예를 들어, 사용설명서의 번역은 의미, 통사구조, 문화 개념 등의 큰 차이로 의미를 모호하게 만드는 원천 텍스트의 규칙을 따라가기보다 목표 언어 독자들에게 적합한 규범이나 관습을 따라야 한다. 우리는 목표 독자의 관습에 대해 전혀 고려하지 않고 글자 그대로 옮긴 메뉴판, 호텔 안내서, 그 밖의 유사한 텍스트를 보아왔고 결과물이 너무 엉망이라는 사실을 잘 알고 있다. 번역이 원천텍스트를 읽고 이해한 후 목표언어로 재구성하는 구조, 문체, 문맥, 독자의 기대에 차이가 있음을 고려해보면 등가라는 효과는 대부분의 번역에서 기대할 수 있는 최고의 것임을 알게 된다.

문화적 전환

번역학이 언어학과 문학비평에서 발전해 나오기 시작했을 때, 권력관계의 문제가 점점 중요한 역할을 맡게 되었다. 1990년대 초, 번역학에 있어서 소위 문화적 전환은 번역이 일종의 진공상태에서 발생하는 고립된 활동이 아니라, 번역가가 몸담은 세상과 연결된 활동임을 각인시켰다. 문화적 전환은 번역이 발생하는 상황을 고려할 필요성을 강조하며 연구의 범위를 순수한

---

* 역주—스코포스(skopos): 그리스어로 '목적', '목표'를 의미하는 단어.

원문으로부터 확대하여 원문과 목표문화의 상황을 함께 고려하두록 했다. 에반 조하르Itamar Even-Zohar는 각기 다른 시대에 번역이 얼마나 다양했는지를 보여주는 번역역사 연구에 바탕을 두고 문화적 모델을 정교하게 다듬었다. 적극적으로 새로워지기를 추구하는 국가나 심지어 국수주의적 열정에 사로 잡혀 자신의 문화를 우월하게 바라보는 국가조차도 스스로 문화적으로 자 급자족이 가능하다고 주장하기보다는 더 많은 텍스트를 번역하는 경향을 보였다(Even-Zohar, 1990). 예를 들면, 유럽전역의 국가들이 오트만이나 오 스트리아-헝가리 제국으로부터 독립을 요구했던 혁명적 불안의 시기인 19 세기에 새로운 국가적 문학운동으로 이어진 번역의 거대한 급증이 있었다. 동시에 영국과 미국이 전 세계에서 경제적 권력을 공고히 했을 때, 이들 나 라에서의 번역활동은 주춤해졌고 오늘날과 마찬가지로 주변으로 밀려나 국 가나 문학에 불필요한 것이 되었다. 하지만 현재 중국에서 번역의 급격한 발전은 급진적 변화와 팽창의 시기의 국가가 다른 곳으로부터 가능한 한 많은 것을 받아들이고 있는 사례를 볼 수 있다.

에반 조하르의 문화 가설 이후에 번역가 자신들에 의해 사용되는 전략 을 더욱 면밀히 관찰하는 연구가 이어졌다. 1813년 독일의 낭만주의 학자 프리드리히 슐라이어마허Friedrich Schleiermacher는 번역가는 독자를 텍스트로 데 려가야 할 지, 아니면 텍스트를 독자에게로 데려가야 할지의 선택에 직면한 다고 했으며(Schleiermacher in Schulte and Biguenet, 1992), 로렌스 베누티 Lawrence Venuti는 이러한 이분법을 더욱 정교하게 다듬었다. 전자가 채택되면, 최종 번역물이 낯설고 친숙하지 않게 보이기 때문에 원문의 특징과 그 맥 락은 재생산되고 이 과정은 이국화로 알려졌다. 이 형태의 번역은 의도적 으로 문화적 차이를 전면에 부각하고 번역된 텍스트는 목표언어로 쓰인 것 이 아니라 번역된 것임을 명확하게 드러낸다. 대조적으로, 텍스트가 목표문화의 기준에 적합하게 개작되면 원래의 이국성이 제거되기 때문에 자국화 되었다고 본다. 베누티는 자국화 대신 '문화변용'이라는 용어를 선호하고, 이국적인 것에서 모든 이국성을 잃은 어떤 것으로 변형시키는 이데올로기 적 의도에 주의를 기울였다. 그는 이국적인 흔적을 제거한 번역가는 원천 문화보다는 목표문화의 필요와 기대치를 우선시한다는 점에서 문제가 된다 고 보고 있다. 베누티는 이러한 관행이 제국주의적 번역 전략의 핵심이라 고 주장하며, 소위 '반체제dissident' 번역 실행을 제안했는데, 이는 목표독자 들에게 원천 텍스트의 다름을 인식하게 하고자 이국성을 의도적으로 제거 하지 않는 것이다. '이국화 번역은 지배적 문화에 대한 거부를 주장하는 반 체제 문화적 이행이다 (중략) [이국화 번역은] 외국 텍스트의 자민족중심주 의적 전유를 국내 문화의 정치적 안건 속에 포함함으로써 불일치한 것처럼 나타나는 것이다'(Venuti, 1992: 148).

베누티의 이 같은 제안은 처음 접할 때는 극단적으로 보일 수 있지만, 중요한 문제를 제기한다. 텍스트의 이국성을 의도적으로 전면에 드러내는 번역은 독자들로 하여금 자신의 국가적 기준과 전통을 다시 생각하고 낯선 것들을 제거함으로써 일어나는 현상이 사실은 자민족 중심주의에서 비롯된 텍스트적 폭력형태라는 사실을 인지하도록 제안한다. 그러므로 이국성을 유지하는 전략은 현 상태에 대한 도전이며 자국 문학 관행의 헤게모니에 대한 저항의 한 형태가 된다. 베누티에 따르면 이것은 유창함에 의존하지 않는 충실성을 열망하는 번역기술, 즉 '남용된 충실성abusive fidelity'이다.

물론 이 논쟁은 또한 번역과 번역가의 위상에 대한 문제를 제기한다. 특 히 영어를 모국어로 하는 국가에서 번역은 다른 글쓰기 형태보다 더 하찮 고 주변적인 것으로 인식되며 낮은 보수가 책정된다. 번역 기술은 다른 글 쓰기 기술보다 덜 가치 있고 덜 '창의적'이라고 여겨지는 경향이 있다. 베누티는 이러한 점을 염두에 두고, 번역가의 주요역할이 무시되고 불가시적이 된다는 점을 지적하려고 의도적으로 자신의 책 제목을 『번역가의 불가시성The Translator's Invisibility』으로 지었다. 그는 위와 같은 문제점에 대한 해결책으로 번역가가 더 가시적이 되어야 하고, 독자가 읽고 있는 텍스트의 원전은 그들의 모국어로 쓰인 것이 아니라는 점을 상기시키는 혁신적인 번역방법을 개발하며, 자신이 번역한 작품의 작가와 동등한 인정을 요구해야 한다고 역설한다.

번역하기와 뉴스

번역가를 가시적으로 보여주는 것은 의미 있는 시도이며 문학계에 반향을 일으킬만하다. 하지만, 뉴스번역의 경우에는 번역가의 가시성은 전혀 다른 문제이며, 베누티의 이국화 이론은 무의미해진다. 뉴스 번역에서는 자국화 전략이 지배적이다. 왜냐하면, 대상 독자가 소비하도록 소재를 구성하고 소비자의 기대와 욕구에 맞춰야 하기 때문이다. 문학 번역에서 중요한 특성인 형식적, 문체적 등가에 관한 논의는 주로 정보 전달과 관련된 번역 방식에서는 크게 중요하지 않지만, 그래도 이데올로기적 변이는 모든 종류의 번역에 있어서 근본적인 문제이다. 이는 나중에 좀 더 자세하게 논의될 것이다.

뉴스 번역 전략 연구는 아직은 충분하지 않은 편이지만 매체를 통한 교환과 전달과정에 대한 연구는 전 세계적으로 관심을 받고 있다. 국제뉴스 에이전시 외에도 세계적인 TV방송사들은 실시간 속보를 수백만 명에게 전달하며 24시간 정기적인 업데이트로 뉴스가 끊임없이 방송되길 원한다. '뉴스속보'라는 문구는 일상적인 언어로 자리 잡았으며, 방송사는 이 단어를 사용해 기대감을 높이고 예측을 자아낸다. 뉴스속보에 따른 정기적인 업데이트는 블로그와 인터넷 채팅룸 시대에 필수적이다. 예를 들어서 이라크와 아프가니스탄에서 뉴스보도를 하는 상황이라면, 종군기자들이 신속하게 기사를 보도하려고 해도 블로거들을 따라잡을 수 없다. 블로거들은 방송국 또는 번역가나 신문, TV 보도국과 같은 중간 과정을 생략해버리고 그들만의 방식으로 사건을 온라인에 바로 올리기 때문이다. 경쟁이 치열한 뉴스 시장에서 정보 전달속도는 가장 중요한 요소이다.

크리스티나 샤프너Christina Schaffner는 정치담화 분석을 전공한 번역과 담화 분석 전문가이다. 샤프너는 정치 텍스트 분석에서의 번역 현상에 관한 연구가 없다는 것에 주목하고, 정보가 언어적 경계를 넘어설 수 있는 것은 번역을 통해서이며 다른 국가의 진술에 대한 특정 국가의 반응은 '실제로 번역된 정보에 대한 반응이다'라고 지적했다(Schaffner, 2004:120). 이러한 사실에 대한 이해의 중요성을 강조하면서, 번역가의 훈련 방법과 소재선택 방법 그리고 그에 따른 특정 이데올로기적 제약이 번역에 영향을 주는지, 그리고 특정한 유형의 번역이 나타나게 하는 조건이 무엇인지에 대해서 의문을 제기했다. 간단히 말해 그녀는 정치담화의 번역에서 우리의 지식적인 결함, 국제뉴스의 번역을 이해하는 데 나타나는 많은 문제점을 강조했다. 언어와 권력 문제에 관한 번역학 연구는 주로 문학적 텍스트 논의에서 적용되어 왔지만, 이 문제는 다른 담화 분석이나 특히 뉴스 번역에 있어서도 근본적으로 중요하다. 이러한 분야의 연구는 번역이 복잡한 일련의 과정 중 하나의 요소라는 것을 보여주는데, 복잡한 과정은 하나의 언어에서 다른 언어로 바뀌고 원문과 번역문 사이에서 뚜렷한 경계가 없을 정도로 수정되거나 개정되고 새로운 맥락에서 재구성되는 것이다. 이는 전반적으로 번역 실무에서 확립되어온 연구와는 대조적이며, 특히 원문과 번역문과의 이분법적 차이라는 개념위주로 항상 논의가 이루어지는 문하 번역 분야와는 상반된다. 뉴스 번역에 대한 연구는 원문의 존재 자체에 대해 의문을 품고 이에 따라 번역 그 자체의 확립된 정의에 이의를 제기하게 된다.

기사자료 만들기

보도기사를 만드는데 있어서는 공간적, 시간적 제약이 따른다. 보도기사의 가치는 사건이 발생하는 시기나 상황에 따라 결정된다. 편집상의 결정에 따라서 다급하게 보도되거나 상황이 변하면서 보류될 수도 있다. 또는 사진 이미지의 활용 및 사용여부에 따라서 결정되기도 한다. 이러한 보도결정은 신문사 내부에서 만들어지며 신문사의 이데올로기적 입장과 신문이 발간되는 상황에 따라서 영향을 받는다. 공간적인 제약은 해당 페이지 내의 기사 길이 및 위치 그리고 전체 신문에서 페이지 위치 등이다. 외딴 지역에서 수백 명의 사람이 목숨을 잃은 지진관련 기사는 신문에서 가볍게 다뤄지거나 단 몇 줄로만 보도될 수 있다. 반대로 만약 독자들에게 잘 알려진 휴양지이거나 정치적으로 민감한 국가이기 때문에 더욱 더 뉴스 가치가 있다고 생각되는 지역에서 지진이 일어났다면 기사는 신문 일면에 보도되고 총 사망자 수에 관계없이 폭넓게 다뤄질 것이다. 신문협회는 티모츠코와 겐츨러의 번역에 대한 정의와 같은 방식을 따르고 있다. 이는 독자들의 기대를 충족시키기 위한 형태로 정보를 구조화하고, 조합하며 조작하는 방식이며, 의도적이고 계획적으로 선택된다.

이러한 과정 일부에는 다른 언어로 발간된 기사를 다루는 것도 포함된다. 경우에 따라서 신문이 세계 다른 지역에서 보도되기도 하는데, 이때 번역에는 다른 종류의 번역에서 볼 수 있는 동일한 전략이 사용된다. 하지만,

한 언어에서 다른 언어로 직역하는 것은 뉴스 번역에서 가장 흔치않은 방식임을 유의해야 한다. 반대로 많이 쓰이는 번역방식은 대상 독자에게 적합한 방식에 따라서 소재를 재구성하는 것이다.

출간된 텍스트의 직역에 관해서는, 비록 내용의 간단한 전달이기는 하지만 문체적인 관습 면에서는 수정이 필요하다. 예를 들어, 영국 타블로이드 신문의 특징인 함축적이면서도 터무니없이 웃긴 표제는 완전한 문장으로 나타내는 문화의 방식과는 맞지 않을 것이다. 영국의 《더 브리티시*The British*》 타블로이드 신문은 웃긴 표제를 선호한다. 영·불 무역 전쟁 동안 악명 높았던 《선*Sun*》지의 표제는 다음과 같다. '개구리를 뛰어넘어라', 또는 포클랜드 전쟁동안 끔찍한 표제 '잡았다!(Gotcha!)'는 1982년에 벨그라노*의 쇠퇴를 보도하였다. 다른 여러 국가에서는 받아들일 수 없는 표현이며, 예를 들어, 영국 독자들이 아랍세계에서 일반적으로 사용하는 과장법과 화려한 수사법을 받아들이기 어려울 것이다. 수사법을 직역하는 것은 화자를 우습게 만드는 결과를 초래한다. 이는 카다피나 사담 후세인과 같은 정치적인 인물의 연설 발췌문을 영어로 번역할 때 흔히 있는 일이다.

사용역의 변이에 있어서 수용가능성은 언어별로 상당히 다양하다. 예를 들어서, 아랍어나 페르시안어에서 사용역 변이는 다소 문제가 되지 않지만 영어에서는 상당히 중요한 문제이다. 영어에서는 일정한 어조와 문체가 요구되기 때문에 텍스트에서 단어 하나가 부적절하게 사용되면 독자가 받아들이기 어려울 수 있다. 영어에서는 사용역의 변이가 의미나 위치의 변이를 나타내며, 중요시 되지 않는 언어에서는 이러한 변이가 나타나지 않는다.

영어의 또 다른 경향은 기사에서 신속성과 정확성을 표현하기 위해서

---

* 역주―Belgrano: 아르헨티나의 프로축구클럽.

직접화법을 사용한다는 것이다. 독일의 경우 권위 있는 신문에서는 직접화법을 용인하지 않기 때문에 번역시 이를 수정하지 않으면 호응을 얻지 못할 것이다. 그리고 기사를 전개해 나가는 여러 다른 방식에서도 의문이 제기된다. 어떤 문화에서는 기사가 도입부에서 결론에 이르기까지 사건을 순서대로 전개해 나가고 점진적으로 설명하는 방식을 취한다. 독자들은 기사의 마지막 설명에 이르기까지 여러 세부사항을 차근차근 발견해나간다. 영국을 포함한 다른 나라의 경우 전체 사건이 첫 단락에서 주어지고 기사의 나머지 부분이 도입부에 대한 설명으로 이루어진다.

바질 하팀Basil Hatim과 이안 메이슨Ian Mason의 유용한 저서, 『전달자로서의 번역가The Translator as Communicator』에서는 특정한 논법에 따라 작성된 텍스트를 번역하는 것의 어려움에 대해 한 장을 할애하여 설명한다. 그들은 '일관적 논쟁through-argumentation'과 '반론counter-argumentation'을 구분하는데, 전자는 이론의 진술과 뒤이은 입증으로 정의하며, 후자는 상대의 이론을 인용하여 이를 반박하고 반박의 요지를 입증하는 것으로 정의한다(Hatim and Mason, 1997: 127). 이러한 두 과정의 논의에서 저자는 영어와 아랍어의 예를 들어 다양한 맥락에서 매우 상이한 관습과 독자의 기대가 어떻게 적용되는지를 보여준다. 연구 결과, 영어에서는 반론의 경향이 뚜렷하게 나타난 반면, 아랍어에서는 일관적 논쟁을 더 선호하는 경향이 나타났다. 따라서 영어에서 기사를 시작하는 데 선호하는 방식은 확장된 반론을 통해서 반박하는 것이며, 이는 순차적이고 단계적으로 설명하는 논법을 기대하는 독자에게는 이해하기 어려운 방식이다. 이러한 한정된 범위의 예를 통해서도 이미 출간된 텍스트로 작업을 하는 번역가가 다른 기대를 지닌 새로운 독자들에게 수용 가능한 문체적 관습에 맞게 조절해야 하는 것은 명백한 사실이다. 하나 더 명백한 사실은 비록 표면적으로는 이러한 상황이 서로 다른 문체적 관습 때문에 나타나는 것 같지만 강한 이데올로기적 영향이 존재한다는 것이다.
하팀과 메이슨은 텍스트 유형이 계속해서 '이데올로기적 의미의 전달자'로
서 기능한다고 반복 언급했다(1997: 142). 이러한 사실을 인식하는 것은 뉴
스 번역 과정을 더 잘 이해하도록 하는데 중요한 단계이다. 서로 다른 문화
에서 작용하는 규범은 기사가 서술되는 방식을 결정하기 때문에 같은 사건
을 보도하는 것에 대한 서로 다른 방식을 비교해 보면 이데올로기의 영향
이 드러나기 마련이다. 7장에서 사담 후세인의 재판에 관해 영어, 불어, 이
탈리아어의 언론보도의 차이점을 살펴보고 서로 다른 언론 규범과 독자 기
대의 적용이 충분히 입증된 기사를 보도하는데 있어서 미묘한 차이로 이어
진다는 것을 알아볼 것이다.

소재 재구성하기

번역해야 할 기사가 없을 경우에 상황은 훨씬 복잡해지는 반면, 다양한 출
처에서 다양한 방식으로 기삿거리를 수집할 수는 있을 것이다. 2004년 4월
워릭대학교에서 개최한 심포지엄에서 당시 프랑스 통신사인 AFP의 편집장
을 맡고 있던 에릭 위셔트Eric Wishart는 심포지엄 며칠 전 북한에서 발생한 열
차 폭발사고를 예로 들어 그가 뉴스 수집 과정이라고 말한 뉴스 번역의 다
양한 단계를 구분했다. 중국어와 영어로 작성된 첫 뉴스가 중국 통신사로
부터 AFP에 들어왔다. (중국 측에서 알린 사망자 수는 3,000명이었다) 북한
통신사에서는 아무런 소식이 없었던 반면, 남한 통신사에서 한국어와 영어
로 작성된 기사가 도착했다. 기사가 중앙 편집장에게 도착하자 현지 번역
가는 한국어와 중국어로 작성된 뉴스를 영어로 번역했다. 그리고 홍콩에
있던 프랑스 기자가 다시 영어를 프랑스어로 번역했다.

이로써 이미 두 단계가 끝난 것이다. 한국 통신사에서 한국어로 된 원본 기사를 받았고, 현지 지부에서 영어를 할 줄 아는 한국 기자가 영어로 번역한 것을 홍콩에 있는 중앙 편집부에서 프랑스인 기자가 프랑스어로 번역하였다. 서울 지부에는 기사를 프랑스어로 번역할 프랑스인 기자가 없기 때문이다. 일각을 다투는 중요한 사안이었다. 로이터 통신과 AP 통신 모두 이 사건을 보도하려 했기 때문에 최대한 빨리 뉴스를 보도해야 했다.

(Wishart, 미출간 원고, 2004)

다음으로 위셔트는 기사가 보도되면, 그 기사가 여러 지역에서 다른 언어로 다시 번역된다는 사실을 지적했다. 이 모든 과정은 매우 신속하게 진행되며, 그 기저에는 항상 먼저 보도하려는 경쟁이 존재한다. 그래서 기사는 최종 목적지에 도착하기 전에 여러 가지 다양한 번역을 거치게 되며, 이때 각각의 언어 및 문체적 제한에 따라 재구성된다.

뉴스에 인터뷰가 포함되어 있는 경우, 추가적인 단계를 거치게 된다. 이 경우에 기자를 위해 '번역 하는' 통역가가 있을 수도 있고, 통역가를 거친 인터뷰를 기반으로 기자가 기사를 작성하는 경우도 있다. 이때 기자는 전적으로 통역가의 역량에 의존하게 되지만, 인터뷰를 작성하는 데 있어서 반드시 편집 과정이 수반된다. 편집은 모든 뉴스 번역에 있어서 가장 중요한 부분이다. 일반적으로 원작의 길이와 형태가 보존되는 문학 번역과는 달리, 뉴스 번역에서는 편집을 통해 기사를 종합하거나 삭제해야 한다. 위셔트가 지적한대로, 매일 수백만 개의 단어가 끊임없이 번역되면서 전 세계를 순환한다. 예를 들어, 로이터에는 매일 18개의 언어로 성경과 맞먹는 양의 기사가 쏟아져 나오고 있으며, 이 중 60퍼센트가 영어이고, 일본어가 7퍼센트로 2위를 차지한다. 이런 엄청난 수치를 통해 실제 뉴스 번역 과정에 대해서 정확하게 이해하는 것이 얼마나 어려운 일인지 알 수 있다.

　어느 정도 확실히 말할 수 있는 것은 기사 소재가 여러 언어를 넘나들면서 온갖 변형을 겪는다는 것이며, 그 변형에는 삭제, 편집, 여러 자료의 종합, '직역'된 기사를 재작성하는 것이 포함된다. 또한, 많은 기자들이 자신을 번역가보다는 기자 겸 번역가, 국제 기자, 또는, 가장 일반적인 경우로, 외국어를 아는 기자로 부르기를 선호한다. 이러한 명칭은 목표 문화를 강조하고 번역 과정에서의 다시쓰기 측면에 중점을 두고 있으며, 언어 간 이동이라는 실제 과정보다는 목표 규범에 대한 문화적 이해와 지식이 더욱 중요한 것임을 드러낸다. 대다수의 기자에게 있어 번역가란 보도에는 적합하지 않은 직역 텍스트를 제공하는 존재이다. 그 직역 텍스트는 기자의 손을 거쳐 보도 가능한 기사로 거듭나는 것이다. 말할 필요도 없이, 번역가들은 이러한 방식으로 자신의 작업이 평가 절하되는 것을 반대한다. 이러한 관점의 차이는 본서 4장과 5장에서 좀 더 자세히 다룰 것이다.

　문화적 지식을 이해하는 능력 문제와 더불어, 엄청난 길이의 텍스트를 번역하는 것 역시 중요한 문제이다. 수십만 개의 단어에 달하는 인터뷰의 경우, 그것을 전부 번역하는 것은 의미 없이 시간을 허비하는 일일 것이다. 이때에는 선별하고 통합하는 과정이 필요하다. 천 개의 단어를 수백 개로 줄이기 위해서는 단순히 언어 간의 이동뿐만 아니라 목표 독자들을 위해 기사를 줄이고 편집하는 능력이 필요할 것이다. 또 다시 이에 대한 일반적인 견해는 이것이 기자가 할 일이라는 것이다.

　클레어 차이Claire Tsai가 대만의 포모사 텔레비전(FTV)에서 뉴스 번역가로 있었던 자신의 경험을 기반으로 쓴 논문에서 번역 업무를 받아 해당 뉴스가 방송되기까지의 작업 과정을 기술했다. 그녀는 영상 매체를 위한 번역 작업과 인쇄 매체를 위한 번역 작업을 구분하였는데, 시간제한과 방송 가능한 화면을 만들기 위한 필요 요소들은 당연한 것이지만, 그럼에도 번역가의 자유에 대한 그녀의 주장은 두 가지의 번역 모두에 적용될 수 있다. 번역가의 자유에 대해 '얼마나 자유로운 것이 "자유로운 것"인가?'라는 질문에 그녀는 다음과 같이 설명한다. 'TV 뉴스 번역가는 목표 텍스트가 의미, 뉘앙스, 사실의 측면에서 원천 텍스트와 항상 동일해야 한다는 조건 아래 메시지를 재구성하고 재편성할 자유가 있다'(Tsai, 2005: 149). 번역가가 두 개 이상의 자료를 받거나 자료의 양이 너무 방대할 경우 과감하게 삭제하거나 많은 부분을 재구성하는 일이 많다고 덧붙였다. 또한, 그녀 자신의 경험에서 비춰볼 때 이러한 자유를 누리려면 많은 노력이 필요하다고 지적했다.

로이터 기자인 안소니 윌리엄즈Anthony Williams(2004)의 주장에 따르면, 이러한 종류의 텍스트를 만드는 일은 '순수한 번역'이 아니다. 번역학자들은 원래부터 순수한 번역이란 없고, 모든 번역에는 새로운 독자를 위해 재형성하는 과정에서 원본에 조작이 가해진다고 주장하겠지만 말이다. 하지만 '번역'이라는 단어 그 자체에는 원전에 '충실'하기 위한 번역가의 책임에 대한 논쟁이 수세기 동안 계속되어 온 특별한 역사가 함께하고 있다는 사실에는 변함이 없다. 그러한 논쟁에 뉴스 번역 연구가 덧붙이는 것은 원천 텍스트란 무엇인가를 정의하기 위해 노력한다는 것이다. 원전이 수천 개의 단어로 이루어져 있어서 최대한 줄여야 할 수도 있고, 내용이 일관적이지 않는 인터뷰이거나 다양한 자료에서 나온 형태일 수도 있고, 그 자료가 완전히 다른 언어 및 문화적 맥락에서 나온 것일 수도 있다. 뉴스 번역에 있어서는 원전이란 무엇인가에 대한 명확한 정의가 없으며, 이러한 상황에서 번역을 원천 텍스트와 목표 텍스트라는 이분법적인 경계를 넘나드는 행위로 보는 오래된 견해는 지속될 수 없다.

글로 쓰인 텍스트를 한 언어에서 다른 언어로 옮기는 것을 번역이라고 본다면, 뉴스 번역은 많은 면에서 번역보다 통역에 더 흡사하다. 뉴스 번역가와 마찬가지로 통역가 역시 실시간으로 작업하고, 매우 빠른 속도로 내용을 종합해야 하며 원천 텍스트가 명확하게 하나만 있지 않을 수도 있다. 또한, 통역가는 여러 언어를 통해 작업할 수도 있다. 예를 들어, 영국에서 다양한 언어 배경을 지닌 연사들이 참가한 콘퍼런스가 개최되었는데 이 행사를 능통하지 않는 언어로 통역해야 하는 상황은, 기자가 여러 언어를 거치면서 그때마다 재형성된 무언가를 말이 되게 만들어야 하는 상황과 같다고 볼 수 있다. 어쨌든 우리가 주목해야 할 것은, 뉴스 번역이 원천 텍스트와 목표 텍스트로 정확하게 나뉘는 이분법적 이동 행위는 아니라는 것이다.

유명한 통역학자 다니엘 가일Daniel Gile은 번역학과 통역학 분야의 다양한 연구법에 대한 이해를 추구하였다. 그는 각 분야가 다른 역사를 가지고 있으며, 번역학이 더 오래되고 사상, 문화, 사회학적 문제에 초점을 두는 반면 최근 통역학은 과정에 큰 중점을 두고 있다고 언급했다. 또한, 기자와 뉴스 번역 연구자 간에 차이가 있듯, 각 분야의 실무자와 연구자 사이에는 차이가 있다고 말한다. 가일은 번역학과 통역학 간의 더 많은 공동 연구를 촉구하고 있으며, 공동 연구를 통해 인식론적 문제와 방법론적 문제가 다르지 않음을 보여줌으로써 두 분야의 실무에 대한 더 깊은 이해가 이루어질 것이라 주장한다. 이 두 분야를 묶을 수 있는 한 가지 방법은 뉴스와 미디어 번역에 대한 더 많은 조사를 통해 발견할 수 있을 것이다.

뉴스 번역과 통역 간의 큰 공통점은 둘 다 목표 독자를 위해 이국적인 것을 자국화해야 한다는 것이다. 통역가가 원전의 구조와 관계없이 청자를 위해 명확성을 최대로 높이는 방식으로 소재를 재구성하는 것처럼, 기자 역시 특정 독자들을 위해 소재를 재단한다. 번역학 연구가 진행되는 방식과 그 초기 연구 형태가 뉴스 번역에 적용되는 방식에는 분명한 차이가 있다. 번역 전략인 자국화 혹은 문화 변용은 치열하게 논의되어 왔고, 앞서 언급한 것처럼 최근 몇 년 간은 그것이 이데올로기적 관점에서 타자를 다수의 모습으로 만드는 관행으로 보이기 때문에 많은 번역학 학자들이 바람직하지 않게 보는 경향이 있었다. 하지만 목표 독자에게 메시지를 정확하고 간결하면서도 이해 가능한 방식으로 전달하는 것이 목적인 통역과 뉴스 번역에 있어서 자국화는 필수적이다.

뉴스 번역 연구는 더 많은 관심을 받는 다른 연구 분야 사이에서 모호한 위치를 차지해 왔다. 대체로 번역학 연구는 일반적인 텍스트에 중점을 두고 뉴스 번역은 간과하는 경향이 있었다. 미디어와 언론 연구에서는 단일한 언어 사례에 중점을 두고 언어 간 교류에는 거의 관심을 두지 않았다. 본서에서는 지금이 뉴스 번역 연구에 학제 간 접근법이 필요한 적절한 시기라는 판단 하에 뉴스번역을 구분하면서도 궁극적으로는 상호 연관되어 있는 분야와 결합하고자 노력하였다. 기술이 발전함에 따라 매일 매시간 뉴스가 전 세계에 전달되고 있고 의사소통이 더욱 빠른 속도로 이루어지고 있다. 그러므로 세계 곳곳에서 발생하는 소식을 우리가 직접 전해 듣기까지 어떤 일이 벌어지는가에 대해 자세히 이해하는 것은 중요하다. 특정 맥락에서 뉴스가 신문으로 인쇄되거나 방송되는 방식에 대해 많은 양의 유용한 연구들이 이미 이루어졌고, 번역 과정에 대한 연구도 점점 확대되고 있다. 지금 우리에게 필요한 것은 그러한 다양한 갈래의 연구들을 모아 이(異) 문화 간의 뉴스 소재를 만들고 전달하는 과정에 대해 더 깊이 이해하고 인식하는 것이다.

2 세계화와 번역

공간적 제약의 극복과 지식 및 정보의 집중화를 기본적인 특징으로 하는 세계화로 인해 인간과 사물의 이동성이 증가했으며 다양한 언어 집단 간의 접촉이 강화되었다. 이러한 세계화의 모습은 초국적 기업과 다국적 생산 기업의 재정 및 금융, 상품 생산, 글로벌 시장을 위한 초지역적인 공간의 형성뿐만 아니라, 관광, 출장, 이민, 망명과 같은 여행 및 국제적 이동의 증가, 그리고 거의 세계 모든 곳에 이미지와 텍스트를 유포하는 글로벌 커뮤니케이션 체제의 통합에서 드러난다. 이러한 국면은 세계 공용어로서 영어가 우위를 점하고는 있지만 글로벌 커뮤니케이션의 주요 매개체로서 번역의 중요성이 급격히 높아졌다는 사실을 의미한다. 하지만 언어와 번역은 세계화에 대한 연구에서 등한시되고 있는 실정이다. 따라서 본 장의 목표는 세계화와 번역에 대한 주요 이론적 관점을 소개하는 것이다. 우선 세계화에 대한 현재의 이론을 비판적으로 살펴보고 번역을 간과하고 있다는 사실을 제기할 것이다. 그리고 세계화 이론 속 번역의 분석적 위치와 세계와 지역을 연결하는 데 있어 번역의 주요 역할을 개념화해 보고, 세계적 맥락에서 번역의 중요성을 이해하고자 한다.

일반적으로 세계화는 세계가 좁아지고 국경을 초월한 즉각적 소통이 가능하게 된 것과 관련이 있다. 흐름, 초고속 정보 통신망과 같이 널리 쓰이고 있는 가속화된 이동성의 은유는 이를 강조하기 위한 것일 뿐이고, 세계는 공간이 더 이상 중요하지 않은, 상호 밀접하게 연관된 하나의 네트워크라는 이미지를 창출한다. 세계화 이론이 이동성과 탈영토화에 초점을 두면서 문화 및 언어 장벽을 극복하는 것에 수반되는 복잡한 요소들이 흐려지고 글로벌 커뮤니케이션에서 번역이 하는 역할이 보이지 않게 되었다. 따라서 본 장에서는 현재 세계화 이론이 세계의 연결성이 형성되는 데 중요한 과정인 번역에 관심을 두지 않는다는 사실을 짚어볼 것이다. 또한 세계의 연결성을 가능하게 하는 물질적 조건을 이해하는 데 번역이 중요한 역할을 하며 번역에 대한 관심이 오늘날 세계화를 이해하는 방식의 중요한 결과임을 강조하고자 한다.

지금까지 세계화를 '현대 사회 생활의 모든 측면에서 전 세계적 연결 관계가 넓어지고 깊어지고 빨라지는 것'(Held et al., 1999: 2)으로 정의하였으나 사실 세계화는 새로운 현상이 아니라 이미 고대의 종교와 제국에서부터 나타난 현상이었다. 게다가 세계화 경향은 지리적 확장을 기반으로 하는 자본주의의 발달에 내재해있으며, 19세기는 세계의 연결성을 형성하는 데 있어 중요한 시기였다. 일부 이론가들은 세계화의 깊은 역사적 뿌리를 가리켜 '여러 시대에 걸쳐 다양한 경로와 속도로 세계화가 광범위하게 진행되었다'(Held et al., 1999: 26)고 주장하지만, 현대 세계화는 유럽의 정치·군사적 확장이 일어난 근대 초기에 시작되었다고 할 수 있다.

롤란드 로버트슨Roland Robertson이 '불확정기uncertainty phase'로 명명한 현대 세계화 단계는 1960년대 말부터 시작되었으며, 전 세계의 연결성 강화와 세계의식의 고양을 특징으로 들 수 있다(1992). 이러한 특징은 대체로 몇 가지 주요 발달 사항과 연관되어 있다. 첫 번째는 금융시장의 규제 완화와 새로운 정보 기술로 기업의 커뮤니케이션 가능성이 증대되어 자본의 이동성이 극단적으로 증가한 것이다(Castells, 2000: 96). 두 번째는 데이비드 하비 David Harvey(2000)가 강조하듯이 상품과 사람의 이동에 필요한 비용과 시간의 감소, 가장 중요하게는 공간의 극복이다. 사람의 이동에는 고급 인력과 미숙련 노동자의 이동뿐만 아니라 휴가 여행도 포함되는데, 이는 철도 및 자동차에 이어 비행기 운임의 하락으로 인해 여행이 대중화되었기 때문이다(Lash and Urry, 1994). 세 번째는 로버트슨이 지적했듯이, 글로벌 커뮤니케이션 수단과 글로벌 미디어 시스템 통합의 급격한 촉진이다. 마뉴엘 카스텔Manuel Castells은 1960년대 이후 텔레비전이 주도한 커뮤니케이션 혁명에 대해 설명하면서 1980년대와 1990년대에 글로벌 TV 시장을 급격하게 변화시킨 두 가지 요소를 언급한다. 첫 번째 요소는 위성 커뮤니케이션의 발달로, 24시간 내내 전 세계에 즉각적인 전송이 가능하게 되었다. 두 번째 요소는 TV의 전 세계적인 보급으로, 1980년대와 1990년대가 되면서 비서구 국가까지도 TV가 일반화되었다(Held et al., 1999: 357). 오늘날은 광섬유 케이블과 위성 기술 덕분에 세계 거의 모든 곳과 적은 비용으로 즉시 소통할 수 있으며 또한 세계 주요 사건들을 TV 화면을 통해 영상과 해설을 실시간으로 접할 수 있다.

그 결과 즉각적인 커뮤니케이션 기술은 영토를 초월한 사회적 관계를 형성하였고 가상공간과 현실공간에서 공간적 제약을 극복하게 되었다. 이렇듯 사회적 관계의 초영토적 차원은 초기 세계화와 현대의 세계화를 구분하는 기준이 된다고 얀 아르트 스홀테Jan Aart Scholte는 말한다(2005: 61). 그러므로 세계를 넘나드는 동시성과 즉시성은 현대의 사회 관계가 영토 공간을 초월하여 발생하고 있음을 나타내며, 이것은 여전히 영토 한계 내에서 운송 기술의 발달을 통해 좁아지는 세계를 지향했던 초기 세계화의 장기적 경향과는 거리가 있다(2005: 62).[1] 다음 절에서는 공간 및 이동성과 관련하여 세계화의 주요 특성에 대해 좀 더 자세히 살펴보도록 하자.

세계의 압축

현대성의 주요 특징은 세계를 좁게 만드는 세계화와 밀접한 관계가 있다. 하비는 시공간 압축이라는 관점에서 현대성의 특징을 빨라지는 삶의 속도와 공간 제약의 극복으로 묘사했다(1989: 240). 시공간 압축은 상호 연결성과 상호 의존성을 의미하며, 영토 경계에 지배되는 봉건제도로 인해 상대적으로 분리되어 있던 세계의 종말을 알렸다. 하비는 르네상스 시대에 과학적이고 객관적인 시공간의 개념이 생긴 이후 시공간의 개념에 대한 점진적인 혁명이 일어난 과정을 설명한다. 단일하고 측정 가능한 시공간의 개념을 토대로 지도가 정확해지고 정밀시계가 발명되면서 과학적이고 객관적인 시공간의 개념이 실현되었다. 계몽주의 시대에는 르네상스 시대의 시공간 개념을 받아들여, 문화적 다양성이 보편성을 위협하지 않는다는 인간 해방의 맥락에서 새로운 의미를 부여하였다.

지도는 모든 종류의 환상, 종교적 신념과 더불어 지도 제작 과정에서 겪는 모든 경험의 흔적이 제거되고 공간 현상의 실제적인 배치를 나타내는 관념적이고 기능 위주의 체계가 되었다 (중략) 또한 지도는 인간 역사상 최초로 지구 전체 인구를 하나의 공간적 틀 속에 위치시켰다 (중략) 민족의 다양성은 공간 질서 속 그들의 '자리place'가 분명하게 밝혀져 있다는 확고한 인식 하에 이해되고 분석될 수 있었다. 계몽주의 사상가들이 양쪽 언어 모두 손상하지 않고 한 언어에서 다른 언어로 번역할 수 있다고 생각한 것처럼, 지도에 대한 총체적인 관점은 지리적 다양성 속에서 민족, 지역, 개인의 강한 정체성의 형성으로 이어졌다.

(Harvey, 1989: 250)

시계 시간과 빈 공간은 세계를 동질적이고 단일하게, 그리고 장소의 개별주의에서 벗어난 것으로 재현하게 하는 구조적 조건이다. '모든 장소가 평등하게 투영된 세계 지도는 "텅 빈emptying" 공간 속의 시계와 상호 연관된 상징이다' (Giddens, 1991b: 17). 계몽주의 시대에 세계적 규모로 시각화되기 시작한 특정 장소들을 기반으로 확고한 정체성이 형성되기 시작했고, 지도와 번역은 그 정체성들 간의 관계에서 인식되기 시작한 상호 연결성을 표현하는 것이었다. 지금부터 살펴보겠지만, 최근 몇 십 년간 급격하게 증가한 이동성으로 인해 고정된 정체성과 장소의 특수성은 위협받게 될 것이다.

19세기 후반에 들어서면서 전보와 같은 주요 기술의 혁명, 증기선의 광범위한 활용 그리고 철도망의 확대로 공간이 통합되기 시작했고 시공간이 압축되는 과정은 맹렬히 가속화되었다. 게다가, 하비가 지적했듯이, 1848년 이후로 혁신적 시간에 대한 계몽주의적 인식에 근본적인 의문이 제기되고, '폭발적explosive' 시간이라는 새로운 개념이 부상함과 동시에 상대적 공간relative space이라는 새로운 인식이 절대적 공간absolute space의 확실성을 대체하게 되었다(1989: 261). 세계 경제의 형성, 공간의 정복과 더불어 재현의 위기를 예고하는 새로운 의미에서의 파편화가 발생하였다.

앤서니 기든스Anthony Giddens가 현대성에서 사회 체제의 탈피로 개념화한 것은 시공간 압축과 밀접하게 연관되어 있다. 이 개념은 시간 측정의 단일성과 시공간의 격리 즉, 현대 이전에 장소를 통해 연결되어 있던 시간과 공간의 분리를 전제로 한다(1991a: 17-20).[2] 기든스는 탈피를 '상호작용의 지역적 맥락에서 사회관계를 "들어내는 것lifting out"과 그 지역적 맥락을 시공간의 무한한 폭을 가로질러 재구성하는 것'(1991a: 21)으로 정의하면서 화폐 형태와 같은 '상징적 증표symbolic tokens'와 '전문가 체제expert systems'를 탈피 기제의 주요 유형으로 언급한다. 화폐와 전문가 체제는 시간과 공간을 배제하기 때문에 사회적 상호 작용은 점차 장소의 특수성에서 분리되어 시공간에 부재하는 사람들과의 상호작용에 의존하게 된다. 화폐는 '즉각적인 상품의 교환이 불가능한 환경에서 신용과 책임을 연결해주는 유예의 수단이다'(1991a: 24). 반면 전문가 체제는 '기술 지식을 활용하는 일반 기술자와 고객과는 달리 독립적인 유효성을 가지는 기술 지식을 효율적으로 사용함으로써 시간과 공간을 배제한다'(1991b: 18). 글쓰기 또한 시공간을 가로질러 커뮤니케이션을 가능하게 하므로 중요한 탈피 기제로 보아야 한다.[3]

기든스의 시공간 분리와 현대성에서의 사회 체제 탈피 개념을 유념한다면 어떻게 현대성에 세계화의 경향이 내제되어 있는지 어렵지 않게 이해할 수 있다(1991a: 63). 그의 정의에 따르면, 세계화는 '아주 먼 곳에서 일어나는 사건이 특정 지역의 사건을 형성하거나 혹은 그 반대의 방식으로 멀리 떨어져 있는 장소들을 연결하는 세계적인 사회관계를 강화하는 것'이다(1991a: 64). 그러므로 세계화는 시공간 분리의 강화와 '연장stretching'을, 시간과 공간을 배제함으로써 탈피 기제가 발생시키는 실재와 부재의 역학을 의미한다.

흐름의 공간

포스트 포디즘*, 유연한 혹은 해체된 자본주의로 정의되어온 지난 몇 십
년간의 자본주의적 생산 방식의 변화와 시기를 같이하는 세계화의 현 단계
에서 시공간 압축은 더욱 가속되었다. 스콧 래쉬와 존 어리Scott Lash and John
Urry는 이러한 질적 변화를 다음과 같이 설명한다.

> 조직화된 자본주의 시대의 전형적인 이동 매체는 철도, 유선 전화, 우편 서
> 비스, 도로망이었다. 이 매체들 덕분에 **국가** 차원의 '시간-공간 수렴time-space
> convergence'과 '시간-비용 수렴time-cost convergence'이 발생했다. 반대로 해체된
> 자본주의 시대의 전형적인 이동 매체는 광학 섬유 케이블, 위성 커뮤니케이
> 션, 항공 운송이다. 이들 매체로 인해 시간-공간 및 시간-비용의 수렴은 **세
> 계** 차원으로 확대되었다.
>
> (1994: 25)

래쉬와 어리, 그리고 아르준 아파두라이Arjun Appadurai와 같은 문화 세계화 이
론가들은 자본, 사람, 상품, 정보, 이미지의 흐름의 관점에서 물질 및 비물
질 재화의 세계적 순환을 중점적으로 연구하면서 이러한 순환이 지난 몇
십 년간 확산되고 빨라졌음을 지적했다. 아파두라이에 의하면 '대중 매체
를 통해 전달되는 사건과 이동하는 대중의 유동적이고 예측할 수 없는 관
계가 세계화와 현대의 중심 연결 고리를 정의한다'(1996: 4). 한편, 래쉬와
어리는 기든스의 시공간 분리 개념을 가리켜 흐름의 순환에서 가속화와 확

---

* 역주—포스트 포디즘(Post Fordism): 예전에 경직된 대량 생산 방식에서 벗어나, 시장의 변
화에 적절히 대처할 수 있는 범용 기계와 숙련 노동자들로 구성되는 혁신적인 생산 체제를
일컫는다. 분업을 최소화시켜 직무를 수평적 · 수직적으로 통합하고, 권위주의적인 수직적
의사결정 구조를 수평적으로 전환하며, 노동자들에게는 직무에 대한 폭넓은 자율권을 보장
하는 등 보다 인간적인 작업 환경을 마련하려는 특징을 가지고 있다.

장의 결과를 강조하며 다음과 같이 말한다. '가속화는 시공간을 "압축 compresses"하면서 사회관계를 "분리distantiates"시킴과 동시에, 주체와 객체를 비우는 것으로 이어진다. 가속화된 이동성이 객체를 일회용으로 만들어 중요성을 감소시키면서 사회관계에서 의미가 사라진다'(1994: 31). 세계화와 흐름의 빨라진 속도는 객체와 주체를 파괴할 뿐만 아니라 전자 시간에서 파생된 새로운 개념의 시간을 발생시킨다. 래쉬와 어리는 이 시간을 일컬어 순간 시간instantaneous time이라 한다. 순간 시간은 시간 관념의 최종 형태로, 인간의 의식 영역을 넘어서는 속도로 발생하고 시계 시간의 중요성을 감소시킨다.

초이동성과 속도가 의미하는 바는 순간 시간의 개념으로 가장 명확하게 설명할 수 있으며, 사회생활의 영역에서 의미가 사라지는 것으로 이해할 수 있다. 따라서 래쉬와 어리는 다음과 같이 말한다.

> 현대 시간은 그 순간적인 속성 때문에 사회관계를 파괴하고 탈피하게 하는 권력 기관에 의해 유용하게 **사용**된다. 하지만 평범한 주체들 또한 순간 시간을 사용할 수 있다. 그들은 클릭 한 번에 혹은 거의 순간에 가깝게 빠른 운송 수단을 통해 다양한 문화를 보고 평가할 수 있다. 이는 다양한 문화와 장소들을 빠르고 광범위하게 병치하고 비교하는 것을 가능하게 한다.
>
> (1994: 243)

고작 '클릭 한 번'으로 평가는 고사하고 문화를 이해하는 것이 가능한가? 번역에 의지하지 않고 문화를 연구하고 비교하는 것이 가능한가? 이동성이 증가하면서 다양한 문화적 언어적 맥락 간의 번역에 대한 요구가 필연적으로 발생했지만, 이론가들은 흐름의 세계적 순환에만 초점을 맞출 뿐, 번역의 존재 자체는 부정하거나 최소화한다. 이러한 이유 중 하나는 즉각적인 커뮤니케이션에 대한 강조가 글로벌 커뮤니케이션에서 번역을 보이지 않게 만들기 때문이다. 이는 문학 비평(Venuti, 1995)이나 여행의 경험(Cronin, 2000)에서 번역이 보이지 않게 되는 것과 마찬가지이다. 이 모든 경우에서 불가시성은 투명성을 전제하고 있다. 마치 여행 작가가 자연스럽게 외국 현실에 접근하듯, 텍스트가 한 언어에서 다른 언어로 아무 문제없이 옮겨질 수 있다는 것이다. 여기서 문화 간의 중재를 요구하는 과정인 번역의 속성은 간과된다.

이는 글로벌 커뮤니케이션에서 번역의 역할을 모호하게 만드는 더 근본적인 이유와 관련 있다. 이러한 이론들이 순환 영역에 초점을 두면서,[4] 의미의 세계적 순환을 위한 물리적 전제조건인 번역(또는 모든 인프라)을 지속적으로 분석하는 것을 불가능하게 한다. 아파두라이가 세계의 흐름은 '복잡하고 불가사의하다'고 주장한 것처럼(1996: 34-35), 세계의 흐름은 환영과도 같고 불투명하게 되어 파악하기 어려워진다. 따라서 아파두라이가 다양한 정치·문화적 맥락에서 '자유', '권리', '민주주의'와 같은 개념 번역의 중요성을 인식하며 언급하고 있지만, 그의 이론 역시 순환 영역에 중점을 두고 있기 때문에 문화적 흐름 속에서 번역의 구조적 역할에 대해서는 적절하게 설명하지 못한다.

재화의 세계적 순환을 강조한 래쉬와 어리 또는 아파두라이와 같은 이론가들의 지배적인 논점과 결과적으로 현재의 발전을 가능하게 한 생산 과정에 대한 분석이 부족하다는 점이 흐름의 공간이라는 가장 정교한 개념에서는 회피된다. 그 대표적인 예가 카스텔의 네트워크 사회 이론이다. 카스텔은 1차 산업혁명의 원동력이 증기기관이었듯이 20세기 말 자본주의의 확장과 회복의 원동력이 된 1970년대의 정보 기술 혁명과 세계화를 연관짓는다. 그러므로 카스텔은 생산성의 주 원천이 지식 자체에 대한 지식의 행위

(2000: 17)라는 점이 특징인 정보주의를 네트워크 사회 출현의 발판이 된 1980년대의 사회·경제 개혁의 새로운 물질적 기반으로 본다.

정보주의는 '1970년대 중반에서 1990년대 중반 사이 20년이 채 안 되는 동안 세계 전체에 빛의 속도로 퍼져 나갔다'(2000: 32). 그러므로 정보의 경제는 글로벌 경제이다. 카스텔은 글로벌 경제를 세계 경제와 구별하여 '지구적 차원에서 실시간 혹은 선택된 시간에 단일체로서 작동하는 경제'(2000: 101)라고 정의하고, '자본주의는 끊임없는 확장을 통해 항상 시공간의 한계를 극복하려 노력했지만 세계 경제는 20세기 말이 되어서야 정보 및 커뮤니케이션 기술로 갖춰진 새로운 사회 기반 시설을 바탕으로 진정한 글로벌 경제가 될 수 있었다'(2000: 101)라고 언급했다. 1990년대에 부상한 글로벌 경제는 정보 핵심을 이루는 금융시장, 국제무역, 초국적 생산과 전문화된 노동뿐만 아니라 그와 별개인 현지 혹은 지역 생산으로 구성되어 있고, 양자 간의 비대칭과 불평등으로 구조화되어 있다. 글로벌 경제의 기본 구성단위는 네트워크이다. 상품과 서비스의 글로벌 생산은 점차 다국적 기업과 더불어 중소기업들로 구성된 국제 생산 네트워크가 맡고 있다(2000: 121-22).

카스텔은 흐름의 공간이라는 개념을 통해 정보 사회의 새로운 공간 구조를 포착했다. 흐름의 공간은 글로벌 네트워크에 연결되어 있는 장소 간의 유동적 이동성과 동시에 공간의 파편화와 불연속성을 특징으로 한다. 즉 '관심 밖의 지역은 문화적으로나 공간적으로 단절되어 있는 것이다. 그러한 지역은 아프리카의 판자촌, 중국이나 인도의 가난한 시골 마을뿐만 아니라 미국의 도심 빈민지역과 프랑스의 외곽지역에도 분포해 있다'(2000: 33). 흐름 공간의 파편적 특성은 여러 공간에서의 생산 과정을 분리하기 위한 기술력을 특징으로 하는 산업 공간뿐만 아니라 글로벌 네트워크에 연결되어 있고 실제 지역의 영향력이 줄어드는 거대 도시에 잘 나타난다.

카스텔은 '유통 부문 범위의 크나큰 진보'(2000: 100)에 대해 래쉬와 어리의 의견을 같이 하고, 정보주의의 특성으로 인한 결과로 글로벌 금융의 흐름이 점점 국가 경제에서 벗어나 자율성을 가진다고 지적한다. 따라서 그는 '생산 관리사가 거의 이해하지 못하는 고차원적 전자 상호작용의 네트워크 속으로 돈이 탈출함으로써 서비스 생산을 포함한 생산에 거의 구애받지 않게 되었다'고 주장한다(2000: 505). 카스텔은 『네트워크 시대의 도래The Rise of the Network Society, The Information Age: Economy, Society and Culture Vol. I』*의 결론에서 이 시기의 특징이 인간 경험의 물질적 토대에 관한 문화의 자율성이라는 그의 기본 가설을 명확히 밝혔다. 그러나 이 가설은 결정하는 물질적 토대와 그에 따라 결정되는 상부구조 간의 매우 의심스러운 구분에 의존하는 시각으로, 레이먼드 윌리엄스Raymond Williams가 주장했듯이 문화가 그 자체로 물질적 산물이라는 사실을 설명하지는 않는다(1977).

그러나 카스텔이 생산의 중요성을 간과하는 것은 아니다. 그는 노동과 자본주의 기업의 형성에 대해 여러 장을 할애하고 있으며, 정보 기술 혁명이 일어났던 실리콘 밸리의 사회·지식적 맥락에 대해서도 매우 상세히 기술하고 있다. 생산력에 대한 그의 관심과 네트워크 사회의 새로운 물질적, 사회경제적 토대로서 지식과 정보에 그가 부여한 중요한 역할은 번역이 지식과 정보의 세계적 전파를 위한 중요한 수단으로써 그의 이론에 중요한 위치를 차지하고 있다는 점을 드러낸다. 그러나 네트워크 사회에 대한 그의 설명에서 번역은 철저히 배제되어 있다. 카스텔이 카탈루냐인으로 언어

---

* 역주─카스텔은 정보 시대(*Information Age*) 3부작을 출간하였고, 이는 우리나라에서는 각각 『네트워크 시대의 도래』(김묵한 외 역, 한울아카데미, 2008), 『정체성 권력』(정병순 역, 한울아카데미, 2008), 『밀레니엄의 종언』(박행웅 역, 한울아카데미, 2003)으로 번역 출간되었다.

사용이 정치적으로 민감한 이중 언어 사회 출신이고 영어로 글을 썼으며 그의 저서가 자신의 모국어가 아닌 언어를 통해 전 세계 독자들에게 읽혀 왔다는 점으로 미루어볼 때, 이는 상당히 놀라운 일이라 할 수 있다. 더욱이 그는 다른 언어에 접근할 수 있게 해준 러시아인 아내에게 감사의 표시를 자신의 저서에 담았다. 따라서 카스텔이 번역에 대해 침묵하는 이유는 언어적 다양성에 대한 순진한 믿음이나 번역의 정치가 아닌 다른 곳에서 찾아야 할 것이다. 이에 대한 설명은 그의 저서『네트워크 시대의 도래』의 서문에서 찾아볼 수 있다. 서문에서 그는 '새로운 커뮤니케이션 체제, 즉 보편적인 디지털 언어로 소통하는 것은 인간 문화의 단어, 소리, 이미지의 생산과 분포를 세계적으로 통합시키는 것'(2000: 2)이라 주장한다. 카스텔은 번역을 네트워크 사회의 중요한 과정으로 보지 않는다. 왜냐하면 언어적 다양성이 네트워크 사회의 세계화 핵심에 끼어들지 못한다고 보기 때문이다. 자본과 노동의 시공간 즉 흐름의 공간이자 컴퓨터화된 네트워크의 순간 시간의 공간과, 장소의 공간 즉 일상 속 시계 시간의 공간에 대한 그의 구분에서, 전자는 암묵적으로 단일 언어인 것으로 인식되며, 후자는 흐름의 초이동성이 아닌 장소와 연관된 언어적 다양성을 띠는 것으로 보인다.

이러한 카스텔의 입장은 마이클 크로닌Michael Cronin이 신바벨적neo-babelian 이라고 명명한 것으로, '다른 언어를 말하고 쓰고 읽는 인간 간의 상호적이고 동시적인 이해 가능성에 대한 욕망'을 나타낸다(Cronin, 2003: 59). 그러나 카스텔의 탈영토화된 네트워크 사회에서 세계적 국제 공용어는 영어가 아니라 과학과 기술의 디지털 언어, 한 국가의 언어가 아닌 여러 곳에 동시에 존재하는 언어이다. 따라서 카스텔에게 있어 정보주의의 도구란 다음과 같다.

(전략) 새로운 전기 통신 네트워크, 새롭고 효과적인 데스크톱 컴퓨터, 강력한 서버에 연결되어 있는 유비쿼터스 컴퓨터 장치, 유연하게 자체 진화하는 새로운 소프트웨어, 시공간에 관계없이 온라인 연결이 가능한 새로운 이동식 커뮤니케이션 장치, **업무 수행에 따라 연결되어 있고 같은 언어, 디지털 언어를 사용할 줄 아는 새로운 노동자와 관리자**

(2000: 212, 강조는 필자)

이렇게 언어적 다양성을 감소시키는 것은 매우 위험하다. 우선, 크로닌이 보여주듯 신바벨적 선택은 번역을 사라지게 하는 것이 아니라 지배 언어 사용자가 아니기 때문에 지배 언어를 또는 지배 언어로 번역해야 하는 사람들에게 번역을 전가할 뿐이다(2003: 60). 디지털 단일 언어라는 개념이 일정 정도 기술 결정론을 의미하는가에 대한 문제는 여기서 다루지 않을 것이다. 그러나 디지털 언어가 영토 경계 내에서 자연스럽게 존재하던 언어가 아니라는 사실은 번역과 언어 간의 관계를 매우 추상적이고 인지하기 어렵게 만든다. 둘째, 카스텔의 신바벨주의는 세계화로 나타난 기존의 번역 관행을 다룰 수 없다. 그는 기술 언어에만 집중함으로써, 네트워크 사회의 핵심에서 언어적 다양성이 어떻게 다루어지는가를 간과하고 기술의 로컬라이제이션 과정 또는 언론이 세계에 실시간으로 보도하고 번역하는 뉴스를 통한 언어적 다양성을 살펴보았다.

세계화 속 번역의 분석적 위치

데이비드 하비는 후기현대성의 경험에 대해 다음과 같이 설명하였다.

다양한 세계 지리가 정적인 TV 화면 속 일련의 이미지로 축소된 것과 거의

동일한 방식으로 이제 전 세계의 요리법이 한 장소에 모이고 있다. (중략)
이것이 의미하는 바는 음식, 요리 관습, 음악, TV, 오락, 영화를 통해 세계
지리를 복제품으로써 간접적으로 경험할 수 있게 되었다는 것이다. 일상생
활에 복제품을 섞어 넣는 것은 동일한 시공간에 상품의 다양한 세계를 불러
들이는 것이다. 그러나 이는 상품의 원산지, 상품을 생산한 노동 과정, 혹은
생산에 관련된 사회적 관계의 흔적을 거의 완벽하게 감추기 위한 방식으로
진행된다.

(1989: 300)

여기에서 하비는 상품이 그것의 재료 혹은 생산의 사회적 관계로부터 망령
같은 자율성을 획득한다는 점에서 마르크스^{Karl Heinrich Marx}의 상품 물신주의
를 따르고 있다. 세계화는 전 세계에 흩어져 있는 문화들을 원래의 사회적
맥락에서 분리하여 병치한다. 이 과정에서 파편적이고 불연속적인 경험이
창조된다. 세계 지리의 동시성의 경험에서, 번역은 필연적으로 다양한 언어
공동체들을 중재하는 중요한 사회적 관계이지만 거의 드러나지 않는다. 주
로 이동성과 흐름에 초점을 두는 세계화 이론은 번역에 대한 이러한 부정
을 반복할 수밖에 없다. 왜냐하면 세계화 이론이 순환영역에 관심을 둠으
로써 현대 세계화를 형성하는 생산의 사회적 과정과 관계에 대해 적절히
다룰 수 없기 때문이다.

이에 대한 예외로 글로벌 도시에 대한 사스키아 사센^{Saskia Sassen}의 분석이
유명하다. 사센은 세계화에 전제된 인프라보다는 전 세계로의 동시 전송력,
자본과 정보의 초이동성만을 강조하는 세계화 이론의 편향성에 대해 맹렬
히 비난한다(1998: 202). 그녀의 주장에 따르면, '경제적 세계화의 분석에
여러 도시를 도입하는 것이 우리로 하여금 경제적 세계화의 과정을 특정한
장소에서 벌어지는 구체적인 경제적 복합체로 재개념화 하게 해주고', 따라

서 '세계화의 통로가 되는 지역화된 과정'을 복원시킨다(1998: xix, xx). 글로벌 도시에 대한 그녀의 설명은 흐름 공간의 가장 유동적인 접촉점 혹은 교점에서 발생하는 사회적이고 경제적인 과정에 주목함으로써, 특정 장소에서 세계와 지역 간의 관계를 확고하게 나타낸다. 이는 또한 장소에 얽매이는 노동과 초이동적인 자본의 구별되는 시공간을 강조하는 마뉴엘 카스텔과 지그문트 바우만Zygmunt Bauman(1998)의 관점을 거부하는 것이다. 따라서 사센은 다음과 같이 주장한다.

> 명령기능 이면에 존재하는 작업, 재정과 서비스 복합체에서의 실제 생산 과정, 그리고 글로벌 시장이라는 장소에 대해 주목하면, 세계화의 기저에 있는 물질적 시설과, 경제의 기업 분야에 속하지 않는 것으로 나타나는 일의 종합적인 인프라를 통합할 수 있다. 이때 경제적 윤곽이 드러나는데, 이는 정보 경제의 개념이 나타내는 경제적 윤곽과는 매우 다른 것이다. 우리는 세계화와 정보 경제의 일부인 물질적 조건, 생산 현장, 장소와의 연결성을 회복하게 된다.
>
> (1999: xxiii-xxiv)

사센에 의하면 글로벌 도시는 전략적 장소의 세계적인 망, 국경을 가로지르는 중심성의 새로운 지리, 그리고 전통적인 남북 격차로 구성된다(1998: xxv). 주목할 만한 것은, 초이동적이고 탈물질화된 재정적 수단을 통제하는 막대한 능력과, 이러한 능력을 가능하게 하는 주로 지역기반의 물질적·인적 자원의 엄청난 집결력을 갖춘' 글로벌 도시는(2000: 218), 이동과 고정의 역학을 포함한다는 것이다. 이는 글로벌 도시를 사센이 분석적 접합지역이라 부른 것, 즉 자체적인 이론화와 설명이 필요한 경계 지역으로 구성하는 세계와 민족의 공간성을 연결하는 것이다(2000: 220).

　　세계화를 가능하게 하는 물질적 인프라 조직을 위한 국경지역, 즉 세계와 지역을 연결하기 위한 주요 장소로서 글로벌 도시에 대한 개념은 세계화 이론에 중요한 이론적 변화를 도입한다. 이번 장에서 세계적 경제화에 대한 설명을 하지는 않았지만 사센은 번역과 같이 세계화의 물질적 생산에 개입하는 기본 과정을 이론화시킬 일반적 틀을 제공한다. 더욱이, 앞으로도 글로벌 커뮤니케이션의 주요 인프라인 번역(Held et al., 1999: 345)[5]이 세계와 지역이 만나는 분석적 접합지역으로 인식될 수 있으므로 문화적 세계화에서의 번역이 경제적 세계화의 글로벌 도시와 등가물임을 주장할 것이다.

　　앞서 레이먼드 윌리엄스는 문화적 실천의 특징을 그 자체로 물질적 생산이라고 보았다. 이러한 맥락에서, 로렌스 베누티Lawrence Venuti 역시 '번역은 다양한 문화적 상황에서 가지게 되는 개념의 물질적 조건, 언어적·담화적 형태, 다양한 의미 및 기능에 관심을 집중시킴으로써 철학에서 근본적인 이상주의를 드러낸다'고 주장했다(1998: 106). 따라서 이 분석을 통해 번역을 의미의 세계적 순환을 위한 물질적 전제조건으로 간주하고자 한다. 오로지 번역이 수행되는 사회적 조건뿐만 아니라 문화를 중재하는 번역의 역할을 보이지 않게 만드는 번역의 불가시성에 문제를 제기함으로써, 문화적 세계화의 메커니즘을 온전히 이해할 수 있을 것이다.

　　뿐만 아니라, 만약 세계화를 연결성의 증가로 정의한다면(본 장의 서론 부분을 참고하라), '번역이란 연결하는 것으로, 한 문화와 다른 문화를 연결하고, 재화, 기술, 아이디어의 개방적인 교환을 위한 조건을 마련하는 것'임을 떠올릴 때 세계화와 번역 간의 근본적인 유사성을 발견할 수 있다(Cronin, 2003: 41). 구체적이고 물질적인 차원에서 세계를 연결하는 과정에 대한 설명을 통해 번역은 세계화의 속성을 이해하는 데 도움을 준다.

번역으로 본 세계화

세계화의 불균형과 현대의 지식과 정보 생산의 불평등은 번역에 직접 반영되고, 이는 세계적 정보 흐름의 방향성에 의문이 제기될 때 가시적으로 드러난다. 따라서 세계화에 대한 일부 설명들은 영어를 원천 언어나 목표 언어로 삼는 책의 양이 정보의 세계적 흐름 속에 권력의 분포를 나타내며, 그 흐름의 중심부에서는 주로 정보를 전송하고 주변부에서는 수용하기만 한다고 지적한다(Janelle, 1991: 56-58, Lash and Urry, 1994: 28-29; Held et al., 1999: 345-46). 1981년 세계 번역서 현황에 따르면 러시아어책이 13.5%, 프랑스어책이 11.4%를 차지한 데 비해 영어로 쓰인 책이 42%나 차지했고, 여기에서 영어의 지배적 위상이 잘 드러난다(Janelle, 1991: 57). 동시에 영미권에서는 번역서가 아주 낮은 비중을 차지한다. 1985년 프랑스에서는 번역서의 비중이 9.9%, 1989년 이탈리아에서는 25.4%였지만, 1990년 영국에서는 2.4%, 미국은 2.96%에 불과했다(Venuti, 1995: 12).

베누티는 영미문화의 지배적 위상이 영어로 번역되는 책이 적다는 점에서뿐만 아니라, 영어로 번역되는 번역서조차 목표 문화의 가치에 따라서 유창성과 투명성을 기반으로 한 자국화 전략을 따르고 있다는 점에서 드러난다고 주장한다(베누티의 자국화 및 이국화 번역에 대한 설명은 본서 1장을 참조하라). 자국화 번역은 투명성의 전제 아래 문화적, 언어적 차이를 최소화한다. '외국 텍스트에 영어의 언어적 가치를 보이지 않게 각인시키고 독자들에게 다른 문화에서 자신의 문화를 발견하는 자기도취적인 경험을 제공한다'(1995: 15).

일반적으로 투명성과 불가시성은 세계화에서 번역이 하는 역할의 특징이기도 하다. 따라서 베누티의 분석을 확장하여 세계적 차원에서 불가시성이 의미하는 바를 설명해야 할 것이다. 첫째로 즉각적인 커뮤니케이션, 정보 흐름의 막힘없는 전송의 개념은 번역의 불가시성을 내포하며, 동시에 번역에 새로운 요구사항을 부과한다. 따라서 크로닌은 정보 경제가 번역으로 하여금 유동적인 교환을 위한 투명한 매체가 됨과 동시에 즉각적인 투명성의 이상에 더욱더 접근하길 강요한다고 주장했다(2000: 111-12). 실시간 커뮤니케이션에 대한 요구는 결국 번역이 인간적 요소를 제거하고 거의 실시간으로 번역하기를 요구하는 것이다. 이에 따라 크로닌은 정보의 세계적 흐름의 순환 내에서 번역의 역설적 속성에 대해 다음과 같이 말한다.

> 정보 기술의 토대가 되는 네트워크는 전 세계에서 순식간에 영어 사용자의 메시지와 이미지를 전달하고, 이는 완벽에 가까운 즉시성의 복잡하게 얽힌 코즈모폴리터니즘*으로 이어진다. 코즈모폴리터니즘은 정보를 시장에서 지배적인 언어로 이용 가능하게 만드는 번역가들에 의해 발생한다. 그러나 글로벌 공동체의 사이버 공간에서는 언어의(문화의) 연결성을 확립하고 유지하는 데 필요한 노력, 어려움, 그리고 무엇보다도 시간을 평가 절하하거나 간과한다.
>
> (2003: 49)

영어의 세계적 위상은 현재 순환되고 있는 엄청난 양의 정보가 영어라는 점에서 드러난다. 예를 들어, 인터넷 언어 사용 현황을 살펴보면 전체의 3분의 1이 영어 사용자이고, 영어로 된 콘텐츠가 전체의 절반을 넘게 차지하고 있다.[6] 한편, 번역은 사람들이 자국의 언어로 정보에 접근할 수 있게 도와주고, 앞서 번역 도서 출판 현황에서 살펴보았듯이 영미 문화가 세계적으

---

* 역주－코즈모폴리터니즘(Cosmopolitanism): 인종이나 민족, 국민이나 국가에 관계없이 전 인류를 그 본성에서 혹은 신의 아래에서 모두 동포라고 보는 입장이나 태도.

로 지배적인 위치에 도달하는 데 크게 기여하고 있다. 하지만 도서 번역은 전체 번역의 일부에 불과하며, 광고 번역, 정치 및 행정 번역 그리고 대중 매체 번역이 대부분을 차지한다.

그렇지만 세계 또는 국제 영어에 대해서 제대로 평가하고 더 자세히 조사할 필요가 있다. 메리 스넬-혼비Mary Snell-Hornby는 세계 공용어의 특징을 다음과 같이 설명한다. '걷잡을 수 없는 세계 공용어, 즉 "국제 영어"는 대체로 원래 문화의 정체성, 표현 양식, 함축된 의미, 문법적 미묘함을 상실했고, 문화를 초월한 커뮤니케이션을 위해 축소되고 표준화된 언어 형태가 되었다. "맥도날드화된 세계McWorld"의 "맥도날드화된 언어McLanguage" 혹은 다중언어를 사용하는 대륙의 "EU 관료 영어Eurospeak"인 것이다'(2000: 17). 위 과정에 따르면 국제 영어는 당연히 나쁜 번역으로 볼 수 있는 것으로, 특정 문화의 맥락과 본질적인 연결이 끊어진 초영토적인 언어이다. 따라서 국제 영어는 그 자체로 상호작용의 지역적 맥락에서 사회적 관계를 탈피시키거나 들어내는 것에서 파생된 근본적이고 추상적인 개념을 표현한다.

게다가 영어의 세계적 지배에는 중요한 정치적 관점이 존재한다. 이는 고용인, 국제 관료, 고위 공무원, 언론 관련 지식인이 선언한 '새로운 불가타 성경new planetary vulgate'에 대한 피에르 부르디외Pierre Bourdieu와 로익 바캉Loïc Wacquant의 논의에서 강조한 것이다. 이들에 의하면, 새로운 불가타 성경이라는 신조어는 세계 곳곳의 탈역사화된 모습의 대학들과 미국 사회의 배타주의를 보편화한 제국주의의 새로운 형태가 낳은 결과이다(2001: 2). '세계화'라는 용어 사용의 '결과로 미국의 제국주의는 문화적 세계교회주의 혹은 경제적 숙명론이라는 과시적인 옷을 입게 되었고 경제력의 초국가적 관계가 자연적이고 필연적인 것이 되었다'(2001: 4). 부르디외와 바캉은 세계화를 특정 북미 지역의 관습과 이해관계에서 파생된 사상의 범주를 전 세계가 도입하는 방식으로 본다. 그들이 새로운 문화 제국주의로 보는 것의 결과는 곳곳에 만연해있다. '미국은 자신의 사회 구조에 상응하는 인식의 범주를 세계에 도입시킴으로써 세계의 모습을 미국의 이미지에 맞게 개조하고 있다. 이러한 개념의 전파를 통해 작동하는 정신적 식민지화는 경제, 자선 사업 또는 경영 교육 영역에서 쉽게 발견할 수 있는 일반화되고 자발적이기까지 한 "워싱턴 컨센서스Washington consensus"*로 이어질 뿐이다'(2001: 4).

그러나 범주와 개념을 직접 도입할 수 없고 새로운 문화 맥락에 맞게 번역하거나 조정해야 한다는 사실은 위의 관점이 일방적인 것이며 번역이 다른 문화들을 중재하는 데 중요한 과정임을 드러낸다. 정보의 세계적 순환 속에서 번역의 주요 형태를 간단히 설명하기 전에, 자국화 번역에 대한 베누티의 관점을 다시 살펴보는 것이 유용할 것이다. 그는 자국화 번역을 근본적으로 자민족중심주의적인 행위이며(1998: 10) 자국화 번역을 통해 폭력이 발생한다고 강조했다. 이러한 관점은 번역에 대한 그의 정의에서도 드러난다. '번역은 외국 텍스트의 언어적이고 문화적인 차이를 목표 언어 독자가 이해 가능한 텍스트로 강제적으로 대체하는 것이다'(1995: 18). 여기서 이해 가능성이란 어느 정도의 혼종화가 필요함을 암시하며, 이를 통해 지배적인 담론은 효과적으로 새로운 언어로 바뀌고 다시 쓰인다. 번역으로 본 세계화에 대한 설명에서, 영어의 지배와 폭력에 가까운 번역, 즉 새로운

---

* 역주―워싱턴 컨센서스: 미국의 정치경제학자인 존 윌리엄슨이 지난 89년 자신의 저서에서 제시한 남미 등 개도국에 대한 개혁 처방을 "워싱턴 컨센서스"로 명명한 데서 유래된 90년을 전후로 등장한 미국의 경제체제 확산 전략이다. 국가적 위기발생을 제3세계 구조조정의 전제로 삼아 미국식 시장 경제체제(신자유주의)의 대외 확산 전략을 꾀하는 것으로, 90년대 미 행정부와 IMF, 세계은행이 모여있는 워싱턴에서 정책결정자들 사이에 이루어진 합의이다. 반신자유주의 혹은 반세계화 진영에 의해 '세계 경제를 미국 기업이 진출하기 쉽게 만들어 이익을 극대화하기 위한 금융자본주의의 음모'로 비난받고 있다.

불가타 성경의 부과와 타자를 전용(轉用)하는 자민족중심주의적 자국화 번역 사이의 논리로서 세계와 지역의 연결을 신중하게 검토해야 할 것이다.[7]

세계화로 인해 번역은 기하급수적으로 증가했다. 정보적 재화에 접근하기 위해 사람들은 자신의 모국어를 선호되는 언어로 바꾸어야 했기 때문에, 영어의 지배적 위상은 동시에 번역의 수요를 증가시켰다. 최근 몇 십 년간 번역 시장에서 크게 성장한 분야는 로컬라이제이션으로, 이를 통해 글로벌 상품이 재단되어 특정 지역 시장의 수요를 충족시켰다(Cronin, 2003: Pym, 2004). 정보에 대한 즉각적인 접근이 특징인 정보 경제에서, 로컬라이제이션의 목적은 모든 목표 시장의 언어로 상품을 즉각적으로 이용 가능하게 하는 것이다. 로컬라이제이션와 e-로컬라이제이션(웹사이트 로컬라제이션)에서 번역의 가치와 전략은 정해져있는 것이 아니라 목표 소비자들의 관심을 끌 수 있도록 자국화와 이국화 요소를 시장 상품에 결합하는 것이지만, 동시에 기술 혁신의 언어와 이국적인 관계를 유지하기도 한다(이에 대한 예는 Cronin, 2003: 16-17을 보라).

또한 번역은 글로벌 뉴스 생산에서 문화적 차이를 중재하고 동질성과 다양성 간의 논리를 형성하는 데 중요한 역할을 한다. 다음 장에서 글로벌 뉴스의 동질화에 대한 현재의 추세를 논의할 것이다. 그러나 이는 목표 독자와의 매끄러운 커뮤니케이션을 목표로 하는 자국화 번역 전략과 타자의 담론을 매체에 드러내는 이국화 장치(예를 들어, 오사마 빈 라덴의 테이프나 사담 후세인의 연설을 영어로 번역한 것)와 함께 살펴보아야 할 것이다. 다음 장에서는 세계화와 뉴스 간의 관계를 살펴보기 위해, 19세기 이후 글로벌 저널리즘의 발전과 역사적 관점에서 뉴스 에이전시의 주요 역할을 검토할 것이다.

3

세계화와 뉴스:
역사적 관점에서 본 뉴스매체의 역할

세계화와 뉴스매체

앞장에서 살펴본 것처럼, 로버트슨이 강조한 세계화에 관한 주관적인 차원, 즉 세계를 하나로 보는 인식의 강화는 기술의 변화와 글로벌 미디어 시스템의 통합과 관련이 있다. 글로벌 미디어는 세계가 즉각적이고 적은 비용으로 소통하게 해주며 세계적 유대감을 형성하게 한다. 지난 150년간 전보에서 광케이블, 위성 전송 및 인터넷에 이르는 전자 매체로 인해 거리가 먼 곳도 즉각적으로 통신할 수 있게 하였으며 이에 따라 앤서니 기든스[Anthony Giddens]는 시간과 공간의 격리에 관한 관점을 도입하였다(2장 참조). 다른 한 편으로는 통신 기술이 현재의 문화 세계화 과정을 형성했다. 우리는 세계화가 똑같은 시간과 공간속에 존재하는 다른 세계를 합쳐서 텔레비전 화면 속에 연속적인 이미지로 축소시켰음을 살펴보았다. 동시성의 이미지를 증진시키기 위한 미디어는 문화 세계화 과정에서 핵심적인 역할을 수행하였고 이것은 대량 발행된 최초의 현대 신문에서도 찾아볼 수 있다.

19세기 중반부터 전보는 뉴스가 제작되는 방식을 급격하게 변화시켰다. 현대 신문의 기삿거리는 이제 공간적 접근성에 기초해서 선택되는 것이 아니라 뉴스 관련성이라는 새로이 등장한 언론의 기준을 따르게 되었다. 또한 가장 최근 사건만 뉴스거리가 되며 뉴스 속보를 보도하려는 경쟁이 심해졌다. 기든스는 전보가 뉴스 전송에 사용되기 시작한 이래로 인쇄물이나 전자 미디어가 통합된 점을 강조했다. 또한, 미디어가 재현하고 생산하는 현대성을 세계화하기 위해 시간과 공간을 재구성하는 두 가지 특징에 관해 언급했다. 여기서 미디어는 신문과 같은 인쇄활자를 통해서 운영되는 구식 미디어와 텔레비전처럼 새로운 미디어 둘 다를 포함한다. 우선 첫 번째 특징은 뉴스를 지배하는 콜라주 효과이다. 이는 미디어가 공통점이 하나도 없는 이야기와 기사들을 배치하는 것을 말한다. 얼마나 최근에 일어났는지, 그리고 그 순서는 무엇인지와 같은 시간적인 요소는 매우 중요하지만, 공간적인 제약은 사실상 사라졌다. 이렇게 조정된 현대경험에서 두 번째 특징은 먼 지역의 사건을 일상적인 생각에 개입시키는 것으로써 사회적 활동을 지역적 맥락에서 '들어내기'라는 중요한 표현이 있다(Giddens, 1991b: 26 - 27). 기든스는 이러한 특징에 관해 '미디어는 현실을 반영하는 것이 아니라 현실의 일부분과 관련이 있다'(1991b: 27)고 언급했다. 또한 세계적 동시성을 경험하는데 미디어의 중심적인 역할도 강조했다.

이러한 개념은 마뉴엘 카스텔Manuel Castells의 실제적 가상의 개념에서도 찾을 수 있다. 카스텔에 의하면 20세기 말에 기술적 변화를 통해서 인간의 통신방식이 쓰고 말하는 시청각 방식으로 통합되었으며, 1990년대 후반에 컴퓨터를 매개로 의사소통하는 글로벌 대중매체가 다양화되고 사용자의 기호에 맞추는 방식이 통합되었다고 한다. 지난 30년간 기술이 단순히 질적으로 변화했을 뿐만 아니라 전 세계적으로 정보 폭발 현상이 일어났고 이를 통해서 '무의식적으로 끊임없이' 미디어와 상호작용하게 된 것을 의미한다(Castells, 2000: 362). 지난 10년간 이러한 현상은 전반적인 삶의 범위가 전자 통신세계로 확장되면서 끝이 났다(2000: 394). 베네딕트 앤더슨 Benedict Anderson이 주장한 바와 같이, 신문은 서로 마주친 적 없는 사회 구성원들 간의 연결고리를 형성함으로써 현대 국가의 기반을 마련하는 사회를 상상할 수 있게 해준다(1983). 오늘날, 인터넷을 통한 쌍방향 통신으로 가상 커뮤니티가 생겨났고 지역을 넘어서 새로운 결합 형태가 등장했다.

2장에서 카스텔이 언급한 시간의 흐름과 영원한 시간의 개념은 실제 가상세계 속의 개념과 관련있다. 이러한 개념은 디지털 전자 기술을 기반으로 한 새로운 통합 커뮤니케이션 시스템에서 비롯되었다. 카스텔의 상세한 설명에 따르면, '이것은 사람들의 물질적/상징적 존재인 현실이 전체적으로 압축되어 가상 이미지에 완전히 들어가 있는 시스템이다. 가상 세계에서의 경험은 스크린을 통해서 소통될 뿐만 아니라, 경험 그 자체가 된다'(2000: 404). 이는 모든 문화적 표현을 포함하는 새로운 커뮤니케이션 시스템의 결과인 실재 같은 가상real virtuality이란 개념을 이해하는데 핵심이 되며, 역사적으로 전해져온 다양한 재현의 체계를 통합하는데 중점을 둔다. 오늘날 현실세계와 가상세계는 새롭고 유동적인 방식으로 서로 소통한다. 왜냐하면 사람들이 자신들에게 실질적인 영향을 주는 대중 매체 사건에 반응하는 동안 전자 통신 매체는 사람들의 삶을 지배하기 때문이다.

글로벌 뉴스의 생산 인프라는 19세기 후반에 구축되었다. 이 시기에는 전보의 사용이 일반적이었고 뉴스를 수집하고 제공하는 주요 뉴스 에이전시가 생겨 자체적 연결체계를 세계적으로 확대시켰다. 처음 전신선이 설치된 1840년대부터 대서양에 케이블이 설치된 1858년에 이르기까지 그리고 대서양 연안 국가의 통신이 실제 이루어졌던 그 후 10년간은 전보가 철도를 포함한 여타 기술보다 훨씬 더 빠른 성장을 겪었다고 마샬 맥루한Marshall McLuhan이 언급하였다(1964: 250). 이 신기술은 글로벌 뉴스 에이전시를 형성하는 과정과 관련 있으며, 올리버 보이드 바렛Oliver Boyd-Barrett과 떼르히 란타넨Terhi Rantanen의 말을 빌리면, 글로벌 뉴스 에이전시는 최초의 국제 언론사였고 세계 최초의 다국적 기업이었다고 한다(1998: 1).

글로벌 뉴스 에이전시는 전 세계적으로 뉴스를 수집하고 처리해서 가입 기관에 전달하는데, 보이드 바렛Boyd-Barrett은 뉴스 도매업자라고 불렀다. 뉴스 에이전시는 뉴스를 수집하는 가장 큰 인프라를 가진 글로벌 기관이다. 100여 개국에 영구적 지사를 가지고 있으며 세계 어디든지 신속히 뉴스팀을 파견할 수 있는 인프라를 갖춘 뉴스 에이전시는 뉴스를 처리하고 전달하는 데도 중요한 역할을 한다. 하지만 세계 뉴스 시장에서 이들의 중요한 역할은 번역에서의 불가시성처럼 핵심적이긴 하지만 눈에 띄지는 않는다. 뉴스 에이전시는 일차적 정보뿐 아니라 보도 가능한 뉴스기사나 분석 및 논평을 생산하며, 가입한 뉴스 기관들은 뉴스 전체나 일부분을 자유롭게 사용할 수 있다. 따라서 원문의 출처를 밝히지 않고서도 필요한 부분을 변경하거나 다시 작성하는 것이 가능하다. 번역이 뉴스 생산에 완전히 통합되며, 뉴스 과정의 상당 부분을 차지한다는 사실도 주목할 만하다. 다음 장에서 자세히 살펴보겠지만, 뉴스 에이전시는 빠르고 정확한 번역을 제공하기 위해 전문적인 기술로 방대한 양을 효과적으로 번역하는 기관이다. 그리고 가장 큰 뉴스 시장의 수요에 맞추고 세계적인 뉴스 판매 부수를 늘리기 위해서 다양한 언어별 뉴스를 제공한다. 그러나 뉴스 생산 후에는 보다 신속한 뉴스를 전송하기 위해 뉴스 에이전시는 기술 투자를 증가해야 한다. 뉴스에이전시는 전보나 정보 기술과 같은 새로운 기술을 사용하는데 선두적인 역할을 해왔다. 이러한 기술은 뉴스의 본질을 급격하게 변화시켰으며 그로 인해 기술적 혁신이 뉴스 에이전시 간의 경쟁에서 핵심이 되고 있다.

지역과 세계를 연결하는 세계화의 역학관계는 뉴스 에이전시를 운영하는 방식에서 찾아볼 수 있다. 글로벌 뉴스 에이전시는 본사와 각국에 지사를 가지고 있다는 점에서 국가 간의 중요한 연결고리이다. 보이드 바렛과 란타넨이 언급했듯이, 뉴스 에이전시는 한 국가의 가장 중요한 구성요소이며, 글로벌 시장에서 '국가 이미지' 확산에 결정적인 역할을 한다(1998: 5). 사실상 19세기 열강의 국가 기관이었던 글로벌 뉴스 에이전시는 전 세계 국가 기관과 협력하여 독점적인 연결망을 설치함으로써 뉴스를 수집했고 안정망은 제1차 세계대전 이후에 무너졌다. 1970년대 탈식민지화 과정에서 글로벌 뉴스 분야에서의 서구 기관의 우위와 뉴스 내용을 반영하는 방식이 도전받게 되었다. 신세계 정보 통신 질서(NWICO)* 논의를 통해, 제3세계 국가의 뉴스 에이전시가 생겨나기 시작했기 때문이다.

국제뉴스 분야는 미디어 산업의 집중화와 규제 완화, 민영화 및 상업화로 전례 없이 강력해진 극소수의 기관들이 뉴스시장을 지배하는 현상을 특징으로 한다. 규제 완화로 뉴스 전송을 위한 채널수가 확장되고 다양화된 반면에, 원천 뉴스를 수집하는 기관의 수는 엄격하게 제한되었고 그러한 권력은 상업 논리가 지배적인 환경에서 상대적으로 커졌다. 그리고 많은 뉴스 기관들이 자체 뉴스 공급원을 획득하기가 쉽지 않았다. 만약 뉴스 에이

---

* 역주－New World Information and Communication Order(NWICO): 세계 남북 간의 정보 격차를 시정하기 위해 유네스코(UNESCO)에서 제창한 정보 통신 질서.

전시가 일차적 정보뿐만 아니라 방송이나 인쇄용으로 만든 뉴스를 제공한다고 여긴다면, 이는 소수 서구 기관의 우세가 여러 방식으로 국제뉴스를 통합시켰기 때문이다. 뉴스 에이전시는 서구 미디어 모델과 전 세계적으로 공정하고 객관적이며 중립적인 뉴스 가치를 확산시키고 이와 더불어 간접적으로는 뉴스를 보도할 가치가 있는지, 어떠한 영역에 우선권을 주는지, 어떠한 각도로 사건이 묘사되는지 등의 설정에 의해서 또는 직접적으로 구독자들에게 언론기사를 제공함으로써 뉴스의 내용을 구성하게 된다.

이러한 권한을 과소평가하지 않고 언론분야 내에서의 상업적 논리와 시장에서 결정하는 역할을 인식하는 것이 중요하다. 한편으론 하나의 사건이 이미지를 사용할 수 없을 경우, 뉴스 방송으로 보도될 것이며, 다른 한편으론 에이전시 뉴스 편집에서 특종을 추구하는 것과 뉴스속보의 원칙이 주경쟁자를 이기는 것에 더 관련이 있으며, 중요한 사건을 신속하게 보도하고 세상에 알리려는 단순한 목적과는 크게 관련이 없다. 이와 관련하여 피에르 부르디외Pierre Bourdieu는 언론 분야를 구조적으로 형성하는 두 가지 요인을 언급했다. 첫 번째 요인은 '최신뉴스를 위한 경쟁'을 말한다. 이는 뉴스처럼 변하기 쉬운 생산물을 기반으로 하는 분야에서 최대의 관건이다. 두 번째로는 역설적인 요인으로, 기자들이 경쟁자들의 활동에 종속되는 영구적인 감시이다(1998: 71-72). 두 요소는 서로 밀접하게 연관되어 있다. '실제로 고객을 위한 전쟁에서 상당 부분의 특종은 일반 독자나 시청자에게는 전달되지 못한다. 기자들은 모든 신문을 다 읽는 유일한 사람이기 때문에 오직 경쟁자들만 그것들을 볼 수 있다'(1998: 71-72). 이처럼 부르디외에 따르면, 경쟁이란 독창성과 다양성을 추구하기보다는 획일성을 만들어 내는 것이다. 뉴스 에이전시에서 특종의 문화가 고객에게 24시간 뉴스 속보를 전하는 역할로 인해서 보다 심화되었다. 더구나 뉴스 에이전시는 경쟁사의 보도와 함께 뉴스 기관에 가입하여 자체적으로나 경쟁사로부터 얼마나 많은 뉴스 기삿거리를 채택하고 재생산하는지를 철저히 감시한다. 따라서 상업적 성공을 위해 압박을 받기 마련이다.

보이드 바렛Boyd-Barrett에 따른 뉴스 에이전시에 관한 연구는 세계화가 서구화임을 확인해 준다. '뉴스 에이전시는 텍스트를 표준화된 담론에서 사용하도록 다양하게 늘리는 반면, 형식이나 출처에 관한 세계적인 문화는 단일화시킨다'(Boyd-Barrett, 1997: 143). 다른 학자들은 글로벌 뉴스 분야에서 영미권의 이데올로기가 우선시 되어왔음을 강조했다(Marchetti, 2002; Paterson, 1998). 반면 모든 미디어 기관은 주요 뉴스 에이전시의 영향을 받았으며, 뉴스 공급원에 대한 직접적인 의존도는 각기 다르다. 부유한 나라에서처럼 보다 영향력 있는 뉴스 기관은 주로 국제 특파원이 있으며 리포터를 외국으로 보내기 위한 필요한 인적 자원을 갖추어 자체적으로 정보공급원을 지닌다. 비록 비용을 절감하고 미디어가 널리 퍼지는 것을 제한하며 뉴스 에이전시에 많이 의존하는 경향이 지배적이지만 말이다. 영향력이 적은 기관이나 특히 빈곤국의 미디어 기관은 뉴스 에이전시에 의해 제공되는 뉴스에 많이 의존한다. 따라서 제3세계 신문의 국제 뉴스면은 거의 에이전시 보도로만 구성된다. 반면, 멀리 떨어져 있는 제3세계 국가에 관한 뉴스나 자연재해와 전쟁 같은 국제적으로 위기인 사건일 경우에는 에이전시 뉴스가 미디어 기관에 많이 의존하게 된다.

전쟁에 관해 보도하는 미디어의 역할을 확인하는 것은 현실을 구성하고 울리히 벡Ulrich Beck이 언급한 세계화된 세상의 경험을 알리는데 미디어의 특별한 뜻을 이해하는 하나의 방식이 되었다. 벡에 의하면 '세계성은 향후 우리 지구에서 발생하는 일이 단지 지역적인 사건에만 한정된 것은 아무것도 없음을 의미한다. 모든 발명, 승리, 재해 등은 전 세계에 영향을 미치고 우

리는 우리의 삶과 행동을 "지역적-세계적" 축에 따라 새롭게 순응하고 재편
성해야 한다'(2000: 11-12)고 한다. 세계성globality을 알리는데 있어서 전쟁 보
도만큼 미디어의 역할이 중요한 분야는 없다. 벡은 마틴 쇼Martin Shaw가 동서
분쟁의 종식과 동시대 전쟁과의 차이점에 대한 언급을 인용했다. '대중매
체를 통해 잠재적으로나 실제로 개입하는 것은 전 세계적으로 전쟁을 야기
한다는 의미이다'(2000: 91). 따라서 특정한 경우에 우리는 미디어 제너레
이션*이라 하며, 지역적 군사 분쟁이 세계적으로 중요한 의미를 지닌다고
말할 수 있다. 심지어 세계적으로 정치적 위기가 '전반적으로 미디어의 중
요성이 부족한 곳에서 나타나는데, 이는 인간의 삶과 적법한 원칙을 침해하
는 세계전반적인 인식이 있는 경우이다. 이러한 인식은 획득한 미디어 보
도 자료에 주로 의존하게 된다'(Shaw에서 Beck이 인용, 2000: 92).

　현실적인 사건을 차례로 결정짓는 인식들을 만들어 내는데 있어서 미디
어의 역할은 기든스가 언급한 미디어가 현실을 반영하지 않지만, 현실을 중
요한 방식으로 만들어낸다는 개념과 카스텔의 실재 같은 가상이라는 개념
의 구체적인 예와 같다. 이는 또한 글로벌 뉴스 에이전시가 전쟁 보도를 하
는 것과 관련하여 설명할 수 있다. 뉴스 에이전시는 아무도 없는 곳을 보여
주며 대체 정보 공급원이 엄격히 제한된 경우에도 계속해서 정확한 정보를
제공해주는 일을 그들의 책임으로 삼았다. 하지만, 크리스 패터슨Chris Paterson
이 보스니아의 전쟁을 보도했을 때, 전쟁의 기록자처럼 뉴스 에이전시의 권
한으로는 해결할 수 없는 역설적인 상황을 자아냈다. 이는 그들이 취재한
전쟁사건이 마치 뉴스 에이전시가 사실을 보도한 것으로 여겨졌기 때문이
다. 따라서 패터슨은 다음과 같이 주장했다.

---

* 역주―매체발달과 함께 자란 세대. TV 세대는 텔레비전이 개발되기 이전의 사회문화적 특징
　을 이해할 수 없다.

세계를 위해서 제작된 전쟁 뉴스 에이전시는 그들이 취재한 전쟁과 다를게 없었다. 뉴스 에이전시는 보스니아 내전의 일부만을 보도할 수 있었다. 그 일부는 뉴스 에이전시 기자의 보도 범위 내에서 발생하는 극적인 사건을 포함한다. 하지만, 몇몇 지역에서 관련이 없어 보이는 드라마 같은 전쟁을 세상에 알려서 세계가 반응하는 전쟁이 되어버렸다. 따라서 전쟁은 훨씬 방대하고 복잡한 지식이 필요함에도 불구하고 보도 범위 밖에서 진행 중인 미지의 전쟁을 기자들 스스로 계속해서 주목하는 것이다.

(1997: 150-51)

상업적 논리와 시장은 저널리스트 분야에서 결정적인 역할을 한다. 하지만 정보에 있어서 중요한 상징적 가치가 간과되어서는 안 된다. 피에르 부르디외는 문화적 분야를 어떠한 일에 자신을 바칠 수 있는 것에 따라 경제의 원칙이 자율적인 원칙에 의해 전복되는 경우, 즉, 상징적인 가치와 명성을 얻지만 경제적인 성공에 반대되는 경우를 예로 들어 역으로 설명했다. 상업적인 요인과 시장의 논리에 주로 종속되어 있지만, 저널리즘 분야는 근본적으로 여기에서 나온 것이 아니다. 경제 외의 원칙이 계속해서 우위를 차지하면서 정보의 상징적 가치에 포함되었듯이, 정보의 상징적 가치는 공권이나 시위에 참여하는 것을 준비하고 결정하는데 있어서 핵심적인 역할을 한다. 이는 정부와 뉴스 에이전시와 같은 영리기관이 경제적 수익을 확신할 수 없는 글로벌네트워크를 유지하는데 투자해왔기 때문이다. 또한 광범위한 의제 설정 권한을 가진 뉴스 에이전시가 글로벌 뉴스 분야에서 가장 중요한 실무자이기 때문이다.

따라서, 정기적인 정부 보조금은 기본적으로 비경제적인 미디어 서비스의 비용을 대는데 지속적으로 사용되었다. 이는 특정한 에이전시만의 특성이 아니라 글로벌 뉴스 분야의 구조적인 특성이다. 정보를 모으기 위해서 글로벌 서비스를 유지하는 것이 경제적으로 이득이 되지 않는 것이다. 연합 서구 언론사는 극도로 치솟는 글로벌 정보 서비스 가격을 지급할 준비가 되어 있지 않았으며, 계속해서 저렴한 구독료를 요구했다. AFP와 로이터에서 뉴스 제공은 글로벌 뉴스 서비스를 유지하거나 확장하는 것을 결정해온 중요한 공공 서비스라고 여긴다.[8] 프랑스 정부는 AFP에 필요한 경제적 지원을 제공했고, 로이터의 경우에는 아래의 내용에서처럼 미디어 서비스를 자금 조달한 경제적 서비스를 발전시켜 전례 없던 흑자를 기록했다.

다음 절에서는, 주요 유럽 뉴스 에이전시인 로이터와 아바스 통신사의 역사가 19세기 후반과 20세기 동안의 두 가지 주요 기간의 세계화와 관련이 있는 반면, 글로벌 뉴스 분야의 최근 동향과 특히 연속정보채널이나 인터넷 뉴스 서비스와 같은 뉴스 공급원은 뉴스에이전시의 전통적인 역할에 도전하는 새로운 주체의 등장에 관해 살펴보고자 한다.

현대 저널리즘*과 뉴스 에이전시의 탄생

현대 저널리즘은 신문이 현대의 첫 대중문화매체가 됨에 따라 활자매체가 확산되고 독자들의 수가 급증하는 19세기 중반에 생겨났다. 정치적으로 중립적이고 무색인 정보중심의 신문으로 알려진 《라 프레스*La Presse*》는 에밀 지라르댕*Émile Girardin*이 1836년에 창간했으며 이 시기는 대부분의 사람들에게 신문의 탄생을 알리는 중요한 해였다. 견해보다는 사실적 정보와의 연결성이 현대 신문에서 중요한 특징이며, 딘 드 라 모뜨는 현대 신문이 '자체적 실체는 보이지 않게 하는 동시에, 역설적이게도 상품적 가치는 부각시키려 한다'고 언급했다(1999: 142). 또한, 광고를 통해서 구독료를 낮출 수 있었

---

* 역주─신문·방송·잡지를 위해 기사거리를 모으고 기사를 쓰는 일.

으며 정치권으로부터의 자율권을 얻었다. 하지만 라 프레스를 현대 저널리즘의 선구자로 인식하게 되는 이유는 현대 저널리즘 분야의 다른 구조적 특성인 대중독자층이 최고 유명 잡지《르 쁘띠 쥬르날*Le Petit Journal*》이 1863년에 출간될 때까지는 뚜렷하게 나타나지 않았기 때문이다. 르 쁘띠 쥬르날은 최초로 거리에서 1 sou(1수, 당시 프랑스의 화폐단위)로 구매가 가능했으며, 가격 하락을 주도했다. 따라서 생산 비용을 낮추기 위해서 인지세 지불을 해야 하는 정치 및 경제 뉴스를 배제한 명백한 비정치적인 신문을 만들었다. 르 쁘띠 쥬르날은 파리 거리의 일상생활을 담았고 신문 소설 roman-feuilleton과 사회면fait-divers의 대중성으로 인해 크게 인기를 끌었다. 신문 소설은 연재소설 형식으로 일상생활에 허구를 접목하였다. 반면, 사회면은 범죄에서부터 자연 재해나 사소한 스캔들에 이르기까지 폭넓은 주제를 다루었으며(Schwartz, 1998: 36), 평범한 도시생활에서 환상적인 사건을 강조하며 현실을 허구처럼 보이게 했다. 1870년에《르 쁘띠 쥬르날》은 트로프맨 사건을 보도하기 위해서 약 60만 부의 신문을 인쇄했다.[9] 그리고 1886년에 발행 부수가 백만에 달했으며 프랑스 일간지 중에서 지난 25년 간 50만 부 이상을 출간한 선례가 없는(Palmer, 1983) 엄청난 기록이었다. 영국도 1페니 신문《데일리 텔레그래프*Daily Telegraph*》로 유사한 추이를 가늠했다. 텔레그래프는 1861년에 14만 부 넘게 팔렸으며 이는 5배나 더 비싼《타임즈 *The Times*》의 판매 부수에 2배가 넘는 기록이었다. 19세기 말에 등장한 가장 저명한 신문은 1896년에 창간된《데일리메일》이다. 보어 전쟁이 한창일 때 판매 부수가 100만 부에 달했다(Read, 1999: 21, 78).

사실 정보의 상업적 특징은 뉴스 에이전시에서 가장 뚜렷이 나타난다. 왜냐하면, 뉴스 에이전시는 가치있는 상품인 정보를 사고 팔기위해 전문사업가가 설립한 상업단체이기 때문이다. 샤를 아바스Charles Havas가 창설한 브루 아바스Bureau Havas는 1832년에 프랑스 대중매체를 위한 외국신문 번역 통신사이다. 1835년에 아바스의 번역 통신사는 세계 최초의 뉴스 통신사인 아바스통신사Agence Havas가 되었고, 외신이 발간한 기사를 번역할 뿐만 아니라 자체적으로 뉴스를 수집하기도 한다. 처음부터, 아바스는 전신망을 폭넓게 사용했으며, 프랑스에서 민영 전신망을 독점하였다. 비록 아바스가 수십 년 후에도 보편화되지는 못하였지만, 1853년에 아바스의 뉴스기사가 '개인 전보'라는 제목으로 신문에 실렸고 특히 해외 뉴스를 주로 다루었다. 한편, 1848년에 아바스통신사에서 교열기자로 근무하던 율리우스 로이터는 1851년 런던에 자신의 통신사를 설립했다. 그때가 바로 유럽 대륙을 연결하는 전보의 시대였다. 미국의 연합통신사와 독일의 볼프사는 1848년과 1849년에 각기 설립되었다. 프랑스와 영국에서는 페니 신문사가 최신 뉴스에 대해 증가하는 독자들의 욕구를 충족시키려고 설립된 뉴스 에이전시의 정보 서비스를 쉽게 이용할 수 있었다. 사실, 아바스는 프랑스에서 다른 언론 기관에 정보를 제공하는 독보적인 위치로 자리매김하였으며, 특히 파리 뉴스에 주로 의존하는 지방 언론사의 경우에 그러한 중요성이 두드러졌다. 하지만 영국에서의 상황은 달랐다. 타임즈가 이미 해외 특파원을 포함한 정보 수집 서비스의 자체 네트워크를 이미 갖추고 있었기 때문이다. 《타임즈》는 1859년까지 로이터를 구독하지 않았다. 그때까지도 자체 특파원을 통해서 독립적으로 보도하는 체제를 유지하려고 했다. 그러나 멀리 떨어진 지역에서 빠르게 정보를 얻는데 있어서 뉴스 에이전시의 이점은 1850년대 중반 크림 전쟁 당시에 충분히 입증되었다. 이 시기는 아바스와 로이터 둘 다 상트페테르부르크, 비엔나, 콘스탄티노플과 같은 전략적 지역에서 자체 에이전트를 활용하던 때였다. 제도적인 요구이나 대중 독자층의 확보 때문에 프랑스에서 처음으로 자주적인 저널리스트 분야의 발전 조건이 생겨난 것이라면, 현대 저널리즘의 규범으로 여겨지는 광범위한 관례는 없다. 장 찰라비(1996)가 논의한 바와 같이, 사실묘사로서의 현대 뉴스의 개념은 영미 근원의 뉴스 보도와 인터뷰라는 두 장르로 구현된 것이다. 둘은 사실적인 묘사를 강조하고 보도된 사건에 현장감을 제공해준다. 더구나 기술의 비용이 상당했던 당시의 상황에 글의 간결함이 있는 보도는 전보 방식과 완벽하게 들어맞았다. 이러한 방식은 19세기 후기 프랑스에 점차 도입되었으며 19세기 말까지 압도적이었다. 그러면서 문학과 저널리즘처럼 대중지의 사실과 허구적 특징이 혼합된 것은 변화하는 방식으로 나타났다. 찰라비에 따르면, 파리의 일간지는 1870년대에 '리포터'를 고용하기 시작했고 단지 '사실을 사실로 생각하지' 않고 타당한 해석을 제공하는 것이 그들의 의무라고 생각했다. 그러한 저널리스트들보다 하위에 있는 새로운 부류의 기자들을 지명하는 데는 영어가 사용되었다(1996: 309). 하지만 세기말에 기자들은 '정확한 정보의 최근 향상된 취향'(Schwartz, 1998: 40)에 보다 더 맞추려고 생각했고 《르 쁘띠 쥬르날Le Petit Journal》의 티모시 트림과 같이 확고히 자리 잡은 칼럼니스트들보다 더 유명해졌다. 마이클 슈드슨Michael Schudson이 현대성과 더불어 미국적이라고 특징지은(1995: 76) 인터뷰 방식은 1860년대까지 미국에서 보편적인 저널리스트의 관례가 되었으며, 1880년대 초반에는 영국과 프랑스로 확산되었다. 1884년에 《르 쁘띠 쥬르날》에서 처음으로 나타나고 1900년 이후까지 영국에서는 완전히 받아들여지지 않았다(Chalaby, 1996: 312; Schudson, 1995: 48-49, 72-93; Schwartz, 1998: 40-41).

마이클 파머에 따르면, 사실과 보도의 중요성이 증가하게 된 것은 1860년에서 1880년까지 프랑스 언론사의 변화에 핵심이다(1983: 14). 대중지는 1870년에 인지세 폐지로 인해 더욱더 정보에 대해 잘 알았고 사실적이었으며, 더 이상 정치적이고 경제적인 정보를 회피하지 않아도 되었다. 방법에 있어서의 급진적인 변화는 1880년대에 새로운 보도지에 의해 도입되었으며, 1884년에 출간된 《르마탱Le Matin》 신문에서 나타났다. 이 신문사는 영국과 미국 저널리스트들을 다수 고용하고 해설이 없는 정확한 '미국식'의 사실적인 정보를 제공하였으며, 또한 국내 및 해외 뉴스에 '사람들의 관심사'*라는 관점을 도입하였다. 르마탱사는 스스로를 '개인에게 사실을 전하는 통신사'라고 정의하며, 파리와 런던을 연결하는 특별 전보통신망을 갖추어, 전 세계로부터 모은 마감 직전의 보도를 제공하였다(Palmer, 1983: 96). 의회와 법정 기자들은 이미 미국과 영국의 주요 일간지 자산이었으며 프랑스에서도 그 수가 늘어났다. 이들은 현재 신문에서 둘 이상의 항목을 가진 정치면에서도 사실을 왜곡하지 않고 보도할 수 있게 되었다. 보도 범위 또한 열렬한 신문 독자층의 흥미를 끄는 다양한 분야로 늘렸다. 지역 스캔들과 경범죄사건에서부터 국제적인 분쟁이나 전쟁에 이르는 스포츠, 연예 및 예술, 관광, 도시, 지방, 국제 뉴스 등을 다루었다. 19세기 말은 방대한 양을 보도하는 시대였으며 국제적인 분쟁에서부터 서방 언론의 중심에 이르기까지의 새로운 뉴스를 전했던 특별 특파원과 종군기자들의 시대였다. 또한 주요 신문사들은 보불전쟁(1870-71), 보어전쟁(1881, 1899-1902), 러일전쟁(1904-5) 등과 같은 국제적 대립 상황을 보도하기 위해서 자체 특파원을 파견하기 시작했다. 이러한 맥락에서, 팔머는 쿠바 전쟁(1898)과 베이징 포위작전(1900)으로 인해 유럽에서 생겨난 관심에 대하여 사건의 세계화라고 언급한바 있다(1983: 213).

---

* 역주—사람들의 관심사(human interest): (신문 등에서) 인간적인 관심을 끄는 내용.

세계적 범주의 현대 저널리즘

현대 저널리즘의 탄생은 글로벌 저널리즘의 탄생이기도 하다. 앞서 제시한 바와 같이, 전보를 통해서 사건이 발생한 장소와는 상관없이 사건의 중요도에 따라 게재하면서 신문은 다양한 장소에서 각기 다른 사건이 공존하는 팰림프세스트*가 되었다. 이에 따라 사람들은 세계 동시성을 경험할 수 있게 되었다. 한편, 먼 곳의 사건에 대한 정보가 유럽 독자들에게 빨리 닿을수록 최신 정보에 대한 수요가 매일 증가하게 되었다.

세계 곳곳으로부터 신속하고 정확한 정보에 대한 수요는 새로운 언론사가 만드는 세계적인 사건의 최신 정보에 대한 수요와 관련이 있으며, 또한 현대의 세계화(David Held 외, 대략 1850과 1945년 사이로 본다)에 있어서의 정치적, 경제적 발전과도 관련 있다. 이러한 세계화 시대에서는 유럽 강대국의 지배 하에서 글로벌네트워크와 전체적 흐름이 확산되고 확고해지며 이런 속도가 급속도로 빨라지는 특징이 있다(Held 외 1999: 421). 서양 제국에서, 세계의 정치 및 군사적 관계가 확장되었고 무역, 투자, 이민과 같은 분야의 세계적인 유대도 더욱 긴밀해졌다. 이러한 맥락에서 최초의 전 세계적 통신망을 확립한 전신의 의미는 증기기관의 중요성만큼이나 중요하다.

전신망의 확장은 바로 뉴스 에이전시의 출현 및 통합과 연결이 된다. 언론 고객사뿐만 아니라 민간 고객사 및 정부에 신속하고 정확한 전신 정보를 전문적으로 제공할 수 있게 된 것이다. 1833년에 고안된 전보는 영국을 제외한 유럽 국가 대부분이 국가가 독점했었다. 당시 영국은 사기업에 많은 정부보조금을 지원하여 전신망을 개발했었다. 1850년에 프랑스 정부는

---

* 역주–'거듭 쓴 양피지', 씌어 있던 글자를 지우고 그 위에 다시 쓴 것.

민간 고객사가 전신망을 사용할 수 있게 했는데, 그 중 가장 중요한 고객사
는 아바스 통신사였다. 1850년대에는 유럽 케이블통신망의 급속한 발전이
있었다. 도버와 칼레해협 사이를 이어주는 최초의 해저 케이블은 1851년에
개통되었으며, 이로 인해 투자자들이 서로 같은 날에 런던 증권거래소의 환
평가*를 알 수 있었다. 1854년까지는 프랑스의 전신망이 파리에서 브뤼셀,
빈, 런던, 마드리드 등과 잇는 길이가 9,200km에 달했다(Palmer, 1983: 42).
하지만 초기에 전신망 연결은 비연속적이었으며, 정보를 전송하는데 철도,
증기선, 통신용 비둘기 등이 널리 사용되고 있었다.

1850년대 말에는 유럽 뉴스가 지배적이긴 했으나, 때로는 유럽대륙에
도착하는데 오래 걸리는 뉴스자료를 제공하는 기반시설을 구축하면서 보다
넓은 세상의 뉴스에 대한 수요가 증가했다. 이러한 수요를 충족시키기 위
해서 뉴스 통신사가 출범하게 되었다. 1859년에는 로이터 통신사가 자체
'특별 인도, 중국 서비스'를 출시했다. 1860년 10월 13일에 베이징이 영국
과 프랑스 군대에 항복했다는 뉴스가 런던에 전달되는데 비록 두 달 남짓
걸리긴 했지만 말이다. 1861년까지 호주, 뉴질랜드, 남아프리카의 뉴스는
로이터 정보파일에서 정기적으로 제공하기 시작했다(Read, 1999:37). 또한
미국과 각별한 관계로 발전하였으며, 1862년에 영국의 로이터와 미국의 연
합통신사 간의 뉴스 교환협정으로 이어졌다. 런던과 로이터 통신은 유럽
대륙에서 미국의 뉴스를 공급하는 주요 소식통으로 자리매김 하였다. 1858
년에 첫 대서양 횡단 케이블이 잠시 운영되었으나, 1866년이 되어서야 미
국을 잇는 최초의 케이블이 성공적으로 설치되었다.

지형적 제국주의에 이어 전신망은 세계에서 가장 먼 곳을 본국의 중심지

---

* 역주 — 일국의 통화가치를 타국의 통화로 환가함에 있어 기준이 되는 비율, 즉 이종통화간
  국제교환비율을 일반적으로 환평가라 한다.

와 연결했다. 1860년대와 1870년대 아시아와 아프리카에서 영국의 점령을 받은 국가들은 영국과 연결되었으며, 1870년에 인도는 러시아를 건너 육로로 이어지고 알렉산드리아(이집트의 항구 도시) 아덴(예멘 남부의 항구 도시)를 통해서 해저로 이어졌다. 1871년에는 홍콩이 인도로부터 이어졌으며, 1873년에는 상하이와 동경이 연결되었다. 호주는 1872년에 실론*을 통해서 인도와 연결되었다. 1870년대는 해저 케이블 시스템의 영국 지배가 강화된 것이 특징이며, 기술적 향상과 영국 정부의 적극적인 정책에 힘입어, 1900년대까지 영국은 세계 해저 케이블의 190,000 마일 정도의 72%를 소유하게 되었으며, 정보 주도권을 가진 국가로 스스로 입지를 굳히게 되었다 (Headrick, 1981: 160, 162; Hugill, 1999: 28). 영국의 투자와 세계적인 케이블 시스템의 확장은 제국의 행정적, 경제적 수요에 이어서 정치적이고 전략적인 관심에 따른 것이다. 이러한 전략적인 이해관계는 1902년에 완공된 전 영령 '연락 항로All-Red Route'** 구축을 결정지었다(Headrick, 1981: 162-63).[10]

세계적인 뉴스 중심지로서 런던의 입지가 미국의 뉴스를 유럽 대륙에 제공하는 중요한 역할을 했을 뿐만 아니라 세계적인 케이블망을 영국이 장악함으로써 그러한 입지는 더욱 확고해졌다. 그러한 중심적인 역할은 오늘날 최대 글로벌 텔레비전 뉴스 에이전시의 양대 산맥인 로이터와 AP 통신의 중심지로 확인할 수 있다. 비록 런던이 더 이상 세계적인 통신망의 지리적 중심지 즉, 더욱 새로워진 통신 기술의 사용으로 1950년대가 되어서야 성공적으로 제기된 주도권을 가지지는 않지만, 세계 뉴스 시장에서 런던의 중심적 위치는 현재까지 지속되고 있다. 이는 최대의 정보 시장인 미국과 유럽 사이에서 일찍 발전된 핵심 전략적 거점과의 관련성을 나타내며 단순

---

* 역주-스리랑카의 옛 이름.
** 역주-영국의 영토만 통과하는 하나의 케이블로 전 세계를 연결한다.

히 경제적이고 물질적인 요소를 넘어서 정보의 상징적 가치의 중요성을 의미한다.

19세기 말 전신망의 세계적인 확장은 새로운 정보수요에 대응하기 위한 뉴스 에이전시의 세계적인 기반시설 확장과 유사하다. 처음부터 뉴스 에이전시들은 세계적으로 보도하기 위해 국제간 동맹을 맺었다. 프랑스의 아바스, 독일의 볼프, 영국의 로이터 통신 간에 최초의 뉴스 교환협정이 1859년부터 시작되었다. 이후 미국 AP 통신과의 협정을 포함하여 각각의 통신사의 영향력에 따라 효율적으로 세계를 주요 지역단위로 나누었다. 아바스의 지역은 프랑스와 지중해 지역, 프랑스를 포함했으며, 1890년부터는 남아메리카도 포함했다. 볼프는 독일, 스칸디나비아, 동유럽을 포함한 반면, 로이터는 영국과 네덜란드, 영국 제국, 극동 지역 등을 통제했다. AP의 지역은 미국, 캐나다, 알래스카, 카리브·중앙아메리카 등이었다.[11] 자체 지역 내에서 에이전시들은 자체 통신망을 개발하고 다른 국가 기관과의 연결망을 형성함으로써 뉴스를 수집하였다.

뉴스 에이전시 간의 영토 분할과 협조를 위한 제도는 곧 각 지역의 에이전시 자체의 유럽 통신망의 확장으로 인해 확립되었다. 로이터는 1870년까지 유럽의 주요 수도에 지사를 두었으며, 부분적으로는 유럽의 뉴스를 미국의 파트너사인 AP 통신사에게 제공하기도 했다. 1875년과 1885년 사이의 약 10년 간 유럽의 주요 뉴스 센터에 자체 에이전트를 설립함으로써 유럽 통신망에 자체 특파원을 보유했던 《타임즈》와 《뉴욕 헤럴드》와 같은 미국 신문사와의 경쟁이 증가함에 따라 아바스도 이에 대응하기 시작했다 (Palmer, 1983: 113).

특파원과 지사는 비유럽 뉴스 시장의 중요한 수도에도 설립되었다. 1861년까지 로이터는 인도, 중국, 일본, 호주, 뉴질랜드의 중앙 항구와 실론, 알렉산드리아, 몰타의 중계항에 에이전트를 확보하고 있었다(Read, 1999: 62). 1865년에는 알렉산드리아에 유럽 외의 첫 지사를 열었다. 1866 년에는 뭄바이에 지사를 열었으며, 1878년에는 호주, 뉴질랜드를 담당하는 총괄 매니저가 지명되었다. 1876년에 전임 에이전트가 케이프타운에 파견 되어 1887년에 케이블로 연결되었다. 더욱이, 1874년에 남대서양 전역에 케이블을 설치한 이후에 로이터와 아바스는 브라질, 아르헨티나, 우루과이 등지에 합동사무소를 설립했다. 프랑스와 영국 제국의 뉴스 시장에서 유럽 의 선점은 20세기 초기부터 미국 에이전시로 인해, 특히 1907년에 AP 통신 과 치열한 경쟁을 벌였던 UPI*가 창설되면서 점차 어려워졌다. 유럽 언론 에 직접 뉴스를 판매하기 시작한 미국 에이전시가 확보한 영역에서 뉴스를 제공하는 독점 판매권을 위반하였고, 신문사 간의 뉴스교환을 위한 새로운 국제적 동맹을 형성하였다. 유럽 정책이 양극화 되면서 양 대전 사이의 시 기에 뉴스 에이전시 간의 영토를 분할하지 않게 되었다.

뉴스 에이전시는 가장 멀리 떨어진 곳의 사건을 신문 독자들에게 더욱 신속하고 정확하게 전달하는 뉴스 생산과 제공을 위한 세계적인 기반시설 을 구축했을 뿐만 아니라 공정성과 객관성[12] 가치나 사실에 입각한 서술에 기반을 둔 추론적 관행을 세계 속으로 확산시켰다. 지금까지는 '미국식' 저 널리즘이 어떻게 19세기 말 프랑스에서 지배적인 형태로 확립되었는지 살 펴보았다. 서구 뉴스 에이전시는 현대 저널리즘의 방식과 뉴스 가치를 나 머지 세계로 더욱 확산시키면서, 국가기관에 세계 뉴스 시장에 참여하는 방 법[13]을 알리고 또한 각 지역에서 뉴스를 제작하기 위한 국제 기반시설을 자 체적으로 마련할 수 있게 해주었다.

---

* 역주—AP와 더불어 미국의 2대 통신사. 1958년 UP통신사와 INS(International News Service) 통신사가 합병해 만든 통신사이며 정식 이름은 'UP 인터내셔널'이다.

세계화의 현 단계

올리버 보이드 바렛과 떼르히 란타넨(1998)은 글로벌 뉴스 에이전시를 세계화의 주체로 표현했다. 앞에서 살펴본 현대 저널리스트 분야와 19세기 후반에 가속화된 세계화의 맥락에서 뉴스 에이전시의 등장과 발전의 개요는 뉴스 에이전시의 중심 역할을 보여준다. 그리고 전 세계의 의식을 전달하도록(Robertson, 1992: 8) 정보를 생산하고 전 세계적으로 유통하는 물리적 기반체제를 구축하는데 있어서도 중심역할을 한다. 뉴스 에이전시가 1960년대 말부터 세계적 상호 연결되는 과정이 보다 더 강화되면서 세계화의 현재 단계에서 가장 중요한 역할을 해왔다. 이 절에서도 언급되겠지만, 뉴스 에이전시는 세계화의 새로운 단계에 중심이 되는 기술발달에 중요한 역할을 하며, 또한 세계적으로 상호 연결하는데 있어 결정적인 역할을 한다.

1960년대부터, 정보기술과 위성통신은 한 세기 전의 전신과 유사한 범위의 혁명을 일으켰다. 제공되는 정보의 전례 없던 양적 증가는 사용자 맞춤방식과 상호교환 방식을 도입한 질적 변화와 일치한다. 따라서 사용자 개개인은 엄청난 양의 정보 풀에서 요구하는 정보를 선택할 수 있는 자유를 얻게 된다. 텔레비전이 주도한 지난 30년간 세계 전역으로 확산된 통신 폭발에 대해서 마뉴엘 카스텔이 언급한 바 있다. 이 기간에는 매스컴이 분할되고 개별화되기 시작했으며, 단방향통신은 수신자와 발신자 간의 상호작용으로 대체되었다(2000: 361). 결국, 1990년대 후반 세계화된 맞춤형 대중 매체와 컴퓨터 매개통신으로 인해 다양한 미디어의 통합과 상호작용이 특징인 새로운 통신시스템이 생겨났다(2000: 394).

뉴스에이전시는 정보 기술의 가능성을 알아보기 위한 최초의 기관 중 하나였다. 1970년대 동안 기사를 쓴 저널리스트와 기사를 전보로 보내는 전신기사와의 구분을 없애고 모든 업무를 저널리스트에게 집중시키면서 저널리스트는 이제 시스템에 직접 뉴스를 입력하게 되었다. 정보 기술은 또한 사용자에게 맞춤 정보를 주며, 스위치 버튼을 누르면 사용자가 선택할 방법을 제공했다. 하지만 전보가 있었던 한 세기 이전처럼, 뉴스 에이전시는 새로운 기술에 있어 중요한 사용자일 뿐만 아니라, 그러한 기술의 발전에, 그리고 여러 중요한 방면에 있어서 현대적 세계화를 형성하는데 결정적인 역할을 했다. 이러한 사실은 로이터의 성격과 역할을 근본적으로 바꿔 버린 1960년대부터의 경제 서비스 발전을 자세히 살펴보면 가장 잘 알 수 있을 것이다.

세계시장을 확장하는 시기에 무역과 투자에 대한 신속 정확한 정보의 가능성을 즉각적으로 인지했기 때문에, 경제, 금융 서비스는 초기단계부터 뉴스 에이전시에서 중요한 역할을 할 수 있었다. 하지만, 이러한 서비스는 항상 미디어 서비스에 종속되어 있었으며, 금융 저널리스트는 일반 뉴스 기자와 같은 지위를 갖지 못했다. 로이터에서, 이러한 상황은 지난 10년간 증가하던 불확실성과 불안정한 재정이후 1960년대 말에 변화하기 시작했다. 대규모 투자가 새로운 정보 기술을 사용하고 특히 서부 국가에 정해진 금융 서비스를 확장하는데 이루어졌다. 1968년까지 로이터 경제 서비스의 수익은 일반 뉴스 부문을 따라잡았으며 전체 수치는 북미와 특히 유럽의 금융 서비스 수익으로 결정되었다. 1973년까지는 일반 뉴스에 대한 경제 서비스의 높은 수익성이 구조적으로 인식되었다(Read, 1999: 350-51). 이러한 변화는 금융정보가 더욱 중요해진 것과 관련 있으며, 또한 고객의 필요에 따라 선택적으로 정보를 이용할 수 있는 새로운 상호작용 기술이 도입된 것과도 관련이 있다. 새로운 기술에는 실시간 정보를 즉시 은행가와 중개인들이 사용할 수 있게 하는 컴퓨터기반 제품들이 포함되었다. 1973년에 로이터는 역대 최고로 중대한 혁신을 강행했다. 이는 로이터의 모니터 금리 서비스였는데, 실시간 운영되는 가상 시장을 효율적으로 만들어냈다. 이 모니터는 전 세계의 고객들이 외화와 금리를 즉각적으로 수신자가 사용할 수 있는 정보로 전환하는 상호작용 데이터베이스를 최초로 도입했다. 1981년에는 구독자가 정보에 접근할 뿐만 아니라 금융거래에 참여할 수 있는 새로운 거래서비스를 출시했다. 만약 카스텔의 세계경제에 대한 정의, '실시간 한 단위로 함께 일하는 능력을 가진 경제'(2000: 101)를 상기해 본다면, 로이터는 이러한 경제를 만드는데 있어서 중요한 역할을 한 것임을 알 수 있다.

로이터의 역사를 설명하면서, 도널드 리드Donald Read는 경제 서비스의 발전이 새로운 로이터를 만들었다고 여겼다. 또한 최신 정보기술을 사용하는 데 중요한 발전을 이끈 것은 바로 오래된 로이터였다는 역설적인 상황을 보여준다(1999: 402). 그 회사가 바로 이러한 전자 정보 기술을 소개한 새로운 미국 회사가 아니라 영국 제국의 오랜 뉴스 에이전시인 로이터였다는 사실은 우연의 일치일지도 모른다. 하지만 우연이 아니라는 사실은 로이터가 전 세계의 정보를 수집하고 전달하는데 오래된 전통을 이어 수익을 냈으며, 뉴스에이전시가 생긴 뒤로 세계화를 가능하게 한 최신 기술 개발에 있어서 선두주자가 되었다는 점에서 확인할 수 있다.

글로벌 뉴스 에이전시

19세기와 20세기 초반 사이에는 사실상 대규모 뉴스 에이전시들이 영국과 관련 있었으며, 따라서 엄격한 의미에서 글로벌 주체는 아니었다. 뉴스 에이전시는 가장 큰 경쟁사와의 연합을 기반으로 초국가적인 네트워크를 형성했다. 앞서 살펴본 바와 같이, 경쟁사들은 효율적으로 세계를 영향권으로 나누고 경쟁체제를 협력체제로 대체시켰다. 할당된 영토 내에서 글로벌 에이전시는 자체 통신망을 개발하기보다는 다른 국가 기관과의 뉴스 교환 조약을 종종 맺기도 했다. 이러한 협정은 에이전시가 뉴스를 생산하는데 다른 기관에 의존하는 것과 동시에 뉴스 매체에 에이전시의 서비스를 직접 판매할 수 없음을 뜻한다. 일반적으로 글로벌 뉴스 에이전시의 국내 기반은 뉴스생산과 수익 면에서도 계속해서 확대되고 있다. 하지만 그러한 에이전시의 세계뉴스 보도는 완벽하지 못했고 다른 에이전시 네트워크에 의존하였으며, 심지어 가장 중요한 국제 뉴스 시장도 마찬가지였다.

양 대전 사이의 시기에 전 세계적인 경쟁이 치열해지고 에이전시 간의 세력 균형이 바뀌면서, 큰손의 세력이 미치고 난 그 이후 10년간의 갱신된 협정은 본질을 잃게 되었다. 새로운 시장을 발굴하기 위해서 경쟁하는 미국 에이전시, AP와 UPI는 1920년대와 1930년대 라틴 아메리카와 아시아로의 공격적인 정책을 가지고 유럽 시장을 목표로 삼았다. 둘 중 AP 통신이 더 오래되었으며, 유럽 에이전시와의 뉴스교환 협정으로 협력관계를 구축했다. 1927년에 다른 에이전시에게 사용료를 지불해야하는 차별제도가 폐지된 이후 동등한 위치로 인식되었다. 1934년부터, 로이터통신과의 새로운 협정을 통해서 AP통신은 마침내 세계 어느 곳과도 경쟁할 수 있게 되었으며, 더 이상 세계를 독점 영역권으로 나누지도 않게 되었다. 그러나 역사적으로 전해져온 영토분할과 다른 에이전시에 의존하는 습성은 완전히 사라지지 않았다. 반면 미국 에이전시들이 초기부터 전 세계적인 통신망을 확장시켜나가는 동안, 국제적인 고객을 얻기 위한 유럽 에이전시 측은 글로벌 기반 구조를 마련하고 1960년대까지 이행되지 않았던 다른 에이전시에 의존도를 줄이는데 상당한 노력을 기울였다. 이로 인해 20세기 말 무렵, 뉴스 수집과 전송을 담당하는 초국가적 기관을 설립할 수 있게 되었다. 그리고 보이드 바렛과 란타넨이 언급한 바와 같이, 국내 시장에서는 국제 뉴스 서비스의 통제 범위를 좁혀가게 되었다(2004: 36).

AFP 통신사를 설립한 5년 후인 1949년에는 아바스 통신사의 오래된 근거지를 늘리거나 되찾았다. 즉 40개국에 뉴스 서비스를 제공하였으며, 라틴아메리카의 본래 지역으로 되돌아온 것이다. 이러한 서비스는 벨기에, 스위스, 포르투갈, 터키, 그리스, 레바논의 시장에 가장 많았으며, 일본에서도 진행되었다. 하지만 영국이나 스칸디나비아, 미국에는 뉴스가 제공되지 않았다. AFP의 전 세계로의 확장과 아시아에서의 그 역할 및 존재가 1958년에 베이징 보도국을 열면서 새로운 변화를 주었다. 아프리카에서, AFP는 프랑스어를 주 언어로 사용하는 지역과 오랜 관계를 지속해왔다. 1960년대 초의 영어를 사용하는 독립국과 함께 새로운 관계로 발전시키며, 기존 시장이 정보의 출처를 다양하게 하고 오랜 식민국에 의존하던 것에서 벗어나게 했다. 로이터가 유일하게 유사 통신망을 블랙아프리카에 구축한 데 반해 미국 에이전시는 수익의 상당 부분을 차지하던 시장에서는 여전히 빠져있었다. AP의 경우에는 그러한 시장의 단지 1퍼센트 밖에 차지하지 못했다.

1960년대까지 AFP는 125개국에 있었으며, 하루에 50만 단어를 전송하고 2천 명의 저널리스트와 기술자들을 직원으로 두었다. 그러나 여전히 미국 시장이 엄격하게 제한되어 있었으며, 미국 구독자들은 조금도 늘지 않았다. 베트남 전쟁 당시, AFP는 하노이에 주재하고 있던 유일한 서구권 에이전시였으며, 미국 언론을 많이 인용하고 재사용했다. 1872년, 207개의 미국 신문에 기사를 제공하던 워싱턴포스트와 로스앤젤레스 타임즈는 AFP와 손을 잡았다. 이는 뮌헨 올림픽 기간 동안 테러범들에게 인질로 잡혀 있던 이스라엘 사람들의 죽음을 유일하게 AFP가 보도했던 역사상 최대의 특종이 있은 후 2개월 뒤였다. AFP는 1995년까지 미국의 뉴스를 수집하는데 독자적인 서비스를 개발하지 못했었다. 그때까지 프랑스와 프랑스어를 주로 사용하는 아프리카의 뉴스를 교환하여 AP로부터 미국 뉴스를 제공받는 데 의존해왔다.

다른 글로벌 에이전시와는 다르게, AFP는 매체가 아닌 생산물로는 다양화하지 못해서 정보를 수집하는 데 한계가 있었던 구조였다. 보통 정보가격이 생산비 이하로 유지되는 시장에서 수익을 거의 낼 수 없는 구조를 말한다.[14] 하지만 지난 10년간 매체 생산물의 다양화를 위해서 주제전문과 새로운 매체 생산물의 도입에 있어서 최대로 발전했다. 소문에 의하면 AFP는 최고의 스포츠 서비스를 가지고 있다. 이 서비스는 '로이터를 위한 경제 서비스'가 되려는 뚜렷한 목표를 가지고 1955년부터 발전하여 왔다(Huteau and Ullmann, 1992: 272). 이러한 맥락에서 AFP의 가장 중요한 사업상의 모험은 1985년부터 제공되어 온 국제적인 사진 서비스였다. 이를 통해서 달성하기 어려운 미국 시장에서 마침내 입지를 확고히 할 수 있었으며, 미국 내에서 최대의 일간지 구독수를 늘리게 되었다. 오늘날 AFP는 전 세계적으로 2천 명의 직원이 있으며, 그 중 1,250명은 저널리스트이고 165개국에 주재하고 있는데, 110개국에 사무국이 있으며, 다른 50개국에서는 시간제 특파원이나 비상근 통신원이 보도를 담당한다. 따라서 하루에 6개국 언어로 40만에서 60만 단어의 정보를 생산한다. AFP는 AP나 로이터보다 훨씬 더 적은 경제적 기반을 가지고 선두적인 글로벌 에이전시 중의 하나로 거듭났다.

1945년, 로이터는 전 세계적으로 2천 명의 직원을 고용했으며, 23개국에 대형 사무소와 그 외 19개국에 소형 사무국이 있었다. 14개국에서는 자체뉴스를 구독자에게 직접 제공하지만, 그 외 31개국의 뉴스 전달은 국가기관을 통해서 이루어졌다. 대부분의 구독매체는 대영제국 내의 국가들의 소유였다(Read, 1999: 308). 로이터의 경우, 독자적인 세계 진출을 하려는 길은 우선, 공식적, 비공식적 대영제국 에이전시와의 오랫동안 맺어온 특별한 관계를 끊는 것이다. 수십 년간 가장 수익성 있는 시장인 인도는 영연방(영국과 과거 대영제국의 일부이던 국가들로 구성된 조직) 관계를 철회했다. 일본에서는, 일본의 교도 통신사가 로이터 영어 서비스를 1953년에 인수했다. 남아프리카에서는, 남아프리카 통신SAPA과의 특별한 관계가 1966년에 끝이 났다. 이때는 로이터가 자체 남아프리카 뉴스를 생산하는데 있어서 완전히 자주적이게 된 시기였다. 호주에서 로이터는 1977년에 일반 뉴스와 경제 정보에 대한 주책임을 맡았다. 오래된 제국주의 국가에서 매체와 로이터의 특별한 관계가 끝나는 상황은 동남아시아의 새로운 지역으로 확장되는 상황과 유사했다. 동남아시아는 미국 에이전시와 AFP의 경쟁이 고조된 지역이며, 게다가 영어와 불어를 둘 다 구사할 수 있는 라틴아메리카와 아프리카가 연결되는 지역이었다.

로이터는 또한 다른 글로벌 에이전시에 의존하는 것과 뉴스교환협정을 오랫동안 유지해 온 국가들과의 관계 중 특히 미국 뉴스를 AP에 의존하는 것을 끝내야만 했다. 1940년대와 50년대에 미국에서 로이터는 2차적인 뉴스 공급자로 입지를 다졌다. 미국에서의 로이터 뉴스수집 네트워크는 1950년대에 50여 명의 직원과 150명의 비상근 기자를 갖추며 확장했다(Read, 1999: 304). 하지만, AP에 의존하던 관행은 1967년도까지 사라지지 않았다. 이때 AP의 급격한 가격 인상으로 인해서 105명의 직원이 있던 로이터는 미국에서 보도되던 뉴스에 큰 부담을 안게 되었다. 그럼에도 불구하고 1970년대 말까지 로이터는 미국에서 뚜렷한 존재를 드러내지 못했다.

유럽은 제2차 세계대전 이후 주요 수익담당 지역으로 부상했다. 베를린, 함부르크, 본, 프랑크푸르트에 사무국을 열었다. 1960년부터, 로이터는 국영통신과의 관계를 완화하고 구독 매체에 자체 뉴스를 직접 제공하기 시작했다. 본에서 편집된 독일어 뉴스 서비스는 독일의 DPA^{Deutsche Presse-Agentur} 통신사와의 관계가 끝난 후 1971년에 시작되었으며, 프랑스, 벨기에, 스위스에는 프랑스어 서비스를 제공했다. 오늘날, 로이터는 전 세계 130개국에 서비스를 제공하는 197개의 사무국에 2,400명의 편집부원을 보유하며, 매일 6개 국어로 8백만 단어 이상을 게재하고 있다.

하지만 이러한 로이터의 변화는 1984년에 UPI 뉴스사진 사업과 1992년에 로이터 텔레비전으로 바뀐 텔레비전 뉴스필름 에이전시인 비스뉴스 인수에 의한 글로벌 네트워크의 확장과 미디어 서비스의 다양화로 인해서 생겨난 것이 아니다. 앞서 살펴본 바와 같이 1960년대 말 이익 창출에 있어서 주요 서비스였던 경제 정보 데이터 처리에 있어서 새로운 기술 도입으로 인해 발전하였다. 그러한 확장하는 경제 서비스는 1980년까지 로이터를 선두적인 시장지위에 올려놓았으며 시장주도기업 AP와 비슷한 수준의 수익 규모에 달했다. 반면, 그해 AP는 1억 5천만 달러의 수익을 냈으며, 로이터는 1억 4천만 달러, AFP는 7천만 달러로 두 영미 기업에 비해 수익에 있어 AFP는 훨씬 뒤쳐지게 되었다(Huteau and Ullmann, 1992: 415). 1995년에, 로이터는 27억 3백만 파운드의 총수익을 냈는데, 이는 AP의 2억 3천만 파운드의 매출액의 12배에 가까웠다(Boyd-Barrett, 1998: 28). 로이터의 수익 근원은 미국 에이전시와는 상당히 다르다. 미국 에이전시는 강력한 국내 기반을 가지며 근본적으로 미국적인 성격을 지닌다. 따라서 1977년 AP의 국외 소득은 총수익의 20퍼센트 정도에 달했으며 반대로, 로이터는 수익에 16퍼센트 정도만 영국에서 얻었다(Read, 1999: 477). 리드에 따르면, 이것이 수익과 관련해서 로이터가 최대의 글로벌 에이전시로 여겨질 수 있는 이유다. 하지만 1989년에는 로이터의 총수익에 7퍼센트만이 미디어 제품에서 발생했으며, 이는 현재 세계 통신 시장에서 일반적인 뉴스의 종속적인 지위를 보여주는 것이다.

진정한 초국가적 기관을 설립하는 움직임은 또한 1980년대에 발생한 분권화 과정을 의미하는데, 이로 인해 글로벌 에이전시가 지역별 수요에 빠르게 대응하도록 만들어졌으며, 에이전시의 지역 본부에 편집권한과 경영권 이전으로 끝이 났다. 1986년 AFP는 외신 보도국을 파리에서 멀리 이전시켰다. 라틴 아메리카 보도국은 워싱턴에 설립되고 나중에는 파리로 돌아왔다. 현재는 결국 몬테비데오와 파리의 새로운 지역 본부가 함께 담당한다. 영국 보도국은 홍콩, 파리, 워싱턴 사이에 설립되었다. 독일 보도국은 본에, 중동 전문 보도국은 니코시아*에 설립되었다. 로이터의 런던 글로벌 편집 통제권은 1982년에 끝났다. 이 시기에 런던과 홍콩, 뉴욕도 책임을 분담하기 시작했다.

20세기 후반에 뉴스 에이전시가 한 세기 이전에 확립한 목적을 달성하고 뉴스제작과 제공을 위한 전 세계적 네트워크를 갖춘 진정한 글로벌 초국가적 주체가 되었다는 사실에는 의심의 여지가 없다. 하지만 이러한 에이전시들이 뉴스 생산에 국가적이나 지역적 기반으로부터 완전히 분리될 수 있는지의 여부는 아직 지켜봐야 할 것이다. 리드가 강조한 바에 따르면, 대영제국의 에이전시이자 '영국적 관점'의 뉴스를 제공하는 로이터는 제2차 세계대전 후에 세계적 기관으로써 뉴스 시장뿐만 아니라 가능한 모든 뉴스 앵글을 유념하고 점진적으로 고객사들을 다루어야했다. 반면, 보이드바렛은 로이터와 더 작은 규모의 AFP가 국제적 뉴스 요건을 충족시키는데

---

* 역주―키프로스의 수도.

풍부한 국내 기반을 갖춘 미국 에이전시보다 더 많은 동기부여를 지니고 있다는 사실을 언급했다(1980: 24). 하지만, 가장 중요한 뉴스 시장이 서구권이라는 사실은 또한 글로벌 뉴스 에이전시의 성격에 강력한 무게를 실어 준다.[15] 제3세계 국가들의 표현에 대한 근본적인 비판이 1970년대에 개최한 신세계정보질서(NWICO)를 위한 유네스코 논의에서 이미 제기되었다. 하지만 오늘날, 글로벌 뉴스 분야에서 알 자지라와 같은 비서구 미디어의 출현이 이러한 논의에 새로운 도전장을 내민다.

새로운 뉴스 에이전시

신세계 정보 질서 토론에서 제기된 논의는 1980년에 맥브라이드 보고서 MacBride report에서 절정에 달했으며, 이러한 논의로 인해 제3세계 국가들이 자체적으로 국영통신을 세우고 미디어 흐름에서 우위를 차지하는 서구권의 효과를 반감시키기 위해서 지역뉴스교환 메커니즘을 수립하게 되었다. 하지만, 보도를 결정하는 이데올로기 원칙이 근본적으로 제기되지 않았을 경우, 새로 생긴 국영통신이 글로벌 에이전시의 제도를 복제하고 똑같은 종류의 뉴스와 저널리즘적 가치에 특혜를 주게 된다. 그러한 뉴스는 시민 사회를 넘어 엘리트주의, 지방배경, 그리고 도시, 문화·사회적 문제나 교육을 넘어선 정치, 경제 등을 다룬다. 반면, 새로운 뉴스 에이전시의 개념은 하나의 기관을 지명하는데 사용된다. 이는 설립되는 목적과 기능이 지배적인 모델과는 다르며, '공정한', '균형 잡힌', '객관적'이고 '중립적'인 뉴스를 보도하는 친숙한 맥락을 넘어서는 것이다(Musa, 1997: 126-27).

IPSInter Press Service는 가장 중요한 새로운 글로벌 에이전시이며, 전 세계적인 저널리스트 네트워크를 구축한 최초의 기관이다. 그리고 저개발국가에 관한 정보를 공급하는 최대의 공급원이 되었다. IPS는 유럽과 라틴 아메리카 사이를 이어주는 정보의 가교로서 1964년에 설립되었다. 이후에 저개발 지역에 관한 문제까지 관심의 초점을 넓혀갔고 그러한 주안점은 수평적인 남남* 정보흐름을 주창하게 되었다(Giffard, 1998: 191). 서구권 에이전시와는 달리, IPS의 관심사는 뉴스 속보나 그런 특정 사건에 있는 것이 아니라 사건이 어떻게 발생하고 왜 발생하게 되었는지를 설명하는 주요 기사를 상세한 견해로 다루는 것에 있다. IPS의 주제별 영역은 또한 지배적인 기준과는 많이 다르다. 주로 빈부격차나 인권과 민주주의, 국제 무역 협상, 난민과 국제적 이주패턴, 환경보호 및 지속 가능한 개발 등과 같은 문제에 초점을 둔다. IPS의 정해진 목표는 '성적으로 동등한 표현과 인종적 다양성과 지리적 분배에 있어 균형 잡힌 표현'이며, 이 기관은 '사회, 경제, 정치적 생활에 민주적으로 참여하게 하고 국제 정책 입안에 있어서 남부 국가들의 전체 참여와 개발과정에 있어서 여성 모두의 권리'를 위해 더욱 노력한다. 다음 장에서 보다 상세히 살펴보겠지만, IPS의 편집방침은 또한 언어와 번역에 있어서 매우 다른 접근 방식을 취한다. 가장 중요한 시장의 언어로 뉴스를 제공하는 경제 원칙보다는 소수언어의 중요성을 인식하고 사람들 사이에 의사소통을 편리하게 하는 역할이 ISP의 주요 관심사이다. IPS는 2개의 언어 스페인어와 영어의 글로벌 서비스를 지니며 다른 14개의 언어로 지역별 서비스를 제공한다. 이러한 언어는 아랍어, 네덜란드어, 핀란드어, 프랑스어, 독일어, 이탈리아어, 일본어, 스와힐리어, 만다린, 네팔어, 포르투갈어, 스웨덴어, 태국어, 터키어 등이다.

　　IPS는 저널리스트의 국제적 협동조합이며 로마에 세계 본사를 둔다. 그

---

* 역주―남북 격차인 「남북문제」에 대해 제3세계 중진국이나 자원국(산유국 포함)과 비자원국의 경제 격차 확대에 의한 「남남문제」.

리고 아프리카는 요하네스버그, 아시아-태평양은 방콕에, 유럽은 베를린에, 라틴 아메리카는 몬테비데오에 지역별 편집 센터가 있다. 다른 언어로 번역되는 국제 서비스에서 30여개의 일간 뉴스보도를 제공하는데, 이러한 뉴스보도는 보통 주류 뉴스 에이전시 보도보다 오래 걸린다. 그리고 IPS 신문 테라비바에 주요 국제회의 보도를 제공한다. 《테라비바》 신문은 세계사회 포럼World Social Forum뿐만 아니라 주요 UN 회의 별 일간지를 제공했다. 현재 IPS는 250명의 저널리스트를 고용하고 14개의 상근 사무국과 150개국에 있으며 16개 국어로 대략 112,00개 단어가 포함된 일간지를 생산하고 있다. 그럼에도 불구하고 이 기관의 전 세계 네트워크는 현재 심각한 재정 위기가 있었던 십년 전과 유사한 상황이다.

> 최근 몇 해 간 IPS의 임무와 편집 정책을 만든 세계화와 똑같은 과정은 IPS 운영에서 위기를 초래했다. IPS의 자금은 매체와 다른 사용자에게 뉴스 서비스 판매, 외부 기관에 의해 지급된 보조금과 프로젝트, 정보전파 서비스 등의 3가지 주요 수익원에서 나온다. 3가지 매출원 모두 점점 줄었다. AP나 로이터와 같은 전통적인 국제기관에 비해서 IPS는 소액 자본으로 운용된다. 가장 부유한 1992년에 에이전시의 연간 예산이 총 1천5백만 달러에 달했다. 1997년에는 그 금액이 5백80만 달러로 줄었으며, 모든 지역에서 지출을 상당히 많이 삭감해야만 했다.
>
> (Giffard, 1998: 198)

그러한 위기는 지역과 비용절감을 관리하는 분권화와 맞물렸으며, 이는 뉴스 서비스에 큰 파문을 일으켰다. 상근 사무국이 있는 국가의 수가 1995년 44개에서 1996년 41개로 감소했으며, 상근직원은 192명에서 140명으로 감소했다. 비상근 통신원의 경우 351명에서 233명으로 감소했으며 생산량은 하루에 30개의 뉴스 특집으로 제한되었다. 그러나 이러한 삭감에도 불구하고, IPS는 1996년 615개의 신문과 잡지를 포함해서 79개의 뉴스 에이전시와 데이터베이스, 65개의 전파 매체뿐 아니라 다른 549개의 NGO와 그외 단체들을 포함한 대부분 주요 구독자들을 유지해왔다(Giffard, 1998: 199, 194).

지난 십년 동안, IPS의 네트워크는 최소 50퍼센트 정도 더 감소했다. 뉴스를 제공하는데 근본적으로 다른 접근방식을 지니고 있기 때문에, IPS는 다른 큰 에이전시와 직접적으로 경쟁하지 않고 보충적인 보도를 제공한다. 게다가, 앤서니 지파드가 언급한 바와 같이, IPS가 제공하는 배경뉴스는 시장 주도 상업적 매체의 특별한 관심을 끌지 못하고 그 결과 IPS 구독자의 3분의 2는 풍족한 매체가 점점 더 없어지는 개발도상국에 있다(1998: 200). 더욱이, 올리버 보이드 바렛과 다야 츠쑤가 언급한 것처럼, 특정 편집 앵글과 더불어 속보 뉴스보다는 과정에 치중하는 IPS의 주요 관심사는 제3세계의 주요 미디어 시장에 들어가는 데 계속 장애물이 되고 있다. 주요 미디어 시장은 아직도 저널리즘의 서구권 기준에 맞추고 있는 실정이다. 그렇기는 해도, 이들은 'IPS의 뉴스서비스 방식이 뉴스가 정해지고, 수집되고 초점을 맞추는 방법을 변화시킨다. 심지어 뉴스 가치가 없다고 여겨지는 많은 지역이 실제로 그렇게 될 수 있다는 관례를 보여줌으로써 초국가적 주요 뉴스 에이전시의 관행에도 영향을 줄 수 있다'고 본다(1992: 35). 주류 뉴스에 진정한 도전은 글로벌 뉴스 분야의 특징이 거의 없다는 원칙에 근거하여 주변적인 접근 방식으로 이루어질 수 있는지, 아니면 IPS의 영향이 서구권의 객관적이고 중립적인 가치에 의문을 제기하거나 뉴스제공 방식이 다를 수 있다는 것을 보여주는데 있어서 엄격히 제한되어야 하는지는 앞으로 지켜봐야 할 것이다.

글로벌 뉴스 분야의 최근 발전

지난 20년 간, 글로벌 뉴스 분야는 통신 채널이 집중되면서 동시에 전례 없는 규제 완화를 겪어왔다. 4개의 선두적인 글로벌 에이전시 중 하나인, 미국의 UPI는 1980년대부터 장기적인 위기를 겪어왔으며, 결국 여러 번 주인이 바뀌면서 점차 선두 주자의 역할을 잃었다. 영상 뉴스 에이전시의 등장은 1990년대 중요한 발전을 이끌었다. 비스뉴스Visnews는 1992년에 로이터 텔레비전으로 탈바꿈했으며 1994년에는 AP 텔레비전이 출범했다. 오늘날 영상 뉴스 분야는 이 두 주요 글로벌 주자들이 장악했다. 그렇지만, 여러 소규모 미디어 기관들이 비용을 줄이기 위해 글로벌 뉴스 에이전시의 자료에 더욱 의존함에 따라 이들의 중요성이 상대적으로 부각되는 반면, 새로운 미디어 단체의 등장과 뉴스제공을 둘러싼 더 치열해진 경쟁으로 이니해 뉴스 에이전시의 전통적인 역할이 흔들리고 있다.

이러한 상황에서 글로벌 뉴스 분야의 가장 중요한 최근 발전 중 하나는 지속적 정보 채널의 등장이다. 지속적 정보 채널은 글로벌 뉴스 제공에 있어서 양적변화뿐 아니라, 방식에도 근본적인 변화를 가져왔다. 그 중에서도 가장 혁신적인 채널이 CNN*이다. 1980년에 미국 상업위성채널이 CNN을 만들었는데, 이 시기에 벤처기업들은 연예사업 분야에서 우후죽순으로 생겨났다. 1980년에 CNN은 미국의 텔레비전 보유 가구의 8퍼센트에 해당하는 백만의 시청률을 기록했다. 1984에는 중앙아메리카와 카리브해 지역의 22개국에서 CNN을 시청할 수 있었으며, 유럽과 아프리카를 포함한 세계 시장으로 확장해 나갔다. 1992에 이르러서는 CNN과 CNN 인터내셔널이 140여 개 국에 1억1천9백만 가구에 서비스를 제공했다(Volkmer, 1999: 132-35).

---

* 역주―Cable News Network. 뉴스 전문 케이블 방송망.

뉴스 에이전시가 19세기에 선구적으로 전보를 사용한 것처럼, CNN은 뉴스 전달을 위해 위성 기술을 채택하여 많은 이득을 누렸고 위성뉴스의 시장성을 발견했다. 그리고 첼린저호 폭발사고와 천안문사태와 같은 세계적인 관심을 모은 대중 뉴스를 방송하면서 유명해졌다(Volkmer, 1999: 128). CNN은 신속성, 생중계, 뉴스속보를 바탕으로 획기적인 뉴스 방식을 성공적으로 도입했으며 따라서 실제 정보에 바탕을 두고 있는 점을 강조하고 설명식의 논평과 기존 텔레비전 뉴스의 극적이고 맞춤화된 보도방식은 최소화했다. 이러한 의미에서 20세기 말에 CNN이 초래한 질적인 변화는 19세기 중반에 뉴스 에이전시가 전보를 도입했던 혁신과 견줄만하다.

CNN을 포함한 일반적인 24시간 정보채널과 뉴스 에이전시 사이 위와 같은 유사성은 우연의 일치가 아니다. 거기에는 두 가지 유형의 미디어 사이에 구조적인 유사함이 근간을 이루고 있기 때문이다. 최근 24시간 방송은 24시간 정보 채널이 정확한 정보를 신속하게 제공하기 위해서 뉴스 에이전시와 같은 압박을 받고 있음을 의미한다. 비록 이 경우에 뉴스 속보는 대중에게 바로 전달되겠지만 말이다. 더구나, 24시간 정보 채널은 그들의 뉴스를 다른 언론 기관에 판매함으로써 보이드 바렛이 구분한 뉴스 에이전시와 같은 정보 도매업자와 대중에게 정보를 전달하는 언론사인 소매업자의 개념을 깨뜨린다. 더 나아가, CNN 등은 국내사건과 국제사건이라는 전통적인 구분을 모호하게 하고 특정 정치 사건이 세계적인 관심거리인 양 포장하여 국제적 사건을 만드는 것 같다. 이는 뉴스 에이전시로써는 완전히 달성할 수 없는 부분이다. 왜냐하면 뉴스 에이전시는 항상 세계적인 뉴스가 특정 시장에 맞아야 한다는 원칙을 근거로 삼았으며, 편집 보도국과 구독 언론사가 운영하는 방식은 정보 파일을 변경하고 어떤 방식으로든 필요한 요구에 맞추는 자유를 누렸기 때문이다.

하지만, 24시간 정보 채널이 국제적인 사건으로 보이는 것과 세계적인 영향으로 인해 전 세계인들의 이목을 끄는 이미지와 기사를 제공한다면, 그러한 채널들은 또한 글로벌 통신흐름에서 지배적인 서구 미디어일 것이다. 최근 글로벌 이러한 지배적인 상황은 최근 글로벌 미디어 분야에서 중요한 의미를 가지게 된 비서구 미디어의 등장으로 인해 이의가 제기되기 시작했다. 이 중 가장 중요한 것은 알 자지라이다. 이 범아랍 연속 정보 채널은 카타르 왕, 세이크 하마드 빈 할리파Sheikh Hamad bin Khalifa의 지원으로 1996년에 설립되었다. BBC의 아라비아 텔레비전 네트워크가 중단되면서, 그리고 기술 인프라와 직원을 갖추어 이익을 얻었다. 객관적인 보도와 대조되는 관점에서 본다면, 알 자지라는 미디어가 정부에 종속되던 지역적 전통을 깨뜨리고 방송계에 새로운 민주적 관습을 도입함으로써 아랍세계에 혁신을 일으킨 것이다. 알 자지라 채널은 초기부터 논란이 많았다. 인터뷰에 초대되었던 이스라엘 사람들과 체첸 족, 하마스와 알 카에다의 조직원, 카다피와 사담 후세인과 같은 개인들의 견해로 지면을 할애했기 때문이다. 또한, 이전에는 다룬 적 없던 정치적이고 사회적인 금기사항들에 대해 솔직히 말하며 새로운 방식으로 시청자가 참여하는 토크쇼도 방송했다. 아랍국가에서의 알 자지라의 명망은 팔레스타인 민족봉기Palestinian Intifada 보도에서 중요한 특종을 다루었던 2000년에 확고해졌다. 하지만 알 자지라의 존재는 9월 11일 테러공격 이후 처음에는 빈 라덴 테이프를 방송하면서 그리고 아프가니스탄에서의 전쟁을 독점 취재하면서 2001년에 세계무대에 알려지게 된 것이다.[16]

알 자지라의 서구에 대한 도전, 특히 세계 미디어 흐름에서 미국의 지배에 대한 도전은 아프가니스탄 전쟁동안 카불* 사무국에 폭격 사건이 나면

---

* 역주—아프가니스탄의 수도.

서 시작되었다. 객관적이고 정확하고 균형잡힌 사실적인 보도의 미디어 가치를 분명히 가지고, BBC와 CNN과 같은 서구 미디어 전통을 거울삼아 알 자지라는 전혀 다른 새로운 뉴스 앵글을 추구할 수밖에 없다는 사실을 여실히 보여준다. 이는 미국 텔레비전 네트워크가 보여주지 않던 전쟁과 죽음의 이미지를 보여주며, 다른 네트워크에 출현 금지되는 사람들에게 방송 시간을 주면서 숨겨진 현실을 드러낸다. 그렇게 해서 알 자지라는 새로운 신속성을 믿는 근거를 마련해 준 세계 사건사고의 실시간 생방송이 그들이 만들어낸 신속성이라는 것을 보여준다.

CNN처럼 알 자지라는 전 세계 시청자들에게 다가간다. 두 방송은 전통적인 지리적 경계를 넘어서서 세계의 새로운 차원을 확인하는 유동적인 디아스포라 시청자들의 틈새를 발견했다. 모든 주요 국제 호텔에서의 방송, CNN은 미국인과 외국에 사는 다른 서구권 사람들에게뿐 아니라 국제관광객과 전문 여행가들에게도 보인다. 알 자지라는 서구의 디아스포라인 아랍계 사람들에게 가장 중요한 매체일 뿐 아니라 중동에서 가장 유명한 방송 채널이 되었다. 이러한 두드러진 지역적 범주에도 불구하고 보도의 추이는 진정 세계적이며 채널은 세계적으로 새로운 시청자들에게 뻗어나갔다. 2003에는 영어 웹사이트가 도입되었으며, 조금 늦춰서 2006년 11월에 영어 채널이 결국 출범했다. 영어 채널의 출시는 '정보의 직접적이고, 믿을 만한, 대체적 출처로서 중동지역에 존재하는 문제들을 자신들의 언어로 서구와 소통하려는'(Jihad Ballout에서 Miles가 인용, 2005: 412) 목적이 있으며 세계적 서구 미디어의 우세에 대한 전례 없는 도전으로 여겨진다.

뉴스 에이전시는 문자와 시청각 커뮤니케이션의 통합에 있어 중요한 매체가 된 인터넷을 통해서 대중에게 직접적으로 뉴스를 전달하면서, 도매 뉴스 생산자와 연속 정보 채널에 의해 시작한 소매업자들 간의 구분이 없어지는 것에 대응하고 있다. 로이터 웹사이트는 최근 15개의 세계 최초 디지털 뉴스 미디어 반열에 올랐다(Muro Benayas, 2006:147, 알렉사 웹사이트 트래픽 순위 기준). 야후 뉴스, MSNBC, 구글 뉴스 같은 정보 서비스와 BBC, CNN, 《뉴욕 타임즈》와 같은 미디어는 최고의 반열에 있는 반면 로이터는 단연 세계 순위에서 최고의 뉴스 에이전시이다. 뉴스 에이전시 시장과 다른 미디어의 경계가 사라지는 현상은 인터넷으로 인한 멀티미디어 공간에서도 나타나고 있다. 인터넷은 19세기에 현대 저널리즘을 형성한 페니신문만큼이나 급진적인 형태로 21세기 초반에 글로벌 뉴스 분야 및 미개척된 분야에 혁신을 가져왔다.

4

글로벌 뉴스 에이전시에서의 번역

번역회사 역할을 하는 뉴스 에이전시

제3장에서는 뉴스 에이전시가 대량의 정보를 빠르고 신뢰할 수 있게 번역해내는 구조를 갖춘 대규모 번역회사로 인식될 수 있다는 내용을 다루었다. 본 장에서는 3장에서 소개했던 관점을 구체적으로 입증하고, 번역이 뉴스 에이전시에서 매우 중요한 역할을 하며 뉴스 생산과 관련된 여러 언론 관행들과 분리될 수 없음을 증명하고자 한다. 또한, 본 장에서는 번역이 전문 번역훈련을 받지 못한 이들에 의해 즉흥적으로 이루어지는 것이라는 관점에 반론을 제기한다. 뉴스 편집자가 번역을 다듬는 기술을 가지고 있다는 점과 뉴스 에이전시라는 조직은 최대한 빠르고 효율적으로 전 세계 대중에게 다가가기 위해 각기 다른 언어사회 간 소통의 흐름을 쉽게 하려고 설립

되었다는 점을 보여줄 것이다.

제3장에서 뉴스 에이전시가 처음 출범한 이래, 초기 국내시장에서 어떻게 세계의 다른 뉴스 기관들과 연합하여 전 지구적 범위로 확장해 나가며 전문화될 수 있었는지를 살펴본 바 있다. 이것은 뉴스 에이전시가 처음부터 다양한 언어와 번역을 다루었음을 보여주었다. 그런 점에서 초기 뉴스 에이전시들이 풍부한 외국경험과 외국어 능력을 갖춘 사업가들에 의해서 설립되었다는 것은 충분히 예상할 수 있다. 샤를 아바스Charles Havas는 프랑스인이었지만 포르투갈에 거주하며 사업을 했고, 독일인인 파울 로이터Paul Julius Reuter는 영국에 정착하기 전에 프랑스에서 뉴스 언론과 관련된 경험을 쌓았다. 1835년 세계 최초의 뉴스 에이전시인 아바스 통신사Agence Havas는 세계 각국의 뉴스 번역물을 프랑스 언론과 재계에 제공하던 번역회사인 뷰로 아바스Bureau Havas(1832-35)가 그 전신이다. 뷰로 아바스는 많은 프리랜서의 일자리를 빼앗으며 뉴스 번역 산업의 중심에 서게 되었고, 이것은 세계적으로 국제뉴스에 대한 수요가 증가하고 있음을 보여주는 증거라고 할 수 있다. 이들 뉴스 에이전시는 설립 초기 단계에 이미 서구 주요 뉴스 시장을 겨냥해서 다양한 언어로 뉴스 서비스를 제공하고 있었고, 언어적 다양성을 효율적으로 다루는 글로벌 네트워크를 구축했다. 세계적인 네트워크 확장에 앞장섰던 에이전시 기자들은 국제적인 감각과 외국어 구사력으로 무장하여, 새로운 지역에서 지사를 운영하고 세계의 가장 먼 곳까지 뉴스 서비스를 제공하면서 마치 개척자와 같은 면모를 보였다.[17]

언어와 번역의 관점에서 볼 때, 오늘날 뉴스 에이전시의 구조와 특징은 19세기 후반의 모습과 크게 다르지 않다. 로이터와 AFP를 중심으로 하는 글로벌 뉴스 에이전시는 영어, 프랑스어, 스페인어, 포르투갈어, 독일어로 뉴스 서비스를 생산해왔다(AP통신은 포르투갈어 대신 네덜란드어를 사용).

이 언어들은 유럽의 주요 뉴스시장에서 통용되는 언어들이며, 나중에 아랍어만이 추가되었다(로이터-1954, AFP-1969).[18] 그러므로 뉴스를 이들 주요 언어로 번역하는 것은 뉴스 에이전시 내부에서 이루어진다. 기타 언어의 경우, 해당 언어를 사용하는 언론사가 뉴스 에이전시에서 정보를 제공받아 번역해야 한다.

다양한 언어로 생산된 뉴스를 각기 다른 언어로 보도해야 하기 때문에 번역은 뉴스 에이전시 업무의 중요한 부분이 되었다. 그러나 뉴스 에이전시는 번역을 언론 업무와 별개로 인식하지 않고 따라서 전문 번역가를 고용하는 대신 편집자가 주로 번역 업무를 담당하고 있다. 편집과 번역은 둘 다 단순한 텍스트가 최종적으로 뉴스의 형태를 갖출 수 있도록 하는 선택·수정·확인·완료·확장 혹은 축소의 과정을 포함하고 있다.

번역은 언론작업의 중요한 부분이며, 일반적으로 언론 생산물을 통제하는 장르와 문체의 요구조건에 부합해야 한다. 그러므로 뉴스 기관이 인재를 채용할 때, 번역가보다는 언론의 장르와 문체에 대한 정확한 지식이 있고 실질적인 경험도 있는 기자를 채용한다. 심지어 기자가 아닌 뉴스 번역가들도 기자의 문체를 흉내 내야 한다. 뉴스 번역의 과정에 관해서는 앞으로 자세히 살펴보기로 하고, 현시점에서는 언론분야에서 다시쓰기의 예를 문학적 다시쓰기와 비교해 보는 것만으로도 충분할 것이다. 앙드레 르페브르André Lefevere에 따르면 번역, 선집, 문학역사, 전기, 서평과 같은 문학적 다시쓰기는 모두 원천 텍스트의 개작이나 조작과 유사한 과정을 수반한다 (1992: 8).[19] 문학적 다시쓰기처럼 언론의 다시쓰기도 뉴스를 전 세계 독자들에게 이용 가능한 형태로 만드는 방식이지만, 이러한 사실은 숨겨지거나 당연시되고 있다.

뉴스 번역은 번역가에 대한 전통적인 개념에 도전장을 내밀고 있으며,

이러한 맥락에서 번역가의 더욱 적극적인 역할이 인식된다. 호세 비달^{José} ^{Manuel Vidal}은 다음과 같이 말했다. 'El traductor de prensa es, quizás por la propia naturaleza del medio para el que traduce, un recreador, un escritor, delimitado por la idea que debe recrear y por el género periodístico en el que tiene que verter su traducción'(뉴스라는 매체의 특성상 뉴스 번역 가는 언론이라는 장르 안에서 무언가를 재창조하며 번역을 해야 하는 재창 조자이자 작가이다).

비록 외국어 능력을 갖춘 기자가 언론 매체에서 다루는 광범위한 주제 를 빠르고 신뢰할 만한 수준의 번역으로 생산해 내며 뉴스 번역 전문가로 서 역할을 하고 있더라도, 번역에 대한 전문적인 훈련을 받지는 못했을 것 이다. 초기와 마찬가지로 오늘날 뉴스 에이전시 기자들도 외국어에 능통해 야 한다. AFP와 로이터 통신이 보도국의 뉴스 편집자를 뽑을 때 뉴스 번역 은 입사시험의 일부로 포함되어 있다. 뉴스 생산에 번역을 포함시키는 것 은 언어 다양성을 다루고 언어의 경계를 넘어 정보를 소통해야만 했던 뉴 스 기관의 효율성을 극대화한다. 그러나 뉴스 기관들은 정보의 흐름을 용 이하게 하고 번역에 대한 필요성을 최소화하기 위한 독특한 구조를 탄생시 켰다. 다음 절에서는 글로벌 에이전시가 각기 다른 뉴스 생산 단계에서 언 어 다양성과 번역의 역할을 어떻게 다루는지를 자세히 살펴보기로 한다.

뉴스 에이전시의 이중 구조: 현지기자와 국제기자

뉴스 에이전시는 언어 장벽을 극복하며 최고의 효율성과 속도로 정보를 수 집하고 전달할 수 있는 글로벌 네트워크를 발전시켜왔다. 제3장에서 살펴 본 바와 같이, 뉴스 에이전시가 설립된 후 유럽의 주요국가에 지사를 설립하는 데는 몇 십 년도 걸리지 않았고, 19세기 후반에 다섯 개의 대륙은 전신선 설치와 해외지사 설립을 통해 서로 연결되었다. 이들 네트워크의 핵심 요소는 뉴스 에이전시의 이중적 보도 구조라는 관점에서 분석할 수 있다. 뉴스 에이전시는 외국 통신원이나 국제기자와 같은 핵심인력을 동원한다. 보통 외국에서 5년가량 일정 기간을 머무르며 본사와 긴밀한 접촉을 유지하는 이들 국제기자는 본사에서 직접 고용하며, 로이터는 영국인, AFP는 주로 프랑스인을 뽑는다. 국제기자는 별도의 번역이 필요 없는 해당 통신사 언어, 즉 로이터는 영어, AFP는 프랑스어로 지역뉴스를 생산하고, 기타 언어를 사용하는 뉴스 에이전시가 이를 번역하는 것이 일반적이다. 반면에, 현지기자는 해당 에이전시의 해외 지사에서 고용한다. 이들은 본사와 직접 접촉하지 않으며 원칙적으로 다른 지역으로 파견되는 일 없이 현지에서만 활동한다. 현지기자는 현지의 언어로 뉴스 기사를 쓰며 다른 언어로 쓰인 기사를 지역시장에 보도하기 위해 번역하기도 한다. 다시 말해, 뉴스 에이전시의 지사는 다양한 뉴스 서비스를 위해 각각의 언어로 뉴스를 생산하며, 현지기자와 국제기자라는 서로 다른 두 유형의 기자를 고용하는 셈이다. 예를 들어, 로이터의 스페인지사에서는 현지기자가 현지의 뉴스시장을 위해 스페인어로 기사를 쓰고 영어기사를 스페인어로 번역하며, 국제기자는 영어 뉴스서비스를 위해 스페인에 관한 기사를 영어로 작성한다.

이러한 전형적인 이중구조는 번역의 필요성을 크게 감소시켰고, 전 세계에 각기 다른 언어로 된 뉴스를 보도하는 데 걸리는 시간도 효율적으로 단축했다. 또한, 어떤 뉴스를 쓰거나 번역해야 할지에 대한 결정을 해당 지역의 관심사를 정확히 알고 있는 기자들이 한다는 점에서 뉴스 콘텐츠분야의 탈중심화도 이루어졌다고 볼 수 있다. 로이터의 런던 본사는 다른 나라에 대한 영어 뉴스서비스를 내보내기 위해 국제기자로부터 받은 뉴스 기사에만 의존해야 한다. AFP의 파리 본사는 로이터와는 다른 구조로 꽤 많은 양의 번역을 다루고 있는데, 이 번역은 해당 지역 보도국에서 이루어진다. 예를 들어, 파리에 있는 라틴 아메리카 보도국은 유럽과 중동 및 아프리카와 관련된 뉴스를 스페인어로 번역하는 책임을 지고 있으며, 아메리카대륙과 관련된 뉴스를 스페인어로 번역하는 것은 몬테비데오에 있는 지역 보도국에서 한다.

뉴스 에이전시가 번역의 필요성을 최소화하기 위한 효율적인 전략과 방법들을 개발해 왔음에도 여전히 번역은 뉴스생산의 전체 과정에서 핵심적인 역할을 차지하고 있다. 번역은 뉴스 수집 과정의 초기 단계부터 개입하며, 외국 실정에 대해 글을 쓰는 국제기자에게는 작업의 출발점이 되기도 한다. 국제뉴스는 우리 주변에서 끊임없이 흘러나오기 때문에 먼 지역에 대한 보도과정에서 발생하는 어려움을 느끼기는 어렵다. 그러나 실제로는 다른 지역에 대한 직접적인 접근성이나 배경지식 부족과 더불어 현지어를 구사하지 못하는 어려움은 타국의 현실에 대한 뉴스보도를 단순히 어떤 사건이 발생했었다는 사실보도에만 국한시킨다.[20]

울프 해너즈Ulf Hannerz는 자신의 책 *Transnational Connections*에서 해외 특파원의 세계관에 대해 하나의 장을 할애하며 '문제점이나 사람들의 흥미를 끌 만한 이야기들을 찾아서 실용적이고 도구적이며 계산적인 방식으로 전달하는'(1996: 112) 국제기자들의 시각을 간략하게 요약했다. 그리고 해외 특파원이었던 에드워드 베어Edward Behr의 자서전, *Anyone Here Been Raped and Speaks English?*를 그 예로 소개한다. 해너즈는 핵심적인 문화 중재자 혹은 인식의 세계화를 위한 특화된 기능인으로서 특파원의 역할을 인류학자의 역할과 비교한다. 그의 저서에서 가장 흥미로운 점은 언어의 중요성을 강조하면서 이해의 문제, 나아가 문화번역의 문제를 어떻게 다룰 것인지에 대한 질문을 스스로에게 던지고 있다는 점이다. 해너즈의 결론은 다음과 같다. '뉴스 관계자들은 이국적인 의미를 밝혀내는 일에는 관심이 없는 것 같다. 그들에게 중요한 것은 이해가 아니라 오로지 자신들에게 그것이 어떻게 보이는가이다'(1996: 120). 해너즈가 명시적으로 표현하지는 않았지만 이러한 경향은 단지 기자 개개인의 시각이라기보다는 언론분야에 있는 사람들의 공통적인 습성으로, 글로벌 뉴스의 보급이 기초하고 있는 핵심 전제와 연결 지어 생각해 볼 수 있다. 그들은 사람들이 세계에서 일어난 사건을 실시간으로 접할 때 전달되는 이미지와 이야기는 모두 이해 가능한 형태이며, 여기서 파생되는 지식은 효율적으로 현실을 묘사할 수 있을 것으로 생각한다.

앞서 언급한 바와 같이 뉴스 에이전시에서 번역가는 거의 존재하지 않으며, 현지어를 말할 수 없는 국제기자에게 언어적·논리적 도움을 제공해 주는 현지기자가 번역가의 역할을 담당하고 있다. 만약 개인적인 명성과 인지도를 누리며 경우에 따라 상당한 인기도 얻을 수 있는 해외 특파원이 국제적인 뉴스기관에서 가장 가시적인 존재라면, 현지 번역가는 글로벌 뉴스의 생산에 참여하는 사람 중 제일 보잘것없고 눈에 띄지 않는 인물이다.[21] 일반적으로 통역가로 알려진 이 인물의 업무는 국제기자가 필요로 하는 운전이나 다른 미디어보조 업무와 함께 다양한 현지 서비스의 일부로 분류된다는 점에서 그의 지위가 얼마나 낮은가를 알 수 있다. '뉴스 기관들은 오지에서 번역, 방문 인터뷰, 노트북이나 위성전화 전기배선, 식량보급선 확보 등을 위해 현지인에게 의존해야 한다'(Goldscheider, 2004: 36).

뉴스 통역가는 통역분야에서의 높은 지위와 보수를 누리는 회의 통역가와는 다르게 인식된다(Gile, 2004: 11). 둘 다 국제기관에서 일하고 국제적인 정보를 순환할 수 있게 하는 인프라로 중요한 역할을 하고 있지만, 뉴스 통역가는 지역에 국한된 인적 자원의 일부인 반면, 회의 통역가나 국제 기자는 세계를 활동무대로 하는 글로벌 핵심 구성원에 속한다. 그러나 일반적으로 경시되고 있는 뉴스 통역가는 실제로 매우 중요한 역할을 한다. 그들은 국제기자를 위한 일종의 필터 역할을 수행하기 때문이다. 예를 들어 중국과 같은 몇몇 국가들은 글로벌 에이전시가 해당 언어를 알지 못하는 특파원에 의존한다는 점을 인식하고, 국제 뉴스 시장에 도달하는 정보 통제의 수단으로서 지역 통역가를 이용하기도 했다. 뿐만 아니라, 뉴스 통역가의 낮은 지위는 이 작업을 수행하는데 필요한 다양한 능력과도 대조를 이룬다. 앞서 언급한 글에서 골드샤이더Eric Goldscheider는 《뉴욕타임즈New York Times》외국어 편집차장의 다음과 같은 말을 인용했다. '번역은 훌륭한 기자의 자질인 배경지식, 잠재적 흥밋거리를 가려낼 수 있는 능력, 스토리를 추구하는 열정 등을 갖추어야 하는 좋은 통역가의 척도 중 하나이다.' 단순히 언어뿐 아니라 문화전달의 임무를 수행하는 현지 통역가들은 때로는 생명의 위험까지 무릅쓰며 그들이 없었다면 글로벌 뉴스 에이전시가 결코 접근할 수 없었을 현실에 대한 접근을 제공해 주고 있다.

일반적으로 그림자와 같은 존재인 뉴스 통역가의 중요성과 그들의 국제 뉴스 보급에 있어서 중추적인 역할은 AFP의 역사에 대해 장 위토Jean Huteau와 버나드 울만Bernard Ullmann이 소개했던 아래의 일화에도 나타난다.

9 septembre. La radio chinoise prévient qu'une 'importante annonce' sera faite à 16 heures. Dans le bureau de l'AFP, au huitième étage, à Qi Jia Yuan, autour du Grundig et du magnétophone, Biannic et les deux interprètes attendent.

Le correspondent de l'AFP a tenté de préparer M. Yuan, qui sait le français:

- Je ne voudrais pas m'avancer, mais je pense qu'il pourrait s'agir de la mort de votre grand dirigeant, le président Mao Tsé-toung.

- Oh non! C'est impossible!

- J'espère que non. Mais je le crains fort.

Alain Bouc, correspondant du *Monde*, passe par là, et Georges Biannic l'invite à rester à l'écoute de la radio.

A 4 heures de l'après-midi, le speaker entonne une longue litanie: 'Le Bureau politique, le Comité central, le Parti, le Conseil d'État, le Comité permanent de l'assemblée populaire nationale, les membres de l'Assemblée ⋯⋯ '

Le temps s'arrête. La liste est interminable. La femme de ménage est entrée et se fige. Biannic jette un coup d'oeil au télétype de l'agence Chine nouvelle. Il diffuse aussi la liste. Lentement.

M. Yuan commence à comprendre et pâlit. Quand le mot fatal, dans le style noble qui convient à la mort d'un haut personnage, *shishi...* (a trépassé), est prononcé, il éclate en sanglots, de même que l'autre interprète et la femme de ménage. Au sein du concert de lamentations, Georges Biannic s'énerve: 'C'est bien ça? Mao est mort?'

L'interprète est incapable d'articuler un mot. Les secondes passent. Le scoop ne sera pas signé Biannic.

A l'AFP-Hong Kong, on ne pleure pas. Un rédacteur, David Lan, qui écoute aussi la radio, tape: 'Mao dead' en un temps record. L'AFP est la première, de peu, car toutes les agences étaient prévenues, mais c'est le fac-similé de sa dépêche que le South China Morning Post reproduit, le lendemain, en première page.

(1992: 367-68)

(지난 9월 9일, 중국의 라디오 방송국은 오후 4시경 '중대 발표'가 있을 것으로 예상했다. AFP의 8층, 위엔의 사무실 송신기와 녹음기 옆에는 비아닉

과 위엔, 두 명의 통역가가 대기하고 있었다.

　AFP 특파원은 프랑스어를 말할 수 있는 위엔에게 다음과 같이 현 상황을 귀띔해주고 있었다.

　- 이런 일이 일어나지 않기를 간절히 바랐지만, 당신 나라의 위대한 지도자 마오쩌둥이 승하하신 소식 일 거예요.

　- 이럴 수가! 말도 안 돼요!

　- 저도 아니길 바라지만, 유감스럽게도 사실입니다.

　《르 몽드*Le Monde*》의 특파원인 알랭 부끄가 마침 사무실에 들렀고 비아닉은 함께 라디오를 듣자고 했다.

　오후 4시가 되자, 스피커에서는 장황한 서두가 시작되었다. '정치국, 중앙 위원회, 당, 국무원, 전국 인민 상임위원회, 회의임원…'

　시간이 멈췄다. 리스트는 끊임없이 흘러나왔다. 청소부가 사무실로 들어오자마자 얼어붙었다. 비아닉은 《신화통신*New China*》의 통신문을 슬쩍 보았다. 마찬가지로 리스트가 천천히 인쇄되고 있었다.

　위엔은 상황을 이해하고, 새파랗게 질렸다. 중요한 인물의 죽음을 알리는 *shishi*(逝世)라는 치명적인 단어가 우아하게 말해졌을 때, 그는 울음을 터뜨렸고 다른 통역가와 청소부 역시 마찬가지였다. 비통한 눈물바다 속에서 비아닉은 초조해하며 물었다. '그거야? 마오쩌둥이 죽었다는 내용?'

　통역가는 한마디의 말도 할 수 없었다. 몇 초가 흘렀다. 비아닉은 그 특종을 전달할 방법이 없었다.

　그러나 AFP홍콩 지사에서는 그 누구도 울지 않았다. 라디오에 귀를 기울이고 있던 편집자 데이비드 란은 즉시 '마오쩌둥이 죽었다'라는 전문을 보냈다. 모든 언론사가 통보를 받았기 때문에 큰 차이가 나지는 않았지만, AFP가 가장 먼저 이 특종을 전할 수도 있었다. 그러나 다음 날 신문 1면을 장식한 것은 《홍콩신문*South China Morning Post*》의 긴급 전보였다.

위 일화에서 번역은 결정적인 몇 초 동안 뉴스속보의 보급을 지연시켰고, 중국 주재 AFP 특파원이 중요한 최신정보를 놓친 원인이기도 했다.[22] 그러나 일반적으로 뉴스 에이전시에서 번역의 역할은 정보의 세계적 순환을 막는 것이 아니라 원활하게 하는 것이며 번역 그 자체는 불가시성과 즉시성에 도달했다고 볼 수 있다. 번역의 불가시성과 즉시성은 또한 세계의 정보가 끊임없이 증가하고 있는 현시대의 상황에서 번역 앞에 놓여있는 새로운 요구이기도 하다.

뉴스 번역의 본질

지금까지 번역연구에서 거의 다루지 않았던 주제인 뉴스 번역은 그 접근법에 관한 연구 또한 부족하다. 더욱이 이 분야의 최근 논문들은 대부분 노련한 뉴스 번역가들의 관점에서 본 기술적인 설명 위주다(García Suárez, 2005; Hursti, 2001; Tsai, 2005; Vidal, 2005). 이 논문들은 여러 뉴스 기관에서의 번역 관행과 뉴스 번역가들이 마주치는 어려움 및 일반적인 업무에 대해 소중한 경험적 설명을 제공해주고 있지만, 이들 기관에 존재하는 관행이 어떤 이론적 의미를 내포하고 있는지, 그리고 뉴스 번역을 지배하는 일반적인 규칙은 무엇인지에 대한 체계적인 탐구는 여전히 연구과제로 남아있다. 본 절에서는 뉴스 번역의 과정에 포함된 주요 작업의 개요를 알아보고, 이 관행을 설명하기 위해 제안된 핵심개념을 검토할 것이다. 뿐만 아니라 뉴스 번역에서 문제시되는 등가와 원저자 개념 등 번역학에서 중심이 되는 이슈들을 비판적으로 논의해 보고자 한다.

뉴스 번역의 주요 목적은 독자에게 빠르고 명확하게 정보를 전달하는 것이라고 할 수 있다. 시간, 공간 및 장르와 연관된 언론적 요소들은 언어 변이의 과정에 포함되는 언어·문화적 요소만큼이나 중요하다. 언론적 요소가 가미된 뉴스 번역은 다른 형태의 번역과 구분되는 다음과 같은 주요 특징을 가진다.

1. 뉴스 번역의 주요 목적은 정보를 전달하는 것이다.
2. 뉴스 번역가는 대중을 위해 번역한다. 따라서 명확하고 직접적인 언어를 사용해야 한다.
3. 뉴스 번역가는 특정 지역·시대·문화적 상황을 위해 번역한다. 이 작업은 자신이 속한 매체에 의해 영향을 받기도 한다.
4. 뉴스 번역가는 시간과 공간이라는 제약 속에서 작업해야 한다.
5. 일반적으로 뉴스 번역가는 '역번역가backtranslator'이자 교정자의 역할을 한다.

(Hernández Guerrero, 2005b: 157-58에서 Maria Josefina Tapia를 인용)

위의 특징 외에도 뉴스 번역가는 스포츠에서부터 경제에 이르기까지 다양한 주제를 두루 번역하기 위한 해박한 지식도 필요하다. 이렇게 다양한 주제들은 언론이라는 매체 그 자체와 언론분야 특유의 장르와 문체 규범에 의해 연결된다.

뉴스를 번역할 때, 기자는 자신이 속한 매체의 규칙과 관행에 따라 새로운 맥락에 적합하게 텍스트를 다시 써야 한다. 그러므로 뉴스 번역은 원천 텍스트에 상당한 변화를 주며 다소 다른 내용의 목표 텍스트를 만들어내기도 한다. 반면, 뉴스 번역 과정은 뉴스 편집 과정과 크게 다르지 않다. 둘 다 출판을 위해 뉴스 기사를 점검, 수정 및 변형 후 윤색의 단계를 거친다. 이런 맥락에서 캐런 스테팅Karen Stetting은 '편집과 번역의 회색 지대를 지칭할 새로운 용어'로 '편집번역transediting'이라는 개념을 제안했다(1989: 371). 그는 문화적이고 상황적인 변이를 통합하고, 형편없는 글은 '제거clean up'해야만 하는 번역가의 임무에는 상당한 양의 편집이 포함된다는 사실을 주목한다. 또한, 최종 수용자의 필요를 충족시키기 위해서 영화나 TV 번역, TV 인터뷰, 신문기사, 회사와 단체의 홍보 책자와 같은 특정 유형의 번역에서는 편집번역이 널리 실행되고 있다는 사실을 지적한다. 본고에서는 뉴스 번역의 또 다른 형태로 인식될 수 있는 다소 인위적인 '편집번역'이라는 용어를 채택하는 대신, 편집과 번역 사이의 특별한 조합을 나타내고, 구체적으로는 언론분야에서 번역이 뉴스 생산의 한 부분임을 명확히 하기 위해서, '뉴스 번역news translation'이라는 용어를 사용하기로 한다.[23]

뉴스 번역가에게 요구되는 텍스트 개입의 유형을 구체적으로 설명하기 위해서 원천 텍스트가 번역과정에서 가장 빈번히 수정되는 항목을 자세히 살펴볼 필요가 있다.

- 제목 및 리드* 바꾸기: 제목과 정보성 부제(副題)에 해당하는 리드는 목표 독자나 해당 매체의 필요에 따라 새로운 것으로 대체한다.
- 불필요한 정보 삭제: 목표 독자에게 이미 잘 알려졌거나, 지리적·문화적으로 너무 멀리 떨어진 지역의 상황에 대해 지나치게 상세하고 구체적인 정보는 삭제한다.
- 중요한 배경지식 첨가: 목표 독자가 달라짐으로써, 새로운 맥락에서 독자의 이해를 돕기 위해 부가적인 배경지식을 첨가하는 것은 필수적이다.
- 문단 순서 바꾸기: 새로운 맥락에서 정보 관련성과 해당 매체에서 사용하는 고유의 문체에 따라 문단의 순서를 바꾸기도 한다.
- 정보 요약: 원천 텍스트를 허용된 지면에 넣거나 목표 독자들에게는 관련이 없는 긴 기사를 줄이기 위해 사용한다.

---

* 역주−리드(lead): 신문의 기사, 논설 따위에서 본문의 맨 앞에 그 요지를 추려서 쓴 짧은 문장.

위와 같은 항목들은 뉴스 관련성과 목표 독자의 배경지식이라는 두 가지 기준에 따라 정당화된다. 원천 텍스트에 대한 이와 같은 종류의 개입을 통해 얻을 수 있는 효과는 번역된 텍스트가 해당 매체나 목표 독자의 필요에 적합하도록 쓰인 하나의 새로운 원문으로 보이게 할 수 있다는 것이다. 마리아 게레로María José Hernández Guerrero가 언급한 바와 같이, 뉴스 번역 과정의 결과물은 다른 언어의 텍스트적 전통에 따라 해당 언어의 대중에게 '뉴스'로 기능하기 위해 창조된 새로운 텍스트이다(2005: 130-31).

앞서 뉴스 번역가는 재창조자이자 작가라고 말한 바 있다. 분명한 점은 뉴스 번역에서 요구하는 원천 텍스트에 대한 개입은 원저자와 원천 텍스트에 대한 번역가의 전통적인 입장을 변형시킨다는 것이다. 번역가의 역사·문화·사회적 의존, 즉 문화 분야에서 그들의 종속적인 지위는 '번역의뢰인에 대한, 대중에 대한, 텍스트에 대한, 언어 그 자체에 대한'(Simeoni, 1998: 11-12) 뿌리 깊은 복종의 관점에서 이론화되어 왔다. 스테팅은 '편집번역가'의 개입주의적인 역할에 관해 다음과 같이 지적했다. '목표 텍스트가 원천 텍스트의 의도를 되살리면서 새롭고 더 나은 형태를 갖추기 위해 번역가가 책임감 있는 "산파"의 역할을 하려 한다면 그 번역가는 "편집번역가"인 셈이다'(1989: 376). 원저자와 비교해서 전통적으로 부차적인 입지를 부여받는 것에 대해 도전하는 편집번역가는 '자신의 작업이 더 독립적이고 원저자와 대등한 위치에 놓일 때 더 보람을 느낄 것이다'(1989: 377).[24]

여기서 우리가 다루고 있는 뉴스 번역은 기자가 하는 역할에 한정하기로 한다. 뉴스 기사 원문을 쓰는 기자들은 대부분 이를 다시 번역하는 사람이다. 게다가 동일인이 기사 원문의 작성과 번역을 별개로 나누지 않고 함께 작업하는 경우, 번역은 본질적으로 다른 뉴스 생산 작업과 구분되지 않는다. 기자들은 번역을 텍스트 편집의 일부로 보기 때문에 뉴스 번역가로서 자신들의 역할에 대한 질문을 받았을 때 처음에는 당황하는 경향을 보였다. 기자들은 연구자가 질문할 때만 번역의 특수한 성격이나 자신들의 일상에서, 더 구체적으로는 뉴스 생산에서 번역이 맡는 중요한 역할에 대해 생각했다.

기사를 쓰는 기자가 그것을 번역하는 기자와 첨예하게 다른 지위를 가지는 것은 아니다. 또한, 원천 텍스트가 목표 텍스트에서 존중받아야만 하는 본질을 가지고 있는 것도 아니다. 이것은 번역가에게 개입주의적 역할을 채택할 수 있도록 허락하면서 기사원문의 형태나 내용이 번역의 과정에서 보존되어야 함을 요구하지 않기 때문이다. 원천 텍스트의 신성함이 반영된 원저자성의 핵심적 중요성은 문학 분야의 산물일 뿐, 완전히 다른 성격을 가진 언론 분야에서는 이에 부합하는 개념이 없다. 문학 번역가와는 달리 뉴스 번역가는 원천 텍스트에 존경이나 충실성을 부여하지 않으며, 한 사건에 대한 정보를 간결하고 명확한 방식으로 제공하려는 주목적을 성취하기 위해 원문 기사와 매우 다르게 구성할 수 있다.

파블로 수아레즈Pablo García Suárez에 따르면, 뉴스 번역가의 주요 관심사 중 하나는 원천 텍스트에 대한 충실성보다는 객관성의 문제이다.

> en el caso de un traductor de textos periodísticos, y en concreto de un traductor que trabaja en el seno de una agencia de noticias, lo que resulta en cambio característico es que la fidelidad al texto original está subordinada a la fidelidad a los hechos relatados, lo cual permite en ocasiones, y siempre que exista una clara justificación, introducir alteraciones en el sentido, intolerables para un traductor especializado en otros campos; es decir, le obliga a simultanear su labor traductora con la labor de redactor periodístico.
>
> (2005: 175-76)

(뉴스 번역가, 특히 뉴스 에이전시에서 일하는 번역가의 특징은 원천 텍스트에 대한 충실성을 기사 내용에 대한 충실성보다 하위 범주에 놓는다는 점이다. 뉴스 번역은 명백한 정당성이 있는 경우 의미의 수정까지 허용할 수 있는데, 이것은 다른 분야의 번역가에게는 결코 주어지지 않는 권한이다. 이와 같은 상황은 번역가가 자신의 번역 업무를 언론 편집자의 업무와 결부시키게 한다.)

객관성과 에이전시 뉴스의 독특한 문체에 대해서는 다음 절에서 다루고자 한다. 그러나 뉴스 번역가가 충실성을 지켜야 하는 대상이 누구인지 혹은 무엇인지와 같은 의문은 뉴스 번역의 본질 및 일반 번역과의 차이점을 숙고하게 하는 핵심적인 질문이다. 이 질문은 궁극적으로 등가의 개념으로 회귀하도록 이끈다. 등가의 개념은 매우 논쟁적이고 미심쩍은 부분이 있음에도 불구하고 계속 번역연구의 중심에 위치해 왔다. 그것은 등가의 개념이 번역을 어떻게 인식해야 할지에 관해 정의하고 있기 때문인지도 모른다. 역동적 혹은 소통적 등가이론에서 핵심 개념은 동일성보다는 '동등한 효과'이다. 이 이론은 단어 대(對) 단어 번역의 개념과 일맥상통하는 등가의 초기 개념에 의문을 제기하고 이를 더 확장한 것이다. 그럼에도 불구하고, 나이다Eugene Nida의 역동적 등가처럼 포괄적이고 일부에서 주장하듯이 유동적인 개념도 뉴스 번역에 적용하면 근본적인 문제점이 발생한다.

스테팅은 등가가 매우 문화적이거나 문학적인 텍스트의 번역에서는 주요 관심사인 반면, 경제자료, 서신, 광고 및 언론 텍스트와 같이 실용적이고 일상적인 텍스트는 번역가의 '개입'에 대해 좀 더 열린 입장임을 지적하면서 이미 이 문제를 제기했다(1989: 375).

결정적으로 앤서니 핌Anthony Pym은 다음과 같이 주장한 바 있다.

현재 번역되고 있는 막대한 양의 저자성이 약한 자료는 숙련된 중재자들의 전문작업에 상당한 변화를 일으켰다. 이들은 글을 요약하거나 수정하고 언어 자문 서비스를 제공하며 새로운 독자에게 알맞은 새로운 텍스트를 생산하고, 기계번역물의 사후 편집이나 언어 서비스를 관리한다. 이와 같은 분야에서 자연언어 기호열의 통제된 대체는 효율성과 적시성보다 하위에 놓인다. **그러므로 번역은 등가에 의한 제약 없이 새로운 목적을 수행하기 위해 고안된 새로운 텍스트로 평가받아야 한다.**

(2004: 55, 강조는 필자)

핌의 분석은 현지화 즉 로컬라이제이션 산업에 대한 것으로, 그의 주장은 현지화된 텍스트가 이전의 텍스트를 표현하는 것이 아니라 끊임없는 자료 배포과정의 일부라는 것이다(2004: 5). 이 주장은 뉴스의 번역, 즉 뉴스의 로컬라이제이션에도 유사하게 적용될 수 있다.

예를 들어, 번역 과정에서 뉴스의 관점이 바뀌게 되면 동등한 효과는 보존되지 못한다. 새로운 관점이 목표문화의 배경지식과 관련성에 관한 기준을 충족하기만 한다면 이와 같은 관점의 변화는 언론에서는 지극히 일반적인 현상이다. 마리아 게레로는 이와 같은 관점 변화의 예시로《리베라시옹 *libération*》에 실렸던 프랑스중앙은행의 지사 중 일부를 폐쇄하는 것에 대한 프랑스어 원문 기사와 스페인어 번역문에 관한 자신의 연구를 보여준다. 제목과 헤드라인 바꾸기, 정보의 추가 및 삭제와 같은 수많은 차이점에 대해 말하면서, 게레로는 다음과 같은 결론을 내린다. 'la función del original y traducción es la misma: informar, pero lo hacen desde una perspectiva distinta; mientras el original profundiza más en la postura de los sindicatos franceses, la traducción española abunda más en la explicación del porqué de las medidas adoptadas en Francia'(2005: 100)('원문과 번역문의 기능은 동일하다. 그것은 바로 정보 전달이다. 하지만 기사의 작성과 번역은 다른 관점에서 행해진다. 원문이 프랑스 노동조합의 입장을 더욱 심도 있게 다루고 있는 반면, 스페인어 번역문은 프랑스에서 취해진 조치에 대한 이유를 설명하는 것에 초점을 맞추고 있다'). 뉴스의 관점 변화는 다른 기관으로부터 제공받은 기사 번역에서만 일어나는 것이 아니라, 뉴스 에이전시의 경우에는 동일한 기관 내에서도 빈번히 발생한다. 특히 각기 다른 원천 텍스트를 재작업하거나 요약해서 단일 목표 텍스트 안에 혼합해 넣는 경우도 많다.

등가의 개념에서 볼 때, 위에 언급된 사례는 번역이라고 할 수 없다. 그러나 스페인 대중에게 스페인어 번역이 뉴스로서 기능하며 성공할 수 있었던 요인은 다름 아닌 시각의 변화였다. 다시 말해서, 프랑스 중앙은행 지사의 폐쇄가 갖는 의미는 스페인과 프랑스에서 같지 않다. 그러므로 스페인어 번역기사가 뉴스로서 효율성을 가질 수 있었던 이유는 원문과 동등한 효과를 달성해서가 아니라, 언어·문화·지리적 경계를 넘어서 효율적으로 소통하며 새로운 독자에게 정확히 그들이 알 필요가 있는 정보를 알려주었기 때문이다.

에이전시 뉴스의 번역

뉴스 에이전시는 국제 뉴스 보급에 핵심적 역할을 한다. 앞서 살펴본 바와 같이, 번역은 뉴스 에이전시의 생산량 중 상당한 부분을 차지하고 있으며, 다양한 언어를 사용하는 각기 다른 뉴스 시장에 있는 고객, 즉 가입단체들이 뉴스를 이용할 수 있도록 한다. 그러므로 양적인 관점에서 보았을 때, 뉴스 에이전시에서의 번역은 매우 중요하다. 번역이 중요한 또 다른 이유는, 새로운 현실에 접근하고 이를 설명해주는 것이 대부분 뉴스 에이전시의 몫이기 때문이다. 이 과정에서 뉴스 에이전시는 새로운 현실을 다루는 방식을 창조하고, 현실을 묘사하기 위한 새로운 용어를 소개함으로써 다른 뉴스 기관들에게 확고한 영향력을 행사한다. 가르시아 수아레즈García Suárez는 번역의 중요성을 다음과 같이 표현했다.

> Las agencias de noticias pueden considerarse la 'primera línea de combate' en la traducción de términos que designan realidades nuevas. Su carácter de fuente de la prensa escrita, radio y televisión, hace que el redactor de una agencia, y sobre todo el traductor de sus noticias, sea casi el primero en tener que resolver los problemas asociados a la asimilación de realidades nuevas por una determinada cultura. Por lo tanto su responsabilidad es grande, ya que los nuevos términos pasarán de las agencias de noticias a la prensa, y de ella a menudo tomarán las soluciones aportadas los traductores técnicos······
>
> (García Suárez, 2005: 187)

(뉴스 에이전시는 새로운 현실을 가리키는 용어를 번역함에 있어서 '최전방'에 있다. 신문, 라디오, 텔레비전 등의 보도에 원천 자료로써 활용되기 때문에, 뉴스 에이전시 편집자와 특히 뉴스 번역가는 특정 문화에서의 새로운 현실을 가장 먼저 이해하고 전달해야만 하는 인물이다. 그러므로 이들의 역할은 매우 중요하다. 왜냐하면 이들이 만든 새로운 용어가 뉴스 에이전시에서 각 언론으로 전달되고, 전문 번역가들은 종종 뉴스 번역가들이 채택한 용어를 사용하기 때문에…)

뉴스 번역과정의 일반적인 특징은 앞 절에서 설명한 바 있다. 본 절에서는 뉴스 에이전시에서의 번역과정에 좀 더 집중하여 에이전시 업무의 핵심적인 면과 에이전시 뉴스의 특징을 설명하고 어떻게 이들이 번역과 관련된 문제들을 다루고 있는지를 자세히 살펴보기로 한다. 앞서 언급한 바와 같이, 번역은 뉴스 생산에 포함된 다른 작업이나 관행들과 분리되어 있지 않다. 뉴스 에이전시의 번역 관행을 알아보기 위해서는 뉴스 생산의 주요 과정을 보다 포괄적으로 검토해볼 필요가 있다.

언론 텍스트는 크게 정보, 해설, 논설의 세 가지 장르로 나눌 수 있다. 정보 장르는 전형적인 뉴스 기사로 사건에 대한 사실적인 묘사를 포함하고, 해설 장르는 르포처럼 기자가 정보를 선택하고, 해석하며, 서술한다. 논설 장르는 사설이나 칼럼 형태로, 주로 기자보다는 원저자 고유의 문체가 많다. 각기 다른 언론 텍스트 장르는 특징적인 번역규칙과 전략을 생성해낸다. 저자 개인의 문체가 최소화되는 정보 장르는 전형적으로 원천 텍스트에 대한 개입과 수정을 최대한 허용하는 반면, 문학적 번역에 가까운 논설 장르의 번역은 수정을 최소화하여 원저자의 문체와 일치시킨다. 뉴스 에이전시는 대부분 주관적인 논평이 배제된 명백한 사실의 서술인 정보 장르의 텍스트를 생산한다.

에이전시 뉴스의 생산을 통제하는 데는 두 가지 기본적인 원칙이 있다. 바로 속도와 중요도이다. 뉴스 에이전시는 어떤 상황이 발생했을 때, 사건의 중요도와 그 사건의 진행상황을 알려주는 자신들만의 방식을 고안해냈다. 이것은 글로벌 에이전시가 다루고 있는 엄청난 양의 사건을 고려할 때 당연한 것으로, 뉴스 에이전시가 뉴스를 전달할 때 고객사가 자신들에게 중요한 정보인지 아닌지를 즉각적으로 분별해 낼 수 있게 해야 한다는 요구조건을 충족시키기 위한 것이다. 전형적으로 우선순위에 분류된 사건은 짧게 몇 개의 단어로 먼저 발표하고, 보다 긴 정보성 글이 그 뒤를 따른다. 경계경보나 임시특보와 같은 제1순위 기삿거리와, 긴급뉴스 같은 제2순위 정보에 대한 기사를 쓰는 데는 일반적으로 10분 이상 걸려서는 안 된다는 엄격한 시간제한이 있고, 차후에 업데이트의 형식으로 새로운 전개상황이나 정황, 해설, 배경지식이 첨가된다. 업데이트는 매번 번호가 매겨지고 사건의 경과를 보도해주는 새로운 내용이 정기적으로 대체된다. 이러한 업데이트는 모두 하나의 완전한 스토리를 포함한 뉴스 사건의 사실적인 묘사로 구성되며, 작성 즉시 신문에 실을 수 있어야 한다. 글자 수 제한은 매우 엄격해서 제1순위 정보의 경우에는 몇 글자로 시작하고 일반적인 업데이트는 400에서 600단어로 제한된다.

속도와 중요도의 기본원칙에 충실한 에이전시 작업의 기본 도구는 역(逆)피라미드 방식이다. 이것은 필수정보가 가장 먼저 나오고, 배경지식과 2차 정보를 포함한 후속 문단이 차후 전개될 수 있도록 스토리 요소의 중요도가 점점 줄어드는 순서로 글을 쓰는 방식이다. 에이전시 전송문은 이와 같은 방식으로 쓰고 이 전송문을 받는 가입단체는 기사의 내용을 바꿀 필요 없이 아래에서부터 위로 상향식으로 나누어 사용할 수 있다. 이러한 역피라미드 방식을 사용하면 가장 관련성 있는 정보를 빠르게 이해할 수 있을 뿐만 아니라 가입단체가 자신에게 적합하게 수정하여 사용하기도 쉽다.

엄격한 규칙은 문체에도 적용된다. 문체는 항상 간략하고 명확해야 한다. 간결함은 정보 콘텐츠를 극대화하기 위한 수단이다. 문장과 문단은 짧고 경제적이어야 하며, 수동보다는 능동의 동사를 사용하고 형용사는 가급적 줄여야 한다. 이러한 문체 규칙은 뉴스를 다른 전체의 미디어에 팔 수 있는 시장성 있는 상품이라고 인식하고, 객관성과 중립성을 중요시하는 에이전시의 전통적 가치와도 일맥상통한다. 이는 또한, 번역의 기준을 균일하게 하고 번역가의 창의성을 엄격한 규범 속에 종속시킴으로써 번역에 결정적인 영향력을 행사하며 동시에 번역을 쉽게 만들어준다. 게다가, 뉴스 에이전시는 번역 과정에 영향을 미치는 모든 종류의 언어와 보도국에 적용되는 구조, 분류상의 관습, 표현 기준을 통일시켰다.[25] 요약하자면, 원저자와 번역가의 개인적인 문체는 각 단체의 문체규정집에 수록된 통일된 문체를 위해 희생하거나 중립화해야 한다(García Suárez, 2005: 177; Hernández Guerrero, 2005b: 159).

위에서 논의한 바와 같이, 뉴스 번역가가 원저자에게 문학 번역가와 같은 충실성을 보여주지 않는 이유는 언론 분야에서 원저자의 지위와 역할이 문학 분야와는 기본적으로 다르기 때문이다. 대부분 뉴스기관에서는 하나의 기사를 생산하기 위해 몇 명의 기자가 필요하고 항상 편집자의 최종점검이 있어야 한다. 그러므로 원저자는 한 명의 개인이 아니며, 이 사실은 특정 정보 보도의 잠재적인 법적 관계 뿐 아니라 뉴스 기관의 규범을 올바로 적용하기 위한 필요성과도 관계가 있다. 뉴스 에이전시에서는 이 집합적 원저자성의 원칙이 한층 강조되어서 '하나의 기사에 손을 댔던 모두가 그 내용에 책임이 있고 책임을 져야 한다'(*A Handbook of Reuters Journalism*, p. 61). 기사를 유포하기 위해서는 자료출처, 정확성 및 배경지식을 의미하는 콘텐츠와 문체를 공동 책임지는 편집자가 반드시 사전확인을 해야 한다. 이것은 번역된 기사에도 똑같이 적용되는 규칙으로 반드시 편집자의 확인을 거쳐야 한다. 이와 같은 집합적 원저자성의 원칙은 모든 에이전시 뉴스 기사의 끝에 나타나는 여러 개의 서명에도 반영되어 있다. 여기에 포함되는 서명으로는 기사를 쓴 기자와 편집기자의 이니셜, 그 기사의 번역가와 번역 기사를 검토한 편집기자의 이니셜 등이 있다.

에이전시 문체 매뉴얼은 뉴스 생산에서 가장 중요한 작업을 구체화하고 규제하는 유용한 규칙이다. 이 매뉴얼은 자료조사, 정보제공, 초안 작성 등의 기자업무와 언론의 가치관과 뉴스 구조 및 문체뿐만 아니라, 올바른 언어의 사용에 대한 많은 설명도 포함한다. 또한, 때로는 스포츠와 같이 매우 특화된 장르와 잠재적으로 문제가 될 만한 단어들을 다루는 가이드 역할을 하기도 한다. 에이전시 매뉴얼은 뉴스 번역에 하나의 장을 할애하지는 않고 단지 번역에 대한 몇 가지 구체적인 언급만 하고 있다.[26] 그러나 이것은 뉴스 에이전시가 번역을 부차적인 것으로 여긴다는 뜻이 아니라, 오히려 번역이 뉴스 생산의 다른 과정과 얼마나 융합되어 있는지를 보여주는 표시이다. *AFP's Manual of the Spanish Service*는 번역을 보도국의 주요 업무 중 하나로 밝히고 있다. '번역은 뉴스 생산에서 두 번째로 중요한 위치를 차지한다. 텍스트 선택 및 송신 다음으로 중요한 작업이다'(p. 71). *Reuter's Handbook*은 이런 종류의 언급을 생략하고 번역이 보도국의 기능 중 하나라는 말조차 하지 않는다.[27] 그러나 번역이 뉴스 생산에서 차지하는 중심적인 위치는 뉴스 기사를 어떻게 작성해야 하는지에 관한 다음의 언급에서 명백하게 나타난다. '뉴스속보의 기준은 로이터 매뉴얼의 핵심적 역할을 한다. 빠르고 명확하게, 그리고 간략하게 적어라. 무슨 일이 일어났는지, 왜 우리가 그것을 보도하고 있는지를 **번역하기 쉬운 말로 하라**'(p. 56, 강조는 필자).

　뉴스 에이전시 번역은 속도, 명확성 및 문체에 관해서 위의 일반적인 보도 및 글쓰기 규칙을 따른다. 전반적으로 에이전시 매뉴얼은 뉴스 번역을 분리해서 다루고 있지는 않지만[28] 명백히 번역을 포함하고 있는 특정 경우나 상황을 규제한다. 뿐만 아니라 이 규칙들은 다른 기관에서도 유사한 경향을 보인다. 우선, 번역은 어떤 상황에서도 주요정보의 보도를 지연시켜서는 안 된다. 뉴스 보도를 미리 준비할 수 있는 상황에서는 더욱 그렇다. 개막식처럼 예상되거나 예정된 사건에 관한 기사를 미리 써 놓을 때, 기자는 뉴스를 번역하는 데 필요한 시간을 고려해서 써야 한다(AFP, p. 37). 마찬가지로, 공식적으로 지정된 보도시간까지 전송하거나 보도할 수 없는 자료를 다른 언어로 미리 번역해 놓기 위해 해당 보도국으로 전송해야 하는 경우도 있다. 로이터의 영상물 전송이 인용어구의 번역이나 필사 때문에 지체되어서는 안 된다. 이런 경우, 가입단체에 영상물을 먼저 전송하고, 번역과 필사가 완료된 후 전체 대본을 전송한다(로이터, p. 98).

뉴스 에이전시의 특성은 직접적인 자료의 출처를 중요시한다는 점이다. 뉴스 에이전시는 가능할 때마다 다시쓰기 대신 원본 자료를 그대로 인용한다. 이러한 인용문의 번역에는 특별한 주의가 필요하며, 보도국은 원본이 다른 언어일지라도 기자나 프로듀서에게 인용 원본을 수집하도록 요구한다(AFP, p. 69). *Reuter's Handbook*(p. 11)은 인용문의 번역에 대한 구체적인 지침을 내리고 있다.

> 인용문을 다른 언어로 번역할 때는 현학적이고 원문에 충실한 형태보다는 관용어법에 맞는 방식으로 써야 한다. 주의해야 할 점은 번역문의 어투가 원문의 어투와 같아야 한다는 것이다. 신문에서 인용구를 번역할 때는 원문의 언어로 역번역을 통해 다시 한 번 확인하라. 만약 프랑스 정치인이 미국 신문사와 인터뷰를 한다면, 프랑스어로의 역번역은 매우 다른 내용으로 나타날 것이다. 그럴 때에는 인용을 줄이고 간접화법을 더 많이 쓰는 것이 좋다.

공식적인 성명서나 문서의 번역 또한 뉴스 에이전시에서 제공하는 중요한 서비스이다. 이런 경우, 원문의 언어와 번역의 출처를 밝히는 것은 필수적이다(AFP, p. 34; 로이터, p. 58).

마지막으로 뉴스 에이전시 번역에서 사진이나 비디오와 같은 이미지를 다룰 때 영어지배현상에 대해 논하고자 한다. AFP는 사진이 촬영되고 처리되는 장소와 관계없이 영어로 캡션을 작성해야 한다는 새로운 정책을 현재 시행 중이다. 로이터의 영상 뉴스는 영어 대본과 함께 제공되는데, 모든 인용어구의 번역을 영어로 해야 하고, 독일 시장으로 내보내는 것만 독일어 서비스를 제공하고 있다. 영상뉴스에 관해서만 보자면, 세계적으로 영어로의 단일화현상이 지배적이고, 번역은 뉴스 에이전시가 아니라 이를 제공받는 개별 뉴스 기관들에 의해서 이루어지고 있다.

결론

20세기 후반에 지구촌 사건의 보도 방식은 오늘날 우리에게 친숙한 글로벌 미디어의 등장을 낳았다. 뉴스 에이전시는 19세기부터 지구촌 사건을 빠르고 신뢰할 수 있는 방식으로 보도하는 것을 전문적으로 맡아왔고 이들의 팽창하는 인프라는 지구촌 뉴스에 대한 수요의 증가세를 보여 주었다. 전쟁에서부터 스포츠까지 다양한 주제의 보도에 대한 늘어나는 관심은 AFP가 올림픽 보도를 진행하는 과정에서도 잘 나타난다. 1948년 런던 올림픽에서 AFP는 단 네 명의 기자만을 파견했고 소수의 종목과 결과에 대해서만 보도하였다. 그러나 1956년 멜버른 올림픽에서 AFP는 전체 종목의 경기 결과와 인터뷰, 특집기사 및 특정 지역과 국가에 관한 기사를 포함해서 빠짐없이 보도했다. 런던 올림픽에는 59개국이 참가한 반면, 20년 후 멕시코 올림픽에는 115개국이 참가했고, 이때 AFP는 30명의 기자를 파견했다(Huteau and Ullmann, 1992: 272-73). 이것은 AFP가 스포츠 보도에 대한 서비스를 최상의 수준으로 올려놓으려는 노력의 결실이며, 특히 국제 스포츠 경기에서 확대되고 있는 미디어 영향력의 반영이었다. 비슷한 전개양상은 바티칸에서도 나타났다. 1958년 첫 보도 이후, 몇 년간 바티칸에 대한 미디어보도는 폭발적으로 증가했고, 바티칸은 교황 요한 바오로 2세와 함께 가톨릭 국가뿐 아니라 전 지구적인 영향력을 미치면서 더욱 굳건해졌다(Huteau and Ullmann, 1992: 364).

2001년에 발생한 9·11 테러는 하나의 사건을 전 세계 대중에게 실시간으로 전달하는 미디어의 영향력을 잘 보여 주었다. 이처럼 글로벌 미디어가 중요하다는 것은 부인할 수 없는 사실이다. 그러나 재앙, 테러 및 전쟁에 대한 강력한 텔레비전 영상이 쉴 새 없이 반복적으로 흘러나올 때조차도, 전 세계에서 똑같은 메시지가 동시에 이해 가능하리라고 생각해서는 안 된다. 지구촌 사건에 대한 대부분의 정보는 특정한 대중에게 알맞게 재단될 필요가 있다. 지구촌 뉴스가 지역 대중에게 적합하도록 구성되는 방법은 바로 번역에 의한 중재이다. 앞서 살펴본 바와 같이, 뉴스 번역에 대한 책임은 부분적으로 글로벌 뉴스 에이전시나 지속적인 정보를 전해주는 채널과 같은 글로벌 미디어 기관들에게 있다. 다른 경우에는 지역 미디어 기관들이 세계적으로 보도되고 있는 메시지를 변형하기도 한다. 글로벌 미디어와 지역 미디어 기관들은 우리가 똑같은 사건에 대해서 보고, 듣고, 읽을 수 있게 하려고 텍스트를 다시 쓰지만 실제로 우리는 같은 것을 접할 수 없고, 지구촌 사건에 대한 각 지역의 수많은 버전과 서술이 존재한다.

이 장의 첫 번째 결론이 글로벌 뉴스 보급에서 번역의 편재성과 지역 대중을 위한 텍스트 다시쓰기에서 번역의 핵심적 역할을 확인하고 강조하는 것이라면, 두 번째는 뉴스 텍스트에 나타나는 개입의 유형이다. 번역문학을 포함한 문학에 대한 비판적 논평(Venuti, 1995)이나 여행기(Cronin, 2000)에서처럼, 뉴스 생산에서도 번역의 역할은 불가시적이다. 더욱이 뉴스 번역은 이중적인 불가시성을 가진다. 이것은 글의 유창함에 가치를 두고 번역의 개입은 숨겨주는 자국화 전략을 채택해야 하는 필요 때문만이 아니라, 번역이 성공적으로 언론 속에 통합되어왔다는 사실 때문이기도 하다. 뉴스 번역은 뉴스생산을 규제하는 규범에 종속되고 더 일반적으로는 뉴스 생산을 위해 교육받고 이를 전문적으로 행하는 기자들이 갖춘 전문기술 범주에 속한다. 여행이나 이(異)문화 간의 소통에 종사하는 인류학자, 선교사, 관광업자, 번역가 같은 다른 중요한 사회 그룹과 마찬가지로, 기자들도 문화간 접촉지대에서 활동한다. 뉴스 번역가로서의 기자는 뉴스 텍스트가 다른 언어, 문화, 지리적 상황에 적합하도록 만들기 위해서 이를 다시 쓰는 중요한 임무를 수행한다. 게다가 이들의 역할과 개입의 유형은 역설적인 모습을 보여준다. 반면에 언론 텍스트의 정보·소통적 목적과, 단순한 어휘와 짧은 문장을 이용한 언어의 기능적 사용은 번역을 쉽게 만들고, 동시에 개인의 창의성과 독창성을 제한하는 매우 엄격한 규범적 상황 속에 번역을 종속시킨다. 한편, 기자는 번역을 통해서 원천 텍스트보다는 서술하고 있는 사건에 더욱 충실함으로써 중요한 방식으로 원천 텍스트를 변형시킨다. 텍스트 개입의 이러한 유형과 최근까지 무시되어 온 뉴스 번역의 이론화는 새롭고 흥미로운 방향으로 번역교육을 이끌어갈 것이다.

5

저널리즘과 번역
뉴스 에이전시의 관행, 전략, 가치관

제4장에서는 뉴스 번역의 본질과 그 중요성에 대해 논의하고 뉴스 번역을 뉴스 생산 과정에 성공적으로 통합한 주요 메커니즘을 분석해보았다. 본 장에서는 여러 뉴스 에이전시의 기존 관행을 살펴보고 구체적인 전략 및 가치관, 저널리스트들의 신념을 중심으로 뉴스 에이전시의 번역을 자세히 다루고자 한다.

제5장에서는 몬테비데오에 위치한 AFP와 IPS의 라틴 아메리카 지역 총괄국에서 2004년 6월에 2주간 수행했던 민족학 현장 관찰 연구를 기초로 하며, 이 기간에 각 지역국 소속의 저널리스트와 번역가를 인터뷰했다. 인터뷰 인원은 총 17명으로, IPS에서 라틴 아메리카 편집 위원장, 운영 위원,

번역가 겸 편집자 2명, 편집자 2명, AFP에서는 편집 위원장, 각 보도국 편집장, 그 외 편집자 9명이었다. 또한 AFP, IPS, 로이터 소속의 저널리스트들에게 몇 차례에 걸친 온라인 설문을 실시했다. 로이터의 경우, 2004년 5월에 런던 본사를 방문하여 설문조사를 시행하였다.

다음 절에서는 IPS와 AFP 소속의 저널리스트들과의 심층 면담을 통해 수집한 풍부한 자료를 바탕으로 뉴스 에이전시 지역 총괄국의 역할에 대해 논의하고, 현재 널리 쓰이는 번역 방침 및 대안이 되는 번역 방침을 제시하며, IPS와 AFP의 실제 번역 관행을 비교할 것이다.

뉴스 에이전시의 지역 총괄국: 지역과 세계 간의 중재

뉴스 에이전시는 뉴스를 작성하는 현지 사무소와 정보를 선별·번역·편집하는 지역 및 중앙 총괄국 간의 협력을 통해 매우 효율적으로 뉴스를 전 세계로 전파한다. 제3장에서 보았듯이, 지난 몇 십 년간 탈중심화를 향한 뉴스 에이전시의 진보적 경향은 오늘날의 지역 총괄국이 글로벌 본사로부터 어느 정도의 자율성을 보장받을 수 있는 결과를 낳았다. 뉴스는 현지에서 작성되어 해당 지역 총괄국으로 전송되고, 지역 총괄국 내 보도국에서 정보를 가공하여 뉴스 서비스로 내보낸다. 동시에, 지역 총괄국은 보도 지면을 편성하고 특정 기사를 의뢰하며 다양한 현지 사무소에서 보낸 결과물을 통합함으로써 현지 사무소들을 중재한다. 따라서 지역 총괄국만이 사건을 세계에 보도하는 일에 관여한다. 지역 총괄국에서 저널리스트들이 수행하는 업무는 현지 사무소의 저널리스트들이 하는 일과 상당히 다르다. 현지 사무소의 저널리스트들은 뉴스 기사 원본을 작성하지만 보도국의 편집자들은 다른 사람이 쓴 정보를 가공하는 업무만을 맡아, 다른 언어로 쓰인 기사를 편집하거나 번역하여 특정 뉴스 서비스로 제공하는 것이다. 그들이 특정 사건 취재를 의뢰받아 담당 지역 내에서 국외 출장을 가기도 하지만, 기본에 속하는 취재 업무를 수행하는 일은 좀처럼 없다.

런던에 본사를 둔 로이터는 세 개의 지역으로 편성되어 있다. 스위스 코롱 벨러리브에 지역 총괄국이 있는 유럽, 중동 및 아프리카 지역, 뉴욕에 지사가 있는 아메리카 지역, 싱가포르에 지역 총괄국이 있는 아시아/태평양 지역이다. 파리에 본사를 둔 AFP는 다섯 개의 지역으로 편성되어 있다. 워싱턴에 지역 총괄국을 둔 북미 지역, 몬테비데오에 지역 총괄국을 둔 라틴 아메리카 지역, 홍콩에 지역 총괄국을 둔 아시아/태평양 지역, 파리에 지역 총괄국을 둔 유럽/아프리카 지역, 니코시아에 지역 총괄국을 둔 중동 지역이다. 로마에 본사를 둔 IPS 역시 다섯 개의 지역으로 편성되어 있다. 요하네스버그에 지역 총괄국이 있는 아프리카 지역, 방콕에 지역 총괄국이 있는 아시아/태평양 지역, 베를린에 지역 총괄국이 있는 유럽/지중해 지역, 몬테비데오에 지역 총괄국이 있는 라틴 아메리카 지역, 그 외 북미와 카리브 해 지역이다. 지역 총괄국의 위치는 각 뉴스 에이전시의 역사뿐만 아니라 해당 지역 뉴스의 중요도를 반영한다. 그 예로 아프리카와 같은 지역은 뉴스의 중요도가 떨어져 IPS만이 지역 총괄국을 두고 있다.

IPS와 AFP의 라틴 아메리카 지역 총괄국이 위치해 있는 몬테비데오는 에이전시 저널리즘의 중심지이다. 그전까지 코스타리카에 위치해있던 IPS는 1994년 몬테비데오에 지역 총괄국을 설립했다. 몬테비데오는 세계 뉴스 번역의 중심이기도 하다. 전체 인구의 교육 수준이 높은 것에 비해 임금이 낮은 점을 지역 총괄국 설립의 주요 요인으로 꼽을 수 있으며, 이는 AFP도 마찬가지이다. 더욱이 라틴 아메리카에서의 IPS의 명성에는 긴 역사가 있다. IPS는 1960년대 중반 라틴 아메리카와 유럽을 연결하는 통신교환국으로 설립되었다. 당시 경제, 정치, 커뮤니케이션 체제는 비난을 받고 있었고, 세계 정보와 의사소통 질서를 위한 새로운 대안이 활발히 모색되고 있었다. 오랜 세월 동안 IPS는 스페인어를 주로 사용해왔고, 주된 고객층은 라틴 아메리카 언론 매체였다. IPS는 기관의 특성 측면에서 지난 몇 십 년간 크고도 중요한 변화를 겪었지만 여전히 라틴 아메리카 언론 매체를 주 고객층으로 보유하고 있다. IPS는 점차 라틴 아메리카 내 다른 뉴스 에이전시와의 경쟁에서 물러나, 심도 있는 기사와 분석을 보여주는 뉴스를 전문적으로 다루고 인터넷을 통해 대중과 직접 소통하였다. 라틴 아메리카의 일부 언론 매체에서 중요한 역할을 하고 있지만, 국제 또는 지역 NGO뿐만 아니라 시민 사회도 주요 고객층으로 확보하였다. 한편, UN 정상회담에 대한 기사를 다룬 것을 시작으로 1970년대 이후 영어가 점차 IPS의 주요 언어가 되었다.

몬테비데오의 지역 보도국은 라틴 아메리카 기사를 편성하고 글로벌 서비스로 내 보낼 기사를 편집하고 번역한다. 편집 위원장을 포함한 편집진 7명, 스페인어에서 영어로 작업하는 번역가 겸 편집자 2명, 영어에서 스페인어로 작업하는 번역가 겸 편집자 2명, 그리고 스페인어 편집자 4명이 소속되어 있다. 공식적으로는 직함이 다르긴 하지만, 편집자의 일반 업무도 번역가 겸 편집자와 크게 다르지 않아 편집자도 대개 번역을 한다. 번역가 겸 편집자는 번역 경력이나 번역을 공부한 적이 있지만, 모든 편집자는 다양한 매체에서 얻은 폭넓은 언론 관련 경험이 있다. IPS는 매일 30개에 달하는 1,200단어의 특집 분석 기사를 작성하여 글로벌 서비스로 내보내며 이중 40퍼센트는 스페인어 기사이다. 여기에는 번역 기사도 많이 포함되어 있다. 영어로 실리는 기사 중 대여섯 개는 스페인어 원문 기사이고, 스페인어로 실리는 기사 중 네다섯 개는 영어를 원문으로 한다. 게다가 글로벌 서비스에서 선택된 일부 기사는 영어나 스페인어에서 14개의 언어로 번역된다. 라틴 아메리카 보도국에서 생산하는 다른 기사로는 최근 스페인어로 도입된 단신 서비스인 《브레베스*Breves*》가 있다. 이는 뉴스 에이전시 형식에 가까운 속보 기사로 그 길이는 2,000-3,000바이트에 달한다.

라틴 아메리카 뉴스 시장에서 AFP가 보이는 두드러진 존재감은 19세기에 선도적인 뉴스 에이전시들이 세계를 분할해서 담당했던 때부터 찾아볼 수 있다. 스페인어 서비스는 원래 파리 본사에서 담당하였고, 1980년대에 이르자 하루에 약 20,000단어를 전송하였다. 그 당시 지역 총괄국이 설립되기 시작했지만, 라틴 아메리카 보도국은 여전히 파리에 있었고 1997년이 되어서야 몬테비데오에 지역 총괄국이 설립되었다. 오늘날 몬테비데오 지역 총괄국은 라틴 아메리카 현지 사무소 21곳이 보낸 결과물을 조정하고 스페인어로 작성된 아메리카 대륙 관련 정보를 가공한다. 한편, 유럽, 아시아, 아프리카와 관련된 스페인어 정보는 파리 본사에서 처리한다. 또한 몬테비데오 지역 총괄국은 라틴 아메리카 뉴스 시장을 겨냥한 스페인어 인터넷 신문인 《¡AFP 야!*¡AFP Ya!*》를 발행한다(스페인에서 발행하는 《¡마드리드! *¡Madrid!*》와는 다른 것이다). 뉴스 편집자의 말에 따르면, 보도국에 전송되는 기사의 70-80퍼센트가 스페인어로 작성된 것이고 30퍼센트는 번역된 기사이다. 파리에 있는 라틴 아메리카 보도국에서는 반대로 20-30퍼센트만이 스페인어로 쓰인 것이며 대부분은 스페인어로 번역된 것이다. AFP에서 스페인어는 프랑스어와 영어의 뒤를 이어 세 번째로 중요한 언어로 아메리카와 유럽을 대상으로 하며, 3개 국어를 구사하는 기자들을 배치하는 주요 사무소를 늘리고 있다. 오스트리아와 독일 등 독일어권 국가를 대상으로 하는 독일어 서비스와 같은 다른 언어 서비스는 더 지역적인 특색을 가진다. 스페인어 서비스의 기사량은 전체 뉴스 서비스의 하루 기사량의 600,000단어 중 약 230,000단어를 차지한다.

몬테비데오 보도국은 편집 위원장, 보도국 편집장, 스페인어 편집자 15명, 프랑스어 편집자 2명으로 구성되어 있다. 게다가 스포츠 분야와 사진 서비스를 담당하는 6명의 편집자도 있다. 보도국에서는 현지 사무소에서 보낸 스페인어 텍스트를 편집하고, 영어나 프랑스어로 작성된 아메리카 대륙 관련 텍스트를 스페인어로 번역한다. 또한 2명의 프랑스어 편집자가 스페인어 기사를 영어로 번역하고, 종종 해당 지역에 파견되어 유럽 독자를 위한 프랑스어 보충 기사를 작성하기도 한다. 보도국은 오전 7시부터 새벽 3시까지 운영하기 때문에 직원이 없는 시간은 4시간뿐이며 그동안의 일은 파리 본사가 담당한다. 매일 500개에 달하는 텍스트를 생산해내며 여기에는 한 줄 속보부터 400-600단어에 이르는 일반 뉴스까지 포함된다. 뉴스 편집자의 말에 따르면 이 중 40퍼센트가 정치 관련 뉴스이고, 15-20퍼센트가 경제 관련, 또 그 비슷한 양이 사회 관련, 15퍼센트가 스포츠 관련 뉴스이다. 보도국에서 일하는 편집자 대부분이 스포츠를 제외한 전 분야를 다루지만, 전문성이 필요한 분야도 있어서 사회 분야를 담당하는 편집자 2명과 경제 분야를 담당하는 편집자 2명이 따로 있다.

IPS와 AFP의 지역 총괄국이 하는 역할 중 하나는 현지에서 이루어지는 취재와 일관성 있고 종합적인 글로벌 정보의 생산관계를 중재하는 것이다. IPS와 AFP의 지역 총괄국 모두 현지 사무소의 기사를 조정하면서 다른 지역과 소통한다. IPS에서는 매주 가상회의를 통해 기사의 주제와 편집 방향을 논의한다. 여기에는 로마 본사의 편집 위원장, 스페인어에서 영어로 옮기는 번역 조정자, 그리고 다섯 개 지역의 지역 총괄국 편집 위원장이 참석한다. AFP에서는 매일 아침 몬테비데오 시간으로 오전 10시, 즉 세계 표준시로 2시에 전화 회의가 열린다. 여기에는 본사 편집 위원장과 다섯 개 지역의 지역 총괄국 편집 위원장이 참석한다. 현지 사무소와의 협의를 통해 지역 총괄국 편집 위원장이 미리 발제한 안건을 회의에서 논의하고, 그날의 주요 주제와 그에 대한 보도 과정을 결정한다. 이렇게 현지, 지역, 세계 간에 이루어지는 조율은 세계의 움직임을 예측하고 이에 따라 세계 보도를 구성하는 기본 운영 역학에 따르고 있다. 물론 예상치 못한 사건에 즉각적으로 대응하는 능력도 필요하다. 매일 그리고 매주 세계의 변화를 예측하는 것은 뉴스 에이전시의 운영상 주요 특징일 뿐만 아니라, 에이전시의 고객에게 제공하는 상품이기도 하다. AFP에서는 세계 표준시로 오후 5시에 '전망Previsions'이라고 이름을 붙인 그날의 주요 주제 목록을 배포한다. 이 예측 목록을 통해 신문과 방송국의 편집자들은 뉴스 서비스에서 보도된 정보의 체계를 파악하고 사건에 대한 일반적인 견해를 가지고 그날의 기사를 편성한다.

뉴스 에이전시의 일상은 뉴스 에이전시가 속해있는 보다 넓은 언론계와 밀접히 관련되어 있다. AFP의 몬테비데오 지역 총괄국은 도심 한가운데 독립 광장에 위치한 경치 좋은 현대식 빌딩 7층에 자리 잡고 있는데, 이곳에서 저널리스트들은 현지와 국제 언론의 기사를 읽고 화면에서는 종종 CNN이나 스페인 공영 방송인 TVE가 나오고 있다. 끊임없는 정보 경로의 존재는 매우 중요하고, 오늘날 국제 속보의 독점적 출처는 더 이상 존재하지 않는다는 뉴스 에이전시의 변화된 지위를 드러낸다. 긴급 정보가 뉴스 서비스에 유입되었다는 알림음이 주기적으로 울려서 이미 정신없이 돌아가고 있는 작업을 더욱 재촉한다. 반면 얼마 떨어지지 않은 곳에 위치한 IPS 지사에서는 BBC 라디오와 BBC 월드가 주요 정보 채널이고 알림음도 울리지 않으며, 제때 정보를 배포해야 하기는 하지만 전반적인 작업 속도도 AFP와 매우 다르다.

저널리스트들은 사건에 관해 알아내기 위해서 언론을 주시하지 않는다.

결국 뉴스 속보의 가장 종합적인 출처는 자신들이 소속된 뉴스 서비스이기 때문이다. 오히려 그들은 매체들의 관심도나 관점 그리고 그들의 보도 행적을 알기 위해서 언론을 주시한다. 자신이 쓴 뉴스 기사를 어디에서 선택하여 보도하는지, 특정 주제에 대해 다른 에이전시와 경쟁하여 자신이 이겼는지를 확인하는 것은 경쟁이 치열한 분야의 저널리스트들의 몫일 뿐만 아니라 운영 차원에서도 중요하다. 현지 언론을 확인하고 다른 에이전시와 비교하고 보도된 뉴스의 수를 파악하여 에이전시의 영향력을 측정하는 것은 뉴스 에이전시의 일상 업무이다. 이러한 자료는 기밀로 처리하여 외부인에게 공개하지 않는다.

그러나 현지 언론을 며칠만 살펴보아도 각 에이전시의 영향력을 어느 정도 파악할 수 있다. 《엘 파이스*El País*》, 《엘 옵서바도*El Observador*》, 《라 레푸블리카*La República*》와 같은 몬테비데오 주요 신문사들의 국제면을 살펴보면 국제 뉴스가 뉴스 에이전시에 얼마나 의존하는지 알 수 있다. 이는 앞서 제3장에서 언급했던 빈곤한 저개발국가 언론의 특성이다. 경제적으로 압박을 받는 신문사들은 인근 국가인 아르헨티나나 브라질 외에는 특파원을 두는 것이 불가능하다. AFP, 이탈리아의 ANSA, 스페인의 EFE 그리고 AP 통신이 우세하고 로이터의 영향력은 거의 없다는 사실 역시 쉽게 알 수 있다. 이 점에 대해 AFP 라틴 아메리카 편집 위원장은 다음과 같이 말한다.

이 지역에서 우리 에이전시의 주요 경쟁자는 AP통신과 EFE이며 로이터는 그다음이다. AP통신에 대해서 나는 우리가 언어적 차이가 있는지 잘 모르겠지만, 우리가 제공하는 스페인어 서비스는 라틴 아메리카 사람들에 의해 구성된 것이다. (중략) AP통신과 우리 사이에 정말 차이점이 있다면 그것은 내용, 논점, 정보 전달 방식, 논지의 차이이다. 우리의 관점은 북미 중심이 아니다. (중략) 한편 EFE와는 큰 차이가 있으며 EFE 스페인어 서비스에는

처음부터 스페인어로 작성된 기사가 많다는 것은 당연한 일이다. 이러한 점
에서 나는 우리 AFP의 서비스가 더 폭넓다고 생각한다. (중략) 우리는 다양
한 직원들을 채용하려고 노력하며 (중략) 여러 출신의 직원이 있다. (중략)
우리는 폭넓은 스페인어를 구사하여 특정 사람들이 아닌 모두를 위한 커뮤
니케이션을 실천하고자 한다.

IPS는 다른 뉴스 에이전시들과 대등한 조건으로 경쟁하기를 중단했지만, 여
전히 현지 언론 사이에서 중요한 위치를 차지하고 있으며《라 레푸블리카》
는 IPS의 기사를 사용하고 있다. 게다가 최근 몇 십 년간 소규모 지역 보도
국이 사라지거나 규모가 크게 축소되었기 때문에 새로운 뉴스 제공에 있어
IPS와 견줄만한 경쟁자는 존재하지 않는다.

AFP와 IPS: 번역의 일반적인 방침과 새로운 방침

이미 살펴보았듯이 뉴스 에이전시의 지역 총괄국은 어느 정도 자율권을 가
지기 때문에 해당 시장의 구체적인 요구를 파악하고 있는 저널리스트들이
지역권 또는 현지 차원에서 보도할 기사를 결정한다. 이는 번역에서도 마
찬가지이다. IPS의 국제 기사 보도는 지사에서 조정하지만 반(半) 자치적인
현지 사무소는 글로벌 서비스의 번역과 현지 서비스를 다듬고 배포하는 업
무를 맡고 있다. 더욱이 재원이 남부로 집중되기 때문에 유럽 현지 사무소
의 경우 IPS의 지원을 받지 않고 현지 판매나 기금 마련을 통해 유지 수단
을 자체적으로 마련해야 한다.

AFP 지역 총괄국에서 저널리스트들은 프랑스어와 영어로 된 기사를 스
페인어로 번역하고 스페인어로 된 라틴 아메리카 뉴스의 프랑스어 판도 만
든다. 이미 살펴보았듯이 뉴스 에이전시의 이중 구조(이 경우에는 삼중 구

조) 덕분에 중요한 사건이 다양한 언어로 동시에 다루어질 수 있다. 이는 세계적으로 중요한 사건이 처음부터 특정 독자층을 대상으로 스페인어, 영어, 프랑스어로 지역적 뉘앙스를 담아 동시에 보도된다는 것을 의미한다. 그럼에도 번역이 보도국 업무의 3분의 1이나 차지한다. IPS 번역의 중심지인 몬테비데오 지역 총괄국은 IPS의 주요 언어인 영어와 스페인어로 번역물을 생산한다. 따라서 번역은 AFP와 IPS 각 지역 총괄국의 필수적인 업무이며, 이곳에서 뉴스 보도가 처리되고 현지 차원에서 다른 언어들로도 번역될 것이다.

AFP와 IPS에서 번역은 뉴스 생산의 중요한 과정이지만, 매우 다른 번역 관행을 채택하고 있다. 선도적인 글로벌 뉴스 에이전시들은 주요 뉴스 시장의 요구에 따라 언어 정책을 채택했고 그 결과 몇 안 되는 주요 언어로만 뉴스를 생산해왔다. 몬테비데오와 같은 곳에 위치한 지역 총괄국의 이점은 현지 시장의 요구를 잘 알고 사건에 대한 에이전시의 관점을 잘 반영하는 저널리스트가 정보를 선택하여 번역한다는 것이다.

앞서 본 바와 같이 AFP 지역 보도국의 편집자들은 주로 리버 플라테를 비롯하여 라틴 아메리카의 다양한 국가 출신들이다. 지리적 다양성이 채용 정책에 명시되어 있는데, 이는 전체 독자들이 이해하고 사용하는 표준 스페인어로 뉴스를 생산하기 위한 것일 뿐만 아니라 해당 지역 내 여러 국가에 대한 언론 지식과 그러한 국가들에서 발생한 현지 사건들의 중요성을 파악하는 능력 때문이다. AFP 몬테비데오 지역 총괄국의 편집자들이 사용하는 언어는 스페인어, 영어, 프랑스어이며, 물론 다른 언어를 구사하는 저널리스트들도 많지만 이 세 언어의 구사 능력이 관례적인 입사 요건이다. 이러한 점에서 볼 때 주로 영어와 현지 언어 두 가지를 사용하는 영미 지역의 뉴스 에이전시들과 AFP는 매우 다르다. 모든 편집자는 특히 뉴스와 같은 다양한 매체 분야에 대한 풍부한 경험을 갖추고 있으며 보도국으로 이전하기 전에 수년간 기자 생활을 거친다. 게다가 대부분의 편집자, 특히 젊은 편집자들은 언론학과 커뮤니케이션학 학위를 소지하고 있다.

IPS의 언어 정책은 세계의 포용이라는 목표를 토대로 한다. '민족적 다양성과 지리적 구분의 균형 잡힌 표현'이라는 IPS의 목표는 언어 정책에 직접 영향을 미치고 있으며 특히 언어 간의 평등을 지향하고 있다. 따라서 IPS는 유럽어와 비유럽어를 가리지 않고 소수 언어 간의 소통을 장려하고 있으며 가장 많은 종류의 언어로 번역하여 현지 언론에서 입지를 굳히고 있다. 운영상의 목적을 위해 글로벌 서비스를 영어와 스페인어로 제한하지만, 종종 소수 언어로 서비스를 하는 아주 탁월한 선택을 하는 경우도 있다. IPS는 1980년대 최초로 스와힐리어로 국제 뉴스 서비스를 시작했으며 현재 유일하게 네팔어나 태국어와 같은 언어로 뉴스를 생산하는 뉴스 에이전시이다. IPS의 주요 관심사는 주요 뉴스 시장에서 입지를 굳히는 것이 아니라 제3세계를 포함한 현지 대중들에게 뉴스를 전달하는 것이며, 이러한 이유로 지금까지 뉴스 생산에서 거의 배제된 언어들을 수용하는 것이다. IPS의 편집 위원장인 미렌 구띠에레스는 IPS가 언어와 번역을 대하는 접근법의 특징을 다음과 같이 설명한다.

> IPS는 전통적으로 영어-스페인어 서비스를 해왔다. 하지만 우리의 주요 목표는 현지에 영향력을 미치는 것이다. 평화 협상의 맥락에서 번역이 얼마나 중요한 역할을 하는지 예를 들어보자. 스리랑카 평화 협상 당시 IPS는 타밀어, 스와힐리어, 영어로 뉴스와 분석 기사를 보도했다. 번역가들이 '그들의' 편에서 쓴 것으로 보이지 않는 기사를 번역하지 않으려 하는 바람에 처음에는 저항에 부딪혔지만 이를 극복하고 나니 공통된 커뮤니케이션의 발판이 지닌 가치가 분명하게 드러났다. 우리는 이러한 관점에서 아랍어와 히브리어 뉴스 서비스도 준비하고 있다.

뉴스 에이전시의 편집진은 매우 다양한 종류의 텍스트를 생산한다. 길이가 긴 기사나 분석 기사는 뉴스 에이전시가 선택하는 주요 세계 주제를 시민 사회와 남부 유럽에 우호적인 시각으로 다룬다. IPS의 특집기사는 민간 출처를 포함하여 최소한 두 가지의 출처를 포함해야 하며 철저하고 상세한 관점을 채택하여 사건이 발생한 정황을 설명해야 한다. 또한 기사를 작성한 기자가 항상 기사에 서명해야 한다. 다른 뉴스 에이전시는 계약을 맺은 매체가 기사 내용을 수정하고 출처로 에이전시를 밝히지 않는 것을 허용하는 데 반해 IPS의 기사는 수정해서는 안 되며 하나도 빠짐없이 실어야 한다. 역피라미드 구조를 유지하지만 다른 뉴스 에이전시보다는 철저하지 않은 편이다.

또한 이렇게 새로운 언어 정책 때문에 IPS는 로이터와 AFP와 같은 주요 뉴스 에이전시의 일반적인 번역 방침과는 대비되는 새로운 번역 방침을 채택하였다. 앞서 살펴보았듯이 기존의 일반적인 번역 방침에서 번역은 뉴스 생산 과정에 완전히 통합되어 있다. 이는 보통 번역가 훈련을 받지 않은 저널리스트가 뉴스를 번역한다는 것을 의미한다. 로이터나 AFP는 번역가를 따로 고용하지 않는다. 따라서 AFP의 스페인 보도국장은 다음과 같이 말한다.

나는 단어 번역가를 고용하고 싶지 않다. 왜냐하면 AFP 소속 저널리스트는 번역가가 아니라 편집자이기 때문이다. 필요에 의해 그들은 재작업한다. (중략) 재작업, 편집, 수정 중에 어떤 단어를 붙이든 상관없다. 내가 원하는 것은 편집이다. 이곳에 번역가는 없다. AFP는 번역가가 아니라 저널리스트를 고용한다. 스페인어와 더불어 적어도 2개 국어를 구사하고 다양한 매체, 뉴스 에이전시, 라디오, 신문에 풍부한 경험이 있는 저널리스트를 고용한다.

그러나 뉴스 에이전시의 뉴스 생산 과정에서 번역이 하는 역할은 다른 무엇보다 중요하다. 이는 AFP와 로이터 지역 총괄국이 뉴스 번역 시험을 통해 저널리스트를 선발한다는 것에서 잘 드러난다. 보도국에 들어온 저널리스트의 직함은 뉴스 편집자이지만 주요 업무는 텍스트의 번역과 편집이다. 일반적인 번역 방침에서 보면 저널리스트 훈련을 받은 사람만이 필요한 번역물을 생산할 수 있는 특정 기술을 갖춘 것으로 여겨지며, 이때 번역에는 특정 독자들의 요구에 맞도록 어느 정도 텍스트를 바꾸고 다시 쓰는 것이 포함된다.

IPS의 새로운 번역 방침은 대형 뉴스 에이전시의 일반적인 번역 방침과는 큰 차이가 있으며 번역가 겸 편집자라는 혼종적인 직함을 만들어냈다. 몬테비데오의 스페인 보도국에는 편집뿐만 아니라 번역까지 맡은 저널리스트 출신의 스페인어 편집자가 있다. 그러나 IPS는 실제 번역을 하거나 공부한 경험이 있는 전문 번역가까지 고용하여 번역가 겸 편집자라는 직함을 부여한다. 따라서 IPS의 보도국에는 저널리스트와 번역가가 함께 텍스트를 편집하고 번역하는 비슷한 업무를 수행한다. 이때 영어와 스페인어 능력이 동시에 요구된다.

일반적인 번역 방침도 뉴스 텍스트를 어느 정도 변형시킨다는 점에서 IPS의 번역가와 편집자가 하는 역할이 비슷해 보이지만 그들이 작업하는 환경은 다르다. IPS 뉴스 기사는 길고 분석적인 성격이 강해서 번역하는 데 시간이 오래 걸려 최대 두 시간까지 소요될 수 있다. 반면 AFP에서는 뉴스를 번역하는 데 30분 이상 소요되는 일이 거의 없다. IPS의 번역가나 편집자는 하루에 다섯 개의 텍스트를 맡지만 AFP의 저널리스트는 매일 다양한 길이의 텍스트를 30개에서 40개까지 작업하며 여기에는 즉각 번역해야 하는 긴급 정보에서부터 600단어의 최신 정보까지 포함된다. 일반적인 번역

방침에서는 번역되거나 편집될 텍스트를 보도국장이 분배하는 반면, IPS에서는 좀 더 자율적인 분위기로 번역가와 편집자가 직접 번역할 텍스트를 선택하는 경우가 많다. 새로운 번역 방침에서는 선임 편집자의 도움이 필요한 신입 편집자를 제외하고 번역가 개개인이 최종 텍스트에 대해 책임을 지지만, 일반적인 번역 방침에서는 번역물의 편집을 다른 사람에게 맡긴다. 에이전시 내에서 각 과정을 책임지는 사람을 확인하기 위해 텍스트에 기자, 편집자, 번역가, AFP의 경우 번역물을 편집한 사람의 이니셜까지 표시하긴 하지만 두 방침 모두 번역가가 기사에는 서명을 하지 않고 명시적으로 드러나지도 않는다.

IPS는 보도국 소속의 뉴스 편집자와 더불어 네 명의 번역가 겸 편집자를 두고 있다. 두 명은 스페인어에서 영어로 번역하고 두 명은 영어에서 스페인어로 번역한다. 일반적으로 번역가로서 일을 시작하여 점차 저널리스트의 면모를 갖추는데 그로 인해 그들의 역할과 다른 뉴스 번역가의 역할을 거의 구분할 수 없게 된다. 현장에서 번역가 두 명을 인터뷰한 결과, 한 명은 스페인어에서 영어로 번역하는 것을 조정하고 기사 보도와 시각에 대한 문제를 해결하며 편집회의에 참여한다. 다른 한 명은 최근 에이전시와 관련된 스페인어 기사를 직접 쓰기 시작했다. 두 번역가 모두 정기적으로 각자가 맡은 언어로 쓰인 텍스트를 편집한다. 한 명은 학위 소지자이고 자신이 번역가인지 저널리스트인지 물었을 때 분명히 번역가라고 답했지만, 나머지 한 명은 번역 경험이 있는 데다 정기적으로 프리랜서 번역가로 활동하면서도 자신의 역할과 직책에 대해 모호하게 답했다.

둘 다일지도 모르겠다. 나는 번역가가 되기 위해 공부했고 이곳에서 번역가로서 일을 시작했다. 하지만 이 일에는 번역가만큼이나 저널리스트적인 면모가 필요하다. 시간이 지남에 따라 그러한 면모를 체득했다. 그리고 현재 나 자신이 어느 정도 저널리스트라고 생각한다. 나는 현재 《티에라메리카 *Tierram érica*》에도 기사를 쓰고 있다. 또한 지속 가능한 개발에 대한 회의를 취재하는 데에도 파견되었다. (중략) 어느 정도 저널리스트적 면모를 갖추지 못하면 이런 일은 불가능하다.

일반적으로 번역 경력이 있는 편집자와 저널리스트 경력이 있는 편집자의 차이를 개념화하는 것은 매우 어렵다. 뉴스 번역가가 되려면 실제로 저널리스트가 되어야 하기 때문이다. 번역가는 뉴스의 효과를 최대로 끌어올리기 위해 일반적인 언론 기준에 따라 텍스트와 정보를 선택, 편집하고 우선순위를 정해야 한다. 뉴스를 번역하는 저널리스트의 특징은 뉴스 생산의 경력, 즉 기자 경력이 있다는 것이고 이는 일반적으로 AFP와 같이 세계 어느 지역이든 보도국 편집자를 특파원으로 파견하는 뉴스 에이전시에서 보이는 경향이다. 저널리스트 업무 중 일부는 필요할 때 새로운 자료를 조사하고 추가하는 것이며 이는 다양한 독자를 대상으로 뉴스를 번역하는 일에 필수적이다. 이러한 사실은 번역가를 정보의 수동적인 전달자로 여기는 기존의 관점과 차이를 보인다. 또한 저널리스트는 다양한 상황에서 뉴스를 보도하면서 직접 얻은 경험이 뉴스를 번역할 때 귀중한 자산이 된다고 말한다. 이는 번역해야 할 텍스트의 종류나 텍스트가 나타내고 있는 현실에 대해 더 잘 알기 때문뿐만 아니라 기사를 작성한 사람에 대해 더욱 호의적인 태도를 가지고 있으며 때로는 의견을 주고받기도 하기 때문이다. 한편 아래에서 더욱 자세히 살펴보겠지만, 저널리스트는 직역이나 충실성보다는 이해 가능성을 언제나 우선시하기 때문에 번역의 정확성에 대해 까다롭게 굴지 않는 편이다.

그러나 IPS의 새로운 번역 방침은 번역가를 부차적인 저널리스트로 보지 않고, 번역가를 인정하고 따로 분류하며 궁극적으로 힘을 부여하여 번역을 보다 가시적이고 두드러진 역할로 만든다. 게다가 IPS는 번역가에게 편집 문제에 대한 개입을 더 많이 허용하고 번역 조정자라는 역할을 만들어 주도적인 역할을 부여하며 지역 총괄국 편집 위원장과 IPS 총 편집 위원장과 함께 편집 회의에 참석하게 한다. 그러나 다른 관점에서 보면 일반적인 번역 방침에서처럼 번역이 여러 언어를 구사하는 저널리스트의 업무에 전적으로 근거하는 것이 아니라, 저널리스트의 면모를 갖추지 않아도 되는 번역가의 업무에 근거하기 때문에 텍스트에서 저널리스트적 분위기를 없애는 것이 된다. 이 '저널리스트적 분위기'나 리듬이 무엇인지는 다음 절에서 자세히 다룰 것이다.

마지막으로 IPS와 AFP에서 영어의 역할이 증가하고 있음을 언급해야 할 듯하다. 두 뉴스 에이전시에서 영어는 주요 언어가 아니었지만 뉴스 생산과 결과물뿐만 아니라 운영상의 문제와 뉴스 방침의 관점에서 점점 중요성을 획득하고 있다. AFP의 경우 이는 1980년대 북아메리카와 아시아 시장으로 에이전시를 확장한 것과 연관이 있으며 1999년에 영어 사용자가 AFP 총 편집 위원장으로 취임하면서 명확하게 드러났다. 주목할 만한 것은 영어의 중요성이 증가한 것이 영어 기사를 더 많이 생산하는 것뿐만 아니라 영어 기사 방침을 선호하는 다양한 뉴스 서비스 간의 기준을 통일하려는 시도와 관련 있다는 것이다. 프랑스어나 스페인어 기사는 수사와 문체를 주요시하는 반면 영어 기사는 짧고 간결하며 직접적인 텍스트를 더욱 선호한다.

IPS에서는 여전히 스페인어 매체가 독자들 사이에서 지배적이긴 하지만 인터넷을 통해 새로운 독자에게 직접 도달하는 데 영어가 중요한 역할을 하게 되었다. 이론상으로는 스페인어가 영어만큼 중요하지만 실제로 글로벌 서비스를 살펴보면 영어가 우세하며, 스페인어 서비스는 라틴 아메리카의 지역적 서비스로 여겨진다.[29] 또한 영어는 IPS의 국제 사용 언어로서 점차 스페인어를 대체하고 있다. 한때 글로벌 회의를 위해 스페인어를 배우는 것이 필수였지만 이제 글로벌 회의는 영어로 진행된다. 뉴스 에이전시의 제1언어가 영어로 점점 변해가는 추세를 반영하듯 IPS가 최고의 기사에 수여하는 상은 현재 영어로 쓰이거나 번역된 기사로 한정된다.

에이전시의 뉴스 번역하기: 가치관과 전략

지금까지 지역 보도국의 특성과 뉴스 에이전시의 일반적인 번역 방침과 새로운 번역 방침의 특징을 살펴보았다. 이번 절에서는 번역에 대한 에이전시의 특정 가치관과 전략을 논의하고 번역에 대한 저널리스트의 관점을 분석하여 번역 관행에 대해 자세히 살펴보고자 한다. 두 뉴스 에이전시의 다른 관점을 설명하기 위해 비교를 하기도 하겠지만, 뉴스 에이전시에서 생산된 기사의 특성을 중심으로 뉴스 번역에 대해 주로 논의할 것이다.

우선 이미 살펴보았다시피 뉴스 번역은 원천 텍스트를 전체적으로 변형하고 해당 지역의 언론 규범에 따라 특정 독자에게 맞게 새로운 텍스트를 생산해내는 것이다. 저널리스트는 원천 텍스트를 완성된 결과물로 보는 것이 아니라 최대의 효율성으로 새로운 독자들에게 필요한 정보를 전달할 새로운 기사의 재료로 봐야 한다. 다음 글은 뉴스 번역에서 원천 텍스트가 어떻게 다루어지는지 잘 드러낸다.

유럽의 외신 보도국장은 직원들에게 영어 원문이 마치 언론 발표문인 것처럼 번역하라고 말한다. 유능한 직원이라면 결코 언론 발표문을 그대로 옮기진 않을 것이다. 기본 정보는 유지되겠지만 글의 순서는 바뀌어야 한다. 언론 발표문에서 진짜 뉴스, 특히 안 좋은 뉴스가 제일 마지막에 숨겨져 있을 때 더욱 그러하다. 관련된 배경 정보를 추가해야 한다. 이는 영어로 된 사건을 현지 목표 독자들이 이해할 수 있도록 바꿀 때에도 마찬가지이다.

(Williams, 2004)

뉴스 에이전시의 뉴스에는 서명이 없다는 사실 또한 원천 텍스트를 완성된 뉴스가 아닌 재료로 보는 견해를 장려하고 기사의 구조와 내용을 중요한 방향으로 바꿀 수 있게 한다. 서명을 하는 IPS의 기사조차 수정할 수 있는 여지가 많으며, 문학 영역에서 신성시되는 저자성은 언론 영역에서 같은 지위를 누리지 못한다.

지리적으로 멀리 떨어진 곳의 매우 다른 독자층을 위해 원천 텍스트를 조정해야 하는 경우에 수정의 여지가 가장 크다. AFP에서는 두 명의 프랑스어 편집자가 프랑스 대중을 대상으로 라틴 아메리카의 프랑스어 기사를 생산할 때 특히 그러하다. 그들의 직함은 '라틴 아메리카 지역 저널리스트'이며 그들의 업무는 주로 프랑스어 저널리스트가 없는 현지 사무소에서 보낸 기사와, 다루는 지역이 너무 넓어서 특정 국가에 파견된 국제 특파원이 종합할 수 없었던 텍스트를 프랑스어로 번역하는 것이고 정기적으로 사건을 취재하기 위해 기자로서 파견된다. 그들은 라틴 아메리카 전 지역의 사건들이 전개된 과정을 지켜봐야 하고 보도국에서는 스페인어 뉴스 서비스 중에 프랑스 대중이 관심을 가질만한 기사를 선별하여 번역한다. 그들의 업무는 라틴 아메리카 지역에 대해 프랑스 매체가 상대적으로 관심이 낮다는 일반적인 상황을 드러내고 이는 여전히 라틴 아메리카 지역에 자체적인 특파원을 둔 프랑스 신문사가 거의 없다는 사실로도 설명할 수 있다. 결국 이러한 사실 때문에 그들의 역할은 더욱 중요해진다. AFP가 프랑스어권 지역에 대해 가장 중요한 정보의 원천이 되었기 때문이다.

몬테비데오 지역 보도국의 프랑스어 편집자가 한 번역은 파리의 국제 보도국에서 편집되는데, 유럽 대중을 위해 관련된 배경 지식을 추가하는 일이 잦아서 많은 변화를 거친다. 게다가 문체나 언론 규범에 따라서도 수정을 해야 한다. 종종 둘 이상의 원천 텍스트를 하나의 기사로 바꾸는 일이 있는데 이때에는 번역뿐만 아니라 해당 주제와 관련된 다양한 뉴스 텍스트들을 종합해야 한다. 이는 IPS의 영어 번역가들도 종종 하는 일이다. AFP의 한 프랑스어 편집자는 그의 업무를 영화에 빗대어, 대본을 바꿀 수는 없지만 초점을 맞추고 특정한 방법으로 장면을 편집하는 감독과 번역가가 같다고 설명한다. 이 경우에 원천 텍스트에 대한 의무는 가장 넓은 의미에서 '텍스트의 정신'을 보존하는 것이다. 즉, 기사를 쓴 기자의 목적을 유지하는 동시에 프랑스 독자가 기사를 이해하고 현실과 연결할 수 있게 텍스트를 변형하는 것이다.

실제로 그들의 업무는 프랑스어와 영어 뉴스를 스페인어를 구사하는 대중을 위해 번역하고 사건 발생지에서 멀리 떨어진 곳의 새로운 독자들과 다른 맥락에 맞도록 텍스트를 다시 쓰는 스페인어 편집자들과 크게 다르지 않다. 그러나 경제나 사회 관련 주제를 다루는 저널리스트처럼 프랑스어 편집자들도 스페인어 서비스 편집자들보다 자율적으로 번역할 텍스트를 스스로 선택한다. 유럽 언론 동향을 살펴보는 것뿐만 아니라 개인적으로 관심이 가는 분야를 지켜봄으로써 알게 된 고객들의 요구와 뉴스 관련성에 대한 언론 기준 그리고 특정 주제에 대한 언론의 높은 관심에 따라 텍스트를 선택한다. 이때 특정 주제에는 과학, 사회, 고고학, 역사, 환경, 토착 민족 또는 사건의 유럽인 연루 여부가 포함된다.

스페인 보도국에서는 보도국장이 편집하거나 번역해야 할 기사를 선별하여 편집자들에게 배포한다. 따라서 스페인어 편집과 프랑스어와 영어를 스페인어로 번역하는 것은 별개의 과정으로 인식되지 않고 저널리스트의 업무로 파악된다. 보도국장의 업무는 번역 실무 자체와는 크게 관련 없이 그날의 주요 주제를 자세히 파악하고 주로 정보의 흐름을 조정하고 분배하는 것이다. 관련 주제에 관한 기사는 정보에 대해 이미 알고 있어서 번역을 감수할 때 오류를 쉽게 찾아낼 수 있도록 동일한 사람에게 배정한다.

번역할 텍스트를 결정하는 첫 번째 기준은 편집 회의에서 결정된 편집의 우선순위와 그날의 전망, 긴급한 정보의 지속적인 발생과 관련된다. 그 외 주요 기준은 라틴 아메리카와의 인접성과 같은 지리적 위치와 지역에 대한 정보의 관련성 그리고 고객 요구의 파악 정도이다. 기사는 유럽이나 북아메리카와 관련하여 너무 지역적이어서는 안 되고 워싱턴의 기관 정보와 같이 특정 주제에 관한 기사는 항상 번역되는 편이다.[30]

IPS에서 뉴스 편집자들과 번역가 겸 편집자들은 번역할 텍스트를 직접 고른다. 기사를 포함할지에 대한 편집 정책과 관련된 고려사항에서 주제와 지역이 중요하다. 따라서 몬테비데오 지역 총괄국의 스페인 보도국은 아프리카 지역 뉴스가 스페인어 뉴스 서비스에서 부족하다는 사실을 인지한 이후 아프리카 관련 정보를 더 많이 번역하는 것을 확고한 정책으로 내세우고 있다. 주간 편집 회의에서도 기사 주제의 우선순위를 세우고 보도가 부족한 주제를 찾아낸다. 일반적으로 기사는 반드시 지역을 아우르는 특색을 갖춰야 하며, 영어 서비스의 번역가 겸 편집자에 따라 영어를 구사하는 세계 독자들의 관심과 일치해야 한다. 기사를 선택하는 그밖의 기준으로는 기사 자체의 품질로 기사의 출처가 분명하고 적절한 분석이 드러나야 하며, 최근에 발생한 사건이어야 한다는 시기적 요소와 보도의 시기적절함이 있다.

보도국에서 일하는 저널리스트는 뉴스 생산 과정에 대해 현장의 기자와 매우 다른 시각을 가지고 있다. 한 편집자의 말에 따르면 그들의 업무는 기본적으로 그들이 받은 정보가 정확한지, 효과적으로 사건의 과정을 설명하고 있는지, 출처는 명확한지, 그리고 사건을 설명하는 순서가 역피라미드 구조를 따르고 있는지 확인하는 것이다. 이는 주로 편집 과정에 적용된다. IPS 편집자에 의하면 '기사를 번역하는 일은 스페인어로 된 기사를 편집하는 일과 크게 다르지 않다. 차이가 하나 있다면 원문이 다른 언어로 되어 있다는 것이다.' 지금쯤이면 번역 또한 편집 작업이라는 것뿐만 아니라 두 작업 모두 똑같이 뉴스 생산을 결정하는 언론 규범에 적용받는다는 것을 이해했을 것이다. 번역과 편집은 정보가 정확하고 간결하며 이해 가능한 방식으로 표현되었는지, 불필요한 요소가 있지 않은지, 최대한 직접적인 방식으로 독자에게 사건을 설명하고 있는지 확인하는 것이다.

그러나 번역은 텍스트를 편집하는 것뿐만 아니라 새로운 독자층의 요구에 맞게 정보를 변형하는 일까지 포함한다. 이는 목표 고객층과 지역의 요구와 우선순위를 반영한 새로운 체계에 따라 정보를 재구성하고 다시쓰는 것이다. IPS의 번역가 겸 편집자는 이러한 과정에서 자신의 역할을 다음과 같이 설명했다.

우리는 어떤 기사를 영어로 번역할 것인가 결정하고 영어권 시장과 독자를 생각하면서 기사를 번역한다. 기사에 배경지식을 추가하고 재편집하고 재구성하며 새로운 제목을 붙인다. 우리는 기사의 많은 부분을 수정한다. 원래 기사를 그대로 번역하는 일은 거의 없다. (중략) 해당 주제에 관한 기사가 두세 개 있는데 영어로 된 기사가 하나만 필요할 때에는 그 기사들을 하나로 합치기도 한다.

앞서 언급했듯이 AFP의 프랑스어 편집자 또한 이와 동일하게 현재 번역 관행을 설명했다. AFP의 프랑스어 편집자가 언급한 사항으로는 라틴 아메리카 고객에게 맞게 배경 지식을 추가하거나 라틴 아메리카 국가에 대한 언급을 강조하거나 기사 뒤쪽에 그러한 내용이 있을 때에는 앞으로 옮기는 등 기사 내용의 우선순위를 바꾸는 것이 있다. 따라서 그들의 주요 업무는 선별하여 우선순위를 지정하는 것, 즉 스페인어 고객에게 맞게 영어와 프랑스어 관련 뉴스를 보다 압축된 형태로 바꾸는 종합작업이다.

새로운 독자를 위해 텍스트를 확인하고 수정할 뿐만 아니라 종합하고 다시쓰는 편집/번역 구조를 갖춘 보도국의 주요 목표가 간결함과 명확함이라면, 이를 성취하기 위한 주요 전략은 유창함일 것이다. IPS의 영어 번역가 겸 편집자는 자신의 목표에 대해 기사가 번역이 아니라 원래 영어로 쓰인 것처럼 읽히는 것이라고 말하고, 스페인어 번역가 겸 편집자 역시 같은 목표를 말했다. 일반적으로 저널리스트들은 번역이 이해하기 쉽고 필요 없는 단어가 없으며 간결한 어휘를 사용해야 한다고 말한다. 또한 AFP와 IPS의 저널리스트들 모두 맥락이 가장 중요하다고 강조한다. 독자가 기사를 이해하기 위해 원문 기사를 찾아보는 일이 없도록 기사에는 필요한 모든 정보가 포함되어 있어야 한다는 것이다. AFP의 편집자는 다음과 같이 말했다. '내가 원하는 것은 번역된 정보가 그 자체로 훌륭하여 독자가 기사를 이해하기 위해 신문, 사전, 인터넷을 참고하지 않는 것이다.' 또 다른 AFP 편집자의 말에 따르면 중요한 내용은 강조하면서 아무것도 추가하거나 바꾸는 일 없이 그대로 보도할 수 있도록 정보를 번역해야 하고, 이때 특히 인용의 경우에 에이전시의 언론 규범이 다른 무엇보다 가장 중요하다. 수정하고 다시 쓰는 부분이 많긴 하지만 일반적으로 원천 텍스트와 저자의 관점에 대한 충실성 또한 강조된다. 사건에 대한 기자의 분석을 존중하는 것은 특히 기자의 서명이 있는 기사의 경우에 잘 드러난다. IPS의 일반적 기사와 AFP 라틴 아메리카 고객들을 위한 기사가 이에 해당한다.

번역된 텍스트를 편집하는 것은 저널리스트들 사이에는 일반적인 일이며 특히 AFP에서는 모든 번역물이 반드시 검토를 거쳐야 한다. 저널리스트가 번역물을 평가하고 편집하는 방식에서 번역과 관련된 뉴스 에이전시의 전략과 가치관이 드러난다. 처음에는 원문을 보지 않고 두 가지 차원에서 번역의 질을 평가할 수 있다. 첫 번째 차원은 기사의 문체적인 면에서 역피라미드 구조로 헤드라인과 리드가 간결하고 정확한지의 여부이다. 두 번째는 언어와 통사적 차원으로, 너무 직역해서는 안 되고 전 지역의 독자들이 이해할 수 있는 자연스러운 언어를 사용해야 하며 원문의 단어와 비슷해 보이지만 뜻이 다른 단어나 부정확한 표현이 있는지 확인해야 한다. 2차 검토에서는 번역물과 원문을 비교하여 숫자, 날짜, 수량, 비슷한 자료를 확인하고 인용문이 충실하고 정확하게 번역되었는지 확인한다. 게다가 보도국장 역시 이미 에이전시로 전송된 비슷한 기사를 참고하여 번역물을 검토하여 표현과 개념을 통일하고 고객에게 일관성 있는 결과물을 전송한다.

이미 살펴보았듯이 뉴스 에이전시의 기사는 그대로 보도되지 않고 다른 언론매체에 전송된다. 라디오, TV, 신문의 편집자들은 일부 정보만 선별하여 자신들의 필요와 문체에 맞게 수정한 후 독자들에게 공개한다. 에이전시 기사의 중립성, 객관성, 공평성과 기사의 역피라미드 구조는 가공되지 않은 있는 그대로의 재료이므로, 고객이 선호하는 바에 맞게 수정하고 다양한 매체의 목적에 맞도록 각색하는 것이 허용된다.

객관성과 공평성의 측면에 대해 AFP의 여러 편집자는 영어권 저널리즘의 영향력 때문이라고 말한다. 그들의 말에 따르면 저널리스트에게 발언권이 없는 뉴스 에이전시는 정보의 전달자로 변화했고 사건에 대한 해석을 전달하기 위해 정보 제공자에게서 텍스트를 인용하는 것에 의존한다. 이는 라틴 아메리카와 같이 오래전부터 저널리즘이 정치적 이해관계와 연관된 지역의 관행과 대조된다. 한편 많은 편집자들이 객관성을 의심스러운 개념이라고 지적했는데, 주제를 선정하여 어떠한 관점을 채택하고 특정 출처를 우선시해야 하므로 객관성을 달성하기는 불가능하다고 한다. 편집자들의 관점에서 객관성은 에이전시 기사의 중요한 자질인 공평성으로 이해해야 한다. 공평성이란 주로 균형의 문제로 정의할 수 있는데 텍스트가 분쟁이 일어난 복잡한 현실을 잘 반영해야 한다는 것이다. 출처의 문제 또한 사건에 대한 균형 잡힌 묘사를 하는 데에 있어 중심적 역할을 한다. 번역에서 객관성이란 원문 텍스트의 개념을 정확하고 충실하게 옮기는 것으로 간주한다.

한편 뉴스 기관과 계약하는 것은 뉴스 에이전시와 대중을 연결하는 필수적인 매개체이다. 뉴스 에이전시가 고객인 언론매체에 제공하는 결과물은 수정이나 추가하지 않고 곧바로 방송하거나 출간할 준비가 된 것이다. 그래서 뉴스 에이전시 소속 저널리스트들은 정보를 독자들에게 직접 전달할 것처럼 작업해야 한다. 뉴스 에이전시의 기사는 완벽하게 편집, 수정, 완성되어 추가 사항 없이도 명확하게 이해되어야 한다. 많은 편집자들의 말에 따르면, 그럼에도 뉴스 에이전시의 기사가 곧바로 일반 대중에게 공개되지 않고 다른 저널리스트들에게 전달된다는 점은 뉴스 에이전시가 기사를 작정하는 방식을 결정하는 데 중요한 역할을 한다. 뉴스 에이전시 소속 저널리스트들은 언론매체 소속 뉴스 편집자들에게 반드시 라틴 아메리카에 대한 자신의 견해를 전달해야 하고 정보를 최종 결과물이 아니라 편집자가 예상할 수 있는 방식으로 정보가 전개되는 중간 단계의 작업으로 간주해야 한다. 일반 독자가 아니라 뉴스 편집자를 위해 작업한다는 것은 더 높은 수준의 엄밀함과 정확성을 요구하고 이는 뉴스 출처로서 뉴스 에이전시가 특수한 책임을 지고 있음을 드러내는 것이며, 편집자의 시선을 끌기 위해 제목과 리드와 같은 중요 요소를 어떻게 형성해야 하는지 결정할 수 있다.

뉴스 출처로서 뉴스 에이전시가 지닌 특별한 의미는 제4장에서 살펴보았다. 많은 경우에 이는 뉴스 에이전시가 새로운 현실에 먼저 접근하여 묘사하고 그 현실을 다룰 적절한 개념을 찾아 다른 매체에서 널리 사용될 표현을 결정한다는 것을 의미한다. 그러므로 다양한 뉴스 서비스에서 기준을 통일하고 일관성을 달성하고 일치된 접근법을 제공하려고 노력하는 것이다. 그러나 종종 뉴스 에이전시는 사건에 대한 최초 해석을 제공하는 데 사용되는 용어를 바꾸거나 타협을 해야 할 때도 있다. 한 뉴스 편집자의 예를 들면, 아프가니스탄에서 미국이 수행한 작전 'inifinite justice(무한 정의)'의 스페인어 직역 'justicia infinita'가 몇 시간 동안 배포되었는데 다시 'justicia perdurable' 즉, '지속되는 정의'로 바뀌면서 강조하는 바가 약간 달라졌다. 하지만 동시에 뉴스 에이전시는 다른 매체에서 일반적으로 사용하는 용어와 방식에 구속되어 있어 그에 따라 바꿔야할 수도 있다. 뉴스 에이전시는 이러한 업무를 쉽게 하기 위해 방대한 양의 고유 명사 목록과 보기 드물거나 문제의 소지가 있는 용어에 대한 지침을 마련해 놓았다.

전 세계에서 발생하는 사건을 묘사하는 뉴스 에이전시의 업무에는 두 가지 주요 특징이 있다. 바로 정확성과 속도이다. 속도는 항상 에이전시 저널리즘의 중요한 부분을 차지한다. 사건에 대한 실제 정보를 단시간 내에 전달하는 것이 생명이기 때문에 현장에 먼저 도착하여 경쟁을 뚫고 특종을 터트릴 귀중한 정보를 얻어내야 한다. 각 뉴스 에이전시에는 저마다 특종에 대한 영웅담이 있으며 독창성과 신속함을 발휘하여 다른 경쟁자들보다 먼저 정보를 선점한 기자에게 상을 수여해 왔다. 로이터는 1948년 간디 저격 사건을 70분 만에 보도했고, AFP는 1972년 뮌헨 올림픽 당시 이스라엘인 인질의 죽음을 다른 뉴스 에이전시보다 56분이나 먼저 보도한 것으로 유명하다. 당시 남아있던 기자가 시장에게서 정보를 얻어낸 것이었다. 시장은 인질을 구했다는 첫 공식 발표를 부인했다. AFP와 계약을 맺지 않은 일부 일간지가 다음 날 아침 인질들이 석방되었다는 기사를 1면에 실은 것을 볼 때, 속보로 정확한 정보를 전달하기 위한 시간과의 싸움이 얼마나 중요한 것인지 잘 드러난다.

몇 십 년 전 정보 전달 기술이 지금과 같이 발달하지 않았을 무렵 특파원들은 다른 특파원들이 정보에 접근할 수 없도록 전화나 전보로 먼저 정보를 보내는 것이 일반적인 관행이었다. 어떤 UIP 저널리스트는 AP 출신의 동료와 함께 쓰던 전화로 댈러스에서 케네디 대통령이 암살되었다는 소식을 먼저 접하고 고의적으로 동료에게 그 정보를 전하지 않음으로써 AP 저널리스트가 정보를 늦게 전송하게 만들었다. 최근까지만 해도 저널리스트들 간에 전신국의 직원들에게 뇌물을 주거나 전화기가 고장 난 척하는 것이 일반적인 관행이었다.

오늘날 기술이 발전하면서 정보 전송 속도가 빨라져 거의 사건이 일어나자마자 기사를 보도할 수 있게 되었고, 지속적인 정보 경로와 인터넷을 통해 후속 기사와 속보를 끊임없이 내보낼 수 있게 되었다. 이러한 정보 순환의 가속화로 인해 새로운 출처에 대한 요구가 발생하였고, 뉴스 에이전시는 실시간 정보에 대한 고객들의 요구를 충족시켜야 한다는 부담이 증가하였다. 이제 뉴스 에이전시는 신문 마감 시간에 구애받지 않고 언제든지 다채로운 정보에 대한 다양한 고객의 요구를 충족시켜야만 한다.

시간과 속도로 인한 압박은 뉴스 에이전시의 번역 관행에 직접 영향을 미친다. AFP의 보도국장은 이에 대해 다음과 같이 설명한다.

에이전시의 사람들은 매우 빠른 속도로 작업한다. (중략) 이곳의 저널리스트는 나 역시 주의를 기울여야 하는 텍스트를 매일 20-40개씩 처리하며 그 중 4-5개는 번역 텍스트이다. 일을 빨리 진행하다 보면 실수를 하게 되고 직역을 하며 텍스트의 의미와 맥락을 바꿔야 한다. 모든 것이 극에 달해있고 그 속도가 점점 더 빨라지고 있다. 몇 년 전에만 해도 신문사는 분석 기사를 기다렸다. (중략) 하지만 오늘날 키토에 있는 신문사는 영어 신문사가 오늘 보도하거나 내일 보도할 석유 문제에 관한 분석 기사를 즉시 받길 원한다. (중략) 번역이 아무리 복잡하더라도 그에 할애할 수 있는 시간은 한 시간이 채 되지 않는다. 한 시간 만에 600단어를 번역하고 좋은 품질을 보장하는 것은 상당히 어려운 일이다.

시급한 정보일수록 뉴스 에이전시가 느끼는 부담은 강해진다. 일반적으로 급한 정보에는 시간이 별로 없어 수정하거나 다시 쓸 여지도 없이 몇 분 안에 배포되어야 하고 번역도 직역에 가까워진다.

그렇지만 빠른 속도로 작업한다고 해서 결국 뉴스의 정확성이 떨어진다고 생각해서는 안 된다. 반대로 속도를 뉴스 번역 과정의 본질적 부분이자 기사의 질적 요소로 인식해야 한다. AFP의 한 뉴스 편집자는 '번역한다는 것은 빠르고 정확하게 번역한다는 것'이라고 말했고 다른 편집자는 '빠른 속도는 작업의 일환'이라고 지적했다. 반드시 기사 번역에는 완벽한 구조적 문법적 정확성을 중요시하는 다른 종류의 번역과 구별되는 리듬이 있어야 한다. IPS의 선임 구성원은 뉴스 에이전시 저널리즘의 특징이 속도와 아드레날린이라고 하면서 다음과 같이 강조했다. '속도는 뉴스의 품질만큼 중요하고 이미 품질의 일부이다. [텍스트에] 오류가 있고 완전하지 않더라도 빨리 나와야 한다.' 속도와 정확성이라는 개념에는 본질적인 모순이 발생하지만 이 두 가지를 보장하는 것이 뉴스 에이전시의 일이기 때문에, 앞장에서 살펴보았듯이 오역을 포함하여 부적절하거나 잘못된 정보를 항상 수정하여 정보 출처로서 신뢰도를 유지해야 한다.

앞에서 보았듯이 IPS의 작업 속도는 그렇게 빠르지 않다. 일반적으로 텍스트 하나를 번역하는 데 평균보다 훨씬 긴 두 시간 정도가 소요되고, 편집자들은 하루에 편집 작업과 번역 작업을 포함하여 총 다섯 개의 텍스트를 작업한다. 한 번역가 겸 편집자는 번역에 대한 IPS의 방침과 그 결과에 대해 다음과 같이 설명한다.

> IPS는 점점 시간에 구애받지 않는 기사를 다루고 있다. 주류 매체와 다른 초점, 시각, 맥락에 따르는 기사가 우리의 집중영역이다. 그러므로 우리는 부담을 느끼지 않는다. 하지만 라틴 아메리카에 대한 영어 서비스는 온종일 지속 가능한 방식으로 최대한 빨리 작업해야 하고 더 긴급한 뉴스가 있을 때도 있다. (중략) 우리가 가장 먼저 혹은 두 번째로 보도하지 않는 대신에 색다른 관점, 필요한 맥락과 출처, 목소리를 내지 못하는 사람들과 시민 사회로부터의 정보를 갖춘 좋은 기사를 제공하려고 노력한다.

그러나 뉴스 번역이 다른 번역들과 다른 점은 적시에 텍스트를 생산해야 하는 것이다. 따라서 IPS의 라틴 아메리카 편집 위원장은 다음과 같이 말한다.

> 기사는 길이가 길고 풍부한 맥락과 확실히 입증된 자료 등에 기반을 두며, 번역에는 더 오랜 시간이 소요된다. 하지만 우리에겐 할당량과 일정이 있기 때문에 특히 최근 들어서 그러한 업무 관습을 바꾸고자 노력 중이다. (중략) 4, 5개의 문단으로 된 기사 번역과 문학 번역이나 에세이나 학술 저작물 번역에는 큰 차이가 있다. IPS는 문학이나 학술 저작물을 다루지 않는다. 신문과 인터넷에 실릴 뉴스를 생산하고 이는 오늘이나 내일 중에 독자들이 읽어

야 한다. 따라서 기사가 갖출 수 있는 모든 가치를 넘어서 우리의 업무에는 근본적으로 언론의 리듬이 필요하다.

저널리스트: 보이지 않는 번역가인가?

뉴스 생산의 맥락에서 번역가의 불가시성에 대한 문제를 생각해 보면, 언론 분야에서 번역이 맡은 역할이 무엇인지 뉴스 번역이 다른 종류의 번역과 다른 점은 무엇인지 알 수 있다. 이 절에서는 저널리스트들의 의견을 바탕으로 이러한 문제를 살펴보고자 한다. 저널리스트들을 대상으로 뉴스 분야에서 번역의 불가시성에 대한 의견을 묻는 인터뷰를 진행했다.

　일부 편집자들은 번역이 불가시적이어야 한다고 응답했다. 왜냐하면 번역에 서명을 안 할뿐더러 불가시성으로 인해 기사 작성자의 작업과 관점을 존중하는 좋은 품질의 번역이 생산되기 때문이다. 이에 대해 한 편집자는 다음과 같이 말했다.

> 뉴스 에이전시에서 한 번도 번역자가 명시적으로 드러나는 것을 본 적이 없다. 편집자 또한 마찬가지이다. 내부 체제에서 과정마다 이니셜로 책임자 즉, 저자, 편집자, 번역가를 나타내기 때문이다. 하지만 이는 내부에서만 통용될 뿐 대중은 모르기 때문에 비공개로 남는다. 번역가의 경우가 더욱 그러한데, 편집자는 최종적으로 상황을 처리하고 독자들의 편지를 받기 때문이다. 반대로 번역가는 그러한 일을 하지 않는다.

이러한 맥락에서 한 번역가 겸 편집자 또한 다음과 같이 말했다. '일반인들이 편집자의 업무를 알 수 있기 때문에 편집자보다 번역가가 더 투명한 존재이다. (중략) 대중은 뉴스 에이전시에 번역가가 있는지도 잘 모른다. 원

어민 영어 화자가 기사를 쓴 줄 안다. 그래서 우리는 투명한 존재이다.'

다른 한편 편집자들은 뉴스 번역가들이 특정 형태로 텍스트에 개입한다는 사실을 지적하면서 번역의 불가시성에 대해 의문을 제기한다.

> 뉴스에서 [번역이] 그렇게까지 투명한 과정인지 잘 모르겠다. 왜냐하면 우리는 우리가 안다고 생각하는 대중이 속한 다른 맥락에서 발생한 현실을 직접 변형하기 때문이다. 언론 개념에서의 번역가들은 많다고 생각한다. 번역가로서 텍스트 전체를 다시 바꾸는 일은 할 수 없지만 특정 뉘앙스, 심지어 기사를 좌우하는 뉘앙스를 추가할 수 있다.
>
> (중략) 엄밀하게 생각하자면 투명한 것이지만 실제로는 50 대 50이다. 해당 지역 대중의 관심에 정보를 맞춰야 하기 때문이다. 따라서 자료를 추가하거나 삭제하는 것과 같은 개입은 할 수 없지만 기사의 방향을 수정하거나 정보의 우선순위를 지정할 수 있다. 이것이 번역 자체의 개입은 아닐지 몰라도 우선순위 재분배의 측면에서는 개입이라고 할 수 있다.

이러한 종류의 개입은 번역 과정으로 간주되는 세 가지 주요 업무와 관련 있다. 첫 번째는 선택과 종합으로, 관련 있다고 생각하는 정보를 목표 언어로 바꾸는 과정이다. 두 번째는 정보의 우선순위 재분배로, 원문을 새 독자층의 요구에 맞추는 것이다. 세 번째는 새로운 정보 맥락에 맞도록 기사의 관점과 뉘앙스를 바꾸는 것이다. 이전 장에서 살펴보았듯이 다른 독자층의 요구와 기대를 충족시키기 위해 기사의 관점을 바꿀 수 있는 여지 때문에 등가의 의미가 넓어지며 여러 버전의 글로벌 뉴스가 다양한 지역적 맥락에서 다르게 기능할 수 있게 된다. 뉴스 생산에서 번역가의 가시성과 텍스트를 변형하는 일은 다른 대중에게 더 효과적으로 기능하는 뉴스 텍스트를 생산하기 위해 원래 뉴스 앵글과 관점을 바꾸는 힘과 직접 관련되어 있다.

뉴스 에이전시의 뉴스 생산 측면에서 볼 때 이러한 맥락에서 다양한 뉴스 서비스의 기준을 통일시켜 일관성 있는 편집 정책을 마련하려는 요구와 문화적, 지리적, 언어적 차이를 드러내려는 요구 사이에 큰 모순이 발생한다. 뉴스 에이전시는 언어적, 지역적 차이에도 불구하고 세계에 대한 일관된 시각을 제공해야 하며 통합된 시각을 보급하기 위해 매일 지역 간의 조율이 이루어지지만, 긴급한 정보가 끊임없이 발생하기 때문에 언제나 위협을 받는다. 그러나 한편으로 각 지역에 일반적인 주안점과 기사의 관점은 각 현지 환경에 따라 결정되고, 텍스트가 뉴스의 기능을 제대로 수행할 수 있도록 특정 맥락에 따라 조정해야 한다. 이러한 모순은 뉴스 에이전시와 같이 여러 국가의 지역에 존재하는 글로벌 기관의 핵심에 존재하고 있으며 해소하기는 매우 어렵다.

기사의 관점에 충돌이 일어난 좋은 예로, AFP 몬테비데오 지역 총괄국에서 현장 조사를 할 당시 있었던 로날드 레이건 장례식에 관한 기사를 들 수 있다. 워싱턴에서 전송된 영어 기사를 몬테비데오 지역 총괄국에서 스페인어로 번역하면서 차이가 분명하게 드러났다. 원문은 한 나라의 존경받는 대통령의 삶과 업적을 기리는 기사였지만, 라틴 아메리카 지역에서 레이건은 미국의 가장 공격적인 외교 정책과 중앙아메리카 독재 정권 내전과 관련된 인물로 나쁜 평가를 받고 있다. 이러한 맥락에서 라틴 아메리카 매체 독자들에게 중요한 것은 부인을 마지막으로 바라보는 前대통령에 대한 묘사보다 레이건의 경제 정책과 니카라과, 엘살바도르, 과테말라의 전쟁에 참여한 것에 대한 배경 지식을 추가하는 것이었다.

뉴스 에이전시 간의 지속적인 조율과 영어를 사용하는 저널리즘의 영향력이 증가함에도 불구하고 다양한 문체, 내용, 초점, 정보의 우선순위는 각각의 뉴스 서비스에 계속 유지되고 있다. 뉴스 번역의 과제는 이러한 차이

를 처리하는 동시에 언어, 문화, 지리적 경계를 가로질러 정보를 성공적으
로 전달하는 것이다.

6

뉴스 에이전시 텍스트의 분석

제4장과 제5장을 통해 뉴스 번역 분석을 위한 일반 틀과 뉴스 에이전시의
최근 관행에 대해 살펴보았다. 이번 장에서는 뉴스 에이전시에 실린 기사
를 중심으로 뉴스를 분석하여 뉴스 에이전시에 나타난 번역의 성격에 대해
알아보도록 하자.

전 세계에서 일어나는 일을 묘사하는 뉴스 에이전시는 지금까지 보았듯
이 새로운 사건전개에 따라 끊임없이 기사를 수정하고 업데이트하면서 기
사 출력물을 산출해 내는 일을 하나의 과업으로 하고 있다. 끊임없이 기사
를 선정한다는 원칙은 AFP의 Manual of the Spainsh Service에 잘 표현되어
있다.

Resulta obvio decir que siempre hay en algún lugar del mundo un lector
consultando Internet o el WAP de su teléfono celular, un cliente que está
cerrando sus páginas o consultando su pantalla para tomar decisíones antes
de comenzar su noticiero de radio o televisión.

Esta realidad impone no solamente actuar deprisa, sino también trabajar
de modo que no haya 'agujeros negros', es decir, que pasen varias horas
sin que la agencia informe sobre los temas del día o los que van a serlo.
Para ello, es necesario organizar programas de cobertura que incluyan
notas previas, notas sucesivas, análisis y papeles de seguimiento. No se
trata de repetir más o menos mecánicamente el mismo papel, sino de
encontrar ángulos o géneros capaces de mantener el interés de nuestros
clientes.

(2000: 37)

(세계 어디서든 인터넷이나 휴대전화의 무선 인터넷을 이용하는 독자와 라
디오나 텔레비전에 실을 뉴스광고를 내보내기 이전에 광고 스크립트를 끝내
고 영상 작업을 상의해서 최종결정을 내려야 하는 광고 의뢰인들이 항상 존
재한다는 것은 분명한 사실로 보인다.

이런 현실에서 빠르게 작업을 진행하는 일과 오늘의 주제나 주제 예상
기사의 정보를 몇 시간 동안 '공백black holes'으로 두지 않도록 하는 일은 뉴스
에이전시에서 대단히 중요하다. 이를 위해 1차 리드, 2차 리드, 분석, 후속기
사 등을 포함하는 뉴스 취재를 위한 계획을 세울 필요가 있다. 이것은 같은
기사를 기계적으로 반복하는 게 아니라 고객의 흥미를 유발하기 위한 새로
운 시각과 장르를 찾는 일이다.)

뉴스매체에 실을 기사를 선정하고 과거에는 정보 생산의 일정과 속도를 신
문 마감 시간대의 피크타임에만 적용하였으나 지금은 전 세계 인터넷 이용
자들에게 맞춰 기사를 수정하는 걸 볼 때 인터넷과 같은 새로운 기술이 얼

마나 중요한지 위 인용글이 잘 말해 주고 있다. 새로운 매체가 언론에 미친 영향을 서술한 책으로 건터Gunter(2003), 하퍼Harper(1998), 카와모투Kawamoto (2003), 파브릭Pavlik(2001) 등의 저서가 있긴 하지만 인터넷이 뉴스 에이전시에 미친 영향에 대한 체계적인 연구는 아직 미흡한 상태이다.

과거 수십 년에 걸쳐 정보 도매 생산자인 뉴스 에이전시와 정보 소매자인 언론사와의 구별은 상대적이었고 꾸준히 재조정되어 왔다. 새롭게 등장한 언론 기관은 다른 매체에 판매할 뉴스 상품을 생산하는 임무와 지속적인 정보 통로로서 대중과 직접적으로 의사소통을 하기 위한 임무를 동시에 떠맡았고 전통적인 도매업자였던 뉴스 에이전시들은 대중과 직접 접촉하기 시작했다. 후자의 경우에 인터넷의 역할은 대단히 중요하며 이에 대해 여러 뉴스 에이전시는 각가지 다양한 반응을 보였다. 로이터는 기사 열람 요건에 어떤 제약을 두지 않고 일반 대중이 광범위한 뉴스를 선택할 자유를 제공하는 매체로서 인터넷을 수용하는 입장을 취했다. AFP의 접근방법은 많이 다르다. AFP는 뉴스기사, 그림, 텔리타이프* 뉴스와 같은 여러 가지 형식의 기사를 선별해서 아주 제한적으로 제공한다. 그들은 많은 대중에게 정보를 제공하기보다 이용 가능한 기사를 홍보할 목적으로 일부 기사를 제공한다. IPS는 인터넷을 전면적으로 수용하여 더 이상 텔리타이프를 이용하지 않는다. IPS의 뉴스기사는 웹사이트를 통해 일반인들이 이용할 수 있으나 일부 기사와 온라인 자료열람에는 등록이 되어있어야 한다.

게다가 뉴스 에이전시는 여러 언어로 쓰인 온라인 기사와 신문을 포함하여 웹용 멀티미디어 뉴스가 담긴 온라인 기사를 제공하며 필요한 경우에

---

* 역주－텔리타이프(teletype): 타이프라이터로 문자를 치면 자동적으로 전신 부호(電信符號)로 번역되어 송신되고, 수신측에서는 반대로 수신된 전신 부호가 문자로 번역되어 나오는 전신 장치.

는 선별된 뉴스를 고객사의 이메일로 전송한다. 온라인 뉴스 서비스는 간단히 자르기와 붙이기 기능을 이용해 고객사가 자신들의 웹사이트로 가져갈 수 있는 최종 기사물이다. 이 책의 제3장에서 보았듯이 뉴스 에이전시는 특정 미디어 고객에게 새로운 정보를 제공하여 필요에 따라 재작업의 가능성을 열어둘 뿐만 아니라 수정 없이도 출판이나 방송이 가능한 미디어 기사물을 다양하게 생산한다. 온라인 뉴스 서비스가 이런 양상을 보여주는 극단적인 형태인 반면에 웹사이트는 뉴스 기사를 전혀 손대지 않고 싣는 소형 신문사와 거의 흡사하며 뉴스 에이전시를 원정보제공자로 이용하는 대형 신문사의와 대조를 이룬다.

인터넷은 많은 뉴스 서비스 중에서 자신에게 가장 맞는 맞춤식 뉴스를 제공하며 점점 더 많은 언어로 뉴스를 배포하고 활용하는 것을 용이하게 한다. 뉴스 매체는 인터넷 서비스를 위해 더 많은 시간을 번역에 할애한다. AFP의 몬테비데오 지사에 근무하는 두 명의 기자는 일반 업무로 AFP의 온라인 신문인 《iAFP 야!*iAFP Ya!*》에 실을 기사를 번역한다. 로이터 통신의 마드리드 지사는 스페인어판 보도국 뿐 아니라 스페인어 온라인 서비스를 생산하는 온라인 보도국를 두고 있다. 스페인어 서비스 담당 기자의 말에 따르면 온라인 보도국에서 생산하는 기사는 20%대 80% 비율로 스페인어 원문 기사보다 번역된 기사가 압도적으로 많은 비중을 차지한다고 한다. 스페인어 보도국에서는 이런 관계가 반대로 나타난다. 그는 인터넷이 정보에 대한 욕구, 특히 지역정보에 대한 많은 수요를 어떻게 만들어내는지를 다음과 같이 설명한다.

정보 폭발로 인터넷이 탄생하였다. 예전에는 없었던 온라인 보도국이 생겼다. 스페인어 온라인 보도국은 기사를 번역해서 웹사이트로 전송하는 기본 업무 담당자 2명으로 시작했으나 지금은 예닐곱 명이 주말도 없이 오전 7시부터 밤 11시까지 근무하고 있다. 일부 국가에서는 24시간 서비스를 제공하고 있다.

인터넷으로 인해 뉴스 에이전시는 대중에게 정보를 직접 제공하는 새로운 역할을 갖게 되었고 그 영향력은 이 장에서 분석할 뉴스 기사의 여러 샘플을 통해 보게 될 것이다. 이 장의 주요 목적은 두 가지이며 하나는 뉴스 기사를 보급하는 과정에 나타나는 언어 다양성의 유형을 살펴보는 것이며 다른 하나는 특정 기사가 어떻게 번역되는지를 자세히 분석하는 것이다. 뉴스 에이전시가 생산하는 기사의 양이 엄청나서 이런 종류의 연구가 쉽지 않기 때문에 서로 다른 에이전시에서 나온 3개의 작은 샘플을 기초로 분석하였다. 각각의 샘플은 뉴스 에이전시에서 언어와 번역이 갖는 여러 가지 양상을 자세히 보여준다. 첫 번째 절에서는 2004년 6월에 몬테비데오에 위치한 AFP의 지사가 현장조사에서 수집한 여러 기사를 다룬다. 이런 비체계적인 샘플은 여러 종류의 뉴스 에이전시 기사의 주요 특징과 기사 생산에 있어 번역이 갖는 역할을 설명하는데 이용된다. 두 번째 샘플은 영어, 스페인어, 프랑스어 로이터 웹사이트에서 발행한 뉴스 기사들이다. 여기서는 지정 날짜에 대중들이 이용한 뉴스 기사의 소재를 검토하여 뉴스 번역의 기본 기능과 뉴스 기사가 특정 기관 내에서 회람되는 방식을 설명할 것이다. 마지막 세 번째 샘플은 IPS가 영어, 스페인어, 네델란드어로 취재한 2004년 세계사회포럼2004's World Social Forum에 관한 기사를 체계적으로 분석하여 뉴스 생산에 있어 언어와 번역에 대한 새로운 방침이 어떤 효과를 가졌는지 알아본다.

뉴스 기사의 번역: AFP 기사 샘플

뉴스 에이전시의 성격과 구조를 가장 잘 묘사하는 방법은 긴급 정보가 전개되는 방식을 따라가는 것이다. 가수 레이 찰스의 사망 소식이 2004년 6월 10일에 홍보담당자를 출처로 뉴스 단신을 통해 알려졌다. 즉시 속보가 이어졌고 몇 분 지나서 1차 리드가 나왔다.[31] 이 모든 소식은 재빠르게 각국 언어로 번역되었고 영어 기사 보도 후 채 5분도 지나지 않아 스페인어와 프랑스어 번역 기사가 나왔다.

  세계 표준시로 오후 4시 38분에 배포된 속보는 제일 먼저 사망 원인과 레이 찰스의 나이를 포함한 배경지식을 자세히 전했고 다음과 같이 모든 후속 정보를 실었다.

> 전설적인 가수 레이 찰스 73세로 사망 – 홍보담당자
> 로스엘젤레스, 6월 10일(AFP) – '솔음악의 천재Genius of Soul'라는 애칭의 전설적인 가수 레이 찰스가 간염 합병증으로 목요일에 사망하였다고 찰스의 홍보담당자가 전했다. 향년 73세이다.

스페인어와 프랑스어 번역 기사가 3분 만에 실렸다.

> El legendario cantante Ray Charles muere a los 73 años
> LOS ANGELES, Jun 10 (AFP) – El legendario músico Ray Charles, conocido como 'el genio del soul', falleció este jueves a los 73 años como resultado de una enfermedad que le afectaba el hígado, dijo su agente de prensa a la AFP.

> Le chanteur de jazz Ray Charles est mort

LOS ANGELES, 10 juin (AFP) — Le chanteur et musicien de jazz américain Ray Charles, surnommé 'le génie de la soul', est mort jeudi à l'âge de 73 ans de complications d'une maladie du foie, a annoncé son agent à l'AFP.

가장 중요한 정보를 첫 단락에 쓴 후 내림순으로 써내려가는 뉴스 기사의 역피라미드 구조는 배경지식과 세부내용을 담은 더 긴 후속 기사에도 이 정보가 계속 유지되었음을 의미한다. 16시 41분에 배포된 영어판 리드를 보면 다음과 같다.

> 전설적인 가수 레이 찰스 73세로 사망 - 홍보담당자
> 로스엘젤레스, 6월 10일(AFP) — '솔음악의 천재Genius of Soul'로 불리는 전설적인 가수 레이 찰스가 간염 합병증으로 화요일에 사망하였다고 찰스의 홍보담당자가 말하였다. 향년 73세이다.
> 제리 디그니는 그래미상을 수상한 레이 찰스가 비버리 힐스 자택에서 오전 11시 35분(세계 표준시 오후 4시 35분)에 사망했다고 전했다. 가족과 친구가 그의 임종을 지켰다.

둘째 단락에 사망 장소와 시간이 추가되었다. 1차, 2차 리드의 연장으로 30분 뒤 449 단어의 서명된 후속 기사에서 그래미상 수상자라고 이미 소개된 레이 찰스의 가수로서의 경력이 인용구, 세부내용, 배경지식 등을 통해 자세히 소개되었다. 이 기사는 이미 뉴스 에이전시의 특색에 맞춰 전체 기사 내용을 제공하고 있으며, 레이 찰스의 경력과 더불어 사망과 질병에 대한 가장 관련이 깊은 사실을 자세히 명시하고 있다. 이 기사는 거의 비슷한 용어를 사용하여 스페인어와 프랑스어로 번역되었다. 동시에 레이 찰스의 전기 요약이나 이력과 같은 일련의 관련 기사가 배포되었고 여러 뉴스 서비

스로 번역되었다.

　뉴스 에이전시 번역은 빠르고 신뢰할 수 있는 사실 정보에 대한 번역이어야 하며 최소한의 수정만 가능한 경향이 있다. 그러나 글자를 그대로 옮기는 번역글의 문맥 속에도 중요한 차이가 발생하고 경우에 따라 특정 뉘앙스를 강화하기 쉽다. 예를 들면 2004년 6월 10일 이스라엘 군대가 두 명의 젊은 팔레스타인인을 죽였다는 리드 기사가 프랑스어, 영어, 스페인어로 실렸다. 프랑스어와 스페인어 기사는 제목에 사망한 팔레스타인인이 10대라고 구체적으로 명시했지만('Deux adolescents palestniens tués par des soldats israéliens en Cisjordanie' and 'Dos adolescentes palestinos muertos por soldados Israelíes en Cisjordania') 영어 기사에서는 본문 첫 단락에만 언급할 뿐 제목('두 명의 팔레스타인인이 웨스트뱅크에서 이스라엘 군대에 의해 살해')에서는 이 정보를 누락시켰다. 200단어에도 못 미치는 짧은 기사의 정보를 번역할 때 직역을 하지 않고 변형을 가한 또 다른 경우는 세부적인 내용이다. 프랑스어와 스페인어 기사에서는 첫 번째 희생자가 나블루스의 라스 알 아인 지역에서 7대의 군용지프의 공격을 받아 사살되었다고 구체적으로 언급하였지만 영어 기사에서는 '군대가 나블루스의 북쪽 마을을 공격하였다'고만 전했다.

　팔레스타인인에 가해진 폭력에 관한 정보는 영어, 프랑스어, 스페인어 기사 보도가 모두 비슷하며 길이나 세부 내용이 다르지 않고 많은 경우 뉴스 기사 원문을 거의 직역한다고 주장한다. 번역이 달라지는 경우는 원문 기사가 목표로 하는 독자가 아닌 더 먼 지역에 거주하는 독자들을 대상으로 정보를 전달하기 위해 번역할 때 나타난다. 예를 들어 라틴 아메리카에 관한 스페인어 원문 기사를 프랑스어로 번역하는 경우 프랑스 언론 시장과 독자들의 구미에 맞추기 위해 반드시 원문 기사에 많은 변형이 가해진다.

어떤 변화가 일어났는지 알아보기 위해 이러한 특징을 잘 보여주는 짧은 스페인어 원문 기사 전문과 프랑스어 번역 기사를 살펴보자.

Cerveceria guatemalteca producira cerveza para seguidores de ciencia ficcion

GUATEMALA, Jun 11 (AFP). La Cerveceria Centroamericana(CCA), de capital guatemalteco, fue contratada por los estudios estadounidenses Paramount Pictures para producir una cerveza dedicada a los seguidores de peliculas o series de ciencia ficcion, informo este viernes un representante de la firma.

La cerveza, cuyo nombre sera Romulan Ale, sera de color azul debido a que corresponde al color oficial de los filmes integalacticos, indico el jefe de exportaciones de la compania guatemalteca, Jimmie Shepherd.

'Fue un verdadero reto hacer la cerveza con ese color sin que perdiera su sabor original', aseguro.

'Por lo menos cuatro veces al ano, los fieles seguidores de Star Wars y Star Trek se reunen en Estados Unidos en grandes convenciones', donde sera vendido el nuevo producto, agrego, pero no revelo la cantidad que se producira anualmente.

De acuerdo con Shepherd, Cerveceria Centroamericana fue seleccionada debido a los premios a nivel mundial que ha ganado la elaboracion de su producto lider 'Cerveza Gallo'.

El empresario comento que la firma tambien fue contratada por la cadena alemana Aldi para que produzca y distribuya las cervezas Monterrey y Light en mas de 700 sucursales en Estados Unidos.

과테말라 맥주 제조업체, 공상과학영화 팬들을 위한 맥주 생산 임박
과테말라, 6월 11일(AFP) − 지난 금요일에 과테말라의 수도에 위치한 맥주

제조업체 세르베체리아 센트로아메리카나(CCA)가 북미 파라마운트 영화사의 주문을 받아 공상과학 영화나 TV시리즈물 팬들을 위한 맥주를 생산할 예정이라고 회사 대변인이 말했다.

로물란 알레라는 이름의 이 맥주는 은하계를 다룬 영화의 공식색깔인 파란색과 같은 색의 맥주가 될 것이라고 과테말라 맥주 제조업체의 수출 담당책임자 지미 세퍼드가 언급하였다.

'맥주 고유의 맛을 잃지 않고 이런 색깔의 맥주를 생산하는 일은 진정한 도전이었다'라고 그는 말했다.

'스타워즈와 스타트렉 팬들이 적어도 1년에 4번은 미국에서 대규모 집회를 개최하기 때문에' 여기를 겨냥해서 신제품의 판매가 이루어질 예정이라고 덧붙여 말하였다. 연간 생산량은 언급하지 않았다.

세퍼드씨에 따르면 세르베체리아 센트로아메리카나사가 선정된 배경에는 회사의 주력 제품인 '체르베자 갈로'가 국제적으로 받은 우수제품 수상 경력 때문이라고 한다.

또한 이 회사는 독일 체인점인 알디사의 의뢰로 몬테레이와 라이트 맥주를 미국의 700개 이상 지점에 생산, 유통을 맡기로 계약했다고 한다.

Une biere bleue pour les amateurs des films et series de science fiction GUATEMALA, 11 juin (AFP). Une brasserie guatemalteque va produire de la biere de couleur bleue a la demande de Paramount Pictures (cinema), filiale du groupe americain Viacom Entertainment

Group, pour les amateurs de films et de series de science-fiction, a annonce vendredi un representant du fabricant de boisson.

Selon le chef du departement exportation de l'entreprise guatemalteque, Jimmie Shepherd, la couleur bleue est la couleur officielle des fans de Star Wars et de Star Trek, celebres film et serie de television, qui se reunissent 'Du moins quatre fois paran lors de grands rassemblements aux Etats-Unis', ou la biere sera vendue.

'Cela a ete un veritable defi de faire de la biere de cette couleur sans

perdre son gout original', a-t-il dit, sans reveler la quantite qui sera
produite annuellement.

공상과학 영화와 TV시리즈물 팬들을 위한 파란 맥주
과테말라, 6월 11일(AFP) — 한 과테말라 맥주업체는 아메리카 비아콤 엔터
테인먼트 그룹의 자회사인 파라마운트 영화사의 요청으로 공상과학영화와
TV시리즈물 애호가들을 위해 파란 맥주를 생산할 것이라고 주류업체의 대
변인이 금요일에 발표했다.
과테말라 회사의 수출부서 책임자인 지미 세퍼드에 따르면 파란색은 인기영
화 스타워즈와 인기 TV시리즈물인 스타트렉의 팬들이 공인하는 색깔이라고
한다. 이들 팬들이 '최소 1년에 4번'을 미국에서 개최하는 대규모 집회에서
이 파란 맥주가 판매될 것이다.
'본래의 맛을 잃지 않는 파란색의 맥주를 생산하는 일은 진정한 도전이었다'
고 그는 말했으며 연간 생산량이 얼마나 될지는 밝히지 않았다.

프랑스어 번역 기사에서 목표언어 사용자 중심의 가독성과 투명성을 중시
하는 자국화 전략에 의존하는 번역의 일반적인 변형을 볼 수 있다. 프랑스
언론매체는 과테말라 소재 회사가 파란 맥주를 생산했다는 사실보다 파란
맥주를 생산했다는 그 자체를 더 중요시하는 제목을 달았고 맥주 이름이나
제조업체를 프랑스어로 옮기지 않고 마지막 두 단락을 생략하여 관련성이
적은 정보는 누락시켰으며 파라마운트영화사가 비아콤 엔터테인먼트 그룹
의 자회사라는 사실을 구체적으로 밝힘으로 정보를 첨가하고 있다. 뉴스매
체 형식과 특히 엄격하게 위계에 따라서 정보를 제공하는 역피라미드 구조
는 번역을 용이하게 하며 스페인어 기사의 마지막에 언급된 관련성이 적은
정보는 길이가 짧아진 프랑스어 기사에서 누락되었다. 또한 뉴스 에이전시
형식에 맞추기 위해 정보 제공자의 말을 인용한 부분은 그대로 실어 출처

임을 명시했다. 그러나 프랑스어 번역 기사는 뉴스 관련성과 새로운 맥락에 위치한 독자의 배경지식에 맞춰 변형되었다. 또한 미세한 다시쓰기를 통해 원문을 가장 효율적으로 번역한 사례이다. 이러한 목적을 이루기 위해서 프랑스어 기사는 스페인어 기사의 첫 두 단락을 한 단락으로 합쳤고 두 번의 인용부분의 순서를 바꿔 정보제공자의 첫 번째 진술을 기사의 말미에 썼다. 결과적으로 프랑스어 번역 기사는 기사의 형식과 일관성에서 원문인 스페인어 기사에 비해 향상되었다.

제5장에서 보았듯이 몬테비데오 지사에서 근무하는 라틴 아메리카 담당 지부 편집자가 생산한 뉴스 기사처럼 지정학적으로 사건 장소로부터 먼 곳에 거주하는 대중에게 전달되는 뉴스 기사의 번역에는 원문의 많은 부분을 다시 쓰고 여러 출처 기사를 결합하는 경우가 종종 생긴다. "Soumis à un referendum, Chávez lance sa contre-attaque(국민투표에 굴복한 차베스, 반격을 시도하다)"라는 제목의 2004년 6월 11일자 기사를 한 예로 들 수 있다. 이 기사는 2004년 6월 10일자의 (탄핵을 위한 국민투표에 맞서는 차베스의 전략)(출처 기사 A)이라는 기사와 2004년 6월 11일자의 "Chávez busca aliados en los libros de historia para ganar referendo(차베스, 역사책에서 국민투표에 대적할 우군을 찾다)"(원천 텍스트 B)라는 기사를 기초로 한 번역 기사이다. 재미있는 사실은 두 기사의 작성자인 티비세이 소토의 서명이 프랑스어 기사에도 그대로 나왔다는 사실이다. 프랑스어 번역 기사는 747자와 790자의 원문 기사를 재작업을 통해 651자 기사로 완전히 재구성하였다. 필요에 따라 정보를 분명히 하고 관련 문맥의 세부 내용을 첨가하거나 문장을 수정하는 등, 내용이 상당히 바뀌었다. 기사의 첫 단락인 리드부터 원문 기사를 재해석하여 상당한 변화를 가져왔다.

Avec un discours guerrier et un budget gonflé par les pétrodollars, le
président vénézuélien Hugo Chávez mobilise ses troupes plus de deux
mois d'un référendum susceptible de le chasser du pouvoir, alors que sa
cote de popularité est de 40%.
(공격적인 화법과 오일머니로 막대한 예산을 확보한 베네수엘라 대통령인
우고 차베스는 자신을 권좌에서 물러나게 할 수 있는 국민투표가 실시되기
두 달 이상 전부터 군대를 동원하였다. 이때 그의 지지율은 40%였다.)

원문 기사 A:
Una popularidad del 40% tras cinco años de gobierno; control de un
Estado con las arcas llenas; impactantes programas sociales; liderazgo
indiscutido para sus seguidores e imagen carismática: Hugo Chávez tiene
varias cartas para afrontar el referendo revocatorio del 15 de agosto.
(5년간 집권 후 40%의 지지율, 막대한 자금으로 무장한 국가 통제력, 강력한
사회보장제도, 의문의 여지가 없는 지지자들에 대한 지도력. 그리고 카리스
마 이미지를 갖춘 차베스는 8월 15일에 실시예정인 탄핵 국민투표에 대응할
여러 방법을 갖고 있다.)

번역 기사는 원문에 언급한 차베스 정부의 강점에 관한 부분이 중립적인
어휘로 재구성되었고 '강력한' 사회보장제도와 차베스의 카리스마 이미지
나 지도력 등은 삭제되었다. 또한 번역에서는 '공격적인 화법(avec un
discours gurrier)'을 문장 첫 부분에 썼고 국민투표에서 반대하는 사람들의
수보다 지지하는 사람의 수가 2배 이상 되도록 하기 위해 두 번째 단락에서
차베스 대통령이 내세운 인물인 '마이산타 사령관'를 원문 B의 주제로 삼
아 소개하고 있다. 이 인물은 글을 읽는 새 독자층을 겨냥하여 '1998년에
선출되어 정권을 잡은 퇴임한 군사 쿠데타 지도자(l'ex-militaire putschiste
arriveé au pouvoir par les urnes en 1998)'로 묘사하고 있다. 19세기와 20

세기 초에 과두제 정부와 맞섰던 '마이산타'로 알려진 반군인 차베스의 증조부와 연방군 지휘자이며 1859년의 유명한 전투인 산타 이네스를 승리로 이끈 에제퀴엘 자모라를 끌어들여 차베스로부터 권력을 뺏기 위해 2002년 쿠데타를 포함한 수많은 시도를 배경으로 차베스의 정치적 임무를 비교하고 있다. 프랑스어 번역은 원천 텍스트 B에서 차베스가 언급한 역사적으로 참고할만한 진술을 싣고 있으나 차베스가 말한 볼리바르 혁명의 '반제국주의 국면'을 암시하는 말과 더불어 '대중인기 영합 대통령'고 직접 인용한 부분은 싣지 않고 있다. 그리고 나서 원문 텍스트 A의 기사로 다시 돌아가 스페인어 기사에서는 실리지 않은 문장을 덧붙이고 국민투표 결과를 통계를 통해 예측하며 자료를 분석한 두 기관의 총괄 책임자의 의견을 듣는 등 상세한 내용을 보도한다.

원천 텍스트 A는 차베스의 사회보장제도를 특히 자세히 다루고 있다. 차베스가 주도하는 사회보장제도는 그의 주요 지지층인 극빈층에게 많은 혜택이 돌아가는 제도이며 앞으로도 정부로부터 막대한 자금 지원이 있을 예정이다. 프랑스어 번역 기사는 자료 분석 기관의 총괄책임자 한 명의 말만 인용해서 실었고 원문 텍스트에서 몇 단락에 걸쳐 언급한 사회보장제도는 생략하였다. 또한 차베스가 감추고 싶어하는 부분을 언급하고 있다. 그 부분에는 차베스가 정권을 계속 유지하기 위해 야당을 분열시키고 기권을 유도하는 내용이 담겨 있다. 더불어 야당이 이기기 위해 필요한 유효득표 수를 구체적으로 언급하였으며 마지막 부분은 원문 텍스트 B에 언급한 단독후보 지명에 대해 야당이 반박하는 기사를 실었다.

예에서 보듯이 번역을 통해 다시 쓰기가 상당히 많이 이루어졌고, 이러한 다시 쓰기를 통해 걸러진 원문 기사는 새로운 형태로 재구성되어 두 기사에 포함된 가장 중요한 사실을 효과적으로 전달한다. 제4장에서 이미 지적했듯이 새로운 맥락이 가능하고 기사를 전달받는 목표 독자가 수긍할 때 번역 과정을 통해 새로운 시각이 강조되거나 원천 기사에서 강조하던 부분이 변형되고, 직역을 통해서도 이러한 변형이 종종 일어나기도 한다. 위의 예에서 프랑스어 기사에서 차베스의 장점은 좀 더 중립적인 방식으로 묘사되었으며 동시에 그를 인기에 영합하는 대통령으로 나타냈다. 유럽 독자들에게 인기에 영합하는 대통령이라는 말은 낯선 용어가 아니다. 또한 차베스 대통령이 한 말이 갖는 역할을 최소화시키고 이념적으로 자신의 정책을 정당화하는데 사용한 반제국주의라는 표현은 관련 기사의 논평을 바탕으로 더 객관적인 상황분석을 우선시하기 위해 완전히 삭제하였다.

이러한 기능을 보여주는 또 다른 예는 로날드 레이건 대통령의 장례식을 보도하는 기사에서 찾아볼 수 있다. 영어로 쓰인 2004년 6월 11일자 원문기사의 제목은 '레이건 대통령, 싸우지 않고 냉전을 승리로 이끈 영웅'이며 프랑스어와 스페인어 번역기사의 제목은 각각 'Reagan salué comme le vainqueur de la Guerre froide'과 'Funerales de Reagan convocaron a ex líderes de la Guerra Fría'이다. 이상한 점은 이 원문 영어기사에는 없었던 팀 위처가 서명한 특집기사라는 부분이 프랑스어와 스페인어 기사에는 표시되어 있다. 리건 대통령의 국장(國葬)을 다루는 이 기사의 주목적은 장례식에 참석한 냉전 시대 지도자들의 진술을 싣는 것이다. 이런 목적을 위해 장례식에서 행한 영국 대처 수상의 연설에서 가져온 여러 인용글과 고르바초프와 바웬사가 각각 《뉴욕타임즈*New York Times*》와 《월스트리트저널*Wall Street Journal*》에 한 인터뷰에서 발췌한 내용을 싣고 있다. 더불어 냉전시대가 막을 내리는 시점에 두 강대국의 관계와 점진적인 화해분위기에 관한 간단한 설명도 함께 싣고 있다.

원문 기사는 냉전시대를 승리로 이끈 전직 대통령이라는 이미지를 내세

워 기사 첫 단락에서 로날드 레이건을 '위대한 해방자'로 불렀으며 리건이
1983년에 소비에트 공화국을 지칭한 '악의 제국'에 대항하여 자유 세계를
수호한 지도자라고 표현했던 대처 수상의 연설의 중요 부분을 강조하였다.
프랑스어와 스페인어 번역 기사도 영어 원문 기사틀을 따랐지만 앞서 제목
에서 보듯 미묘한 차이를 상당부분 드러낸다. 가장 큰 차이를 살펴보면, 스
페인어 기사 제목은 레이건 대통령을 냉전의 승리자로 찬양하는 지배적인
시각에 변화를 주어 당시의 주요정치 지도자들이 한 자리에 모였다는 사실
을 더 강조한다. 또한 '위대한 해방자'라는 명칭을 첫 단락이 아닌 대처 수
상의 말을 직접 인용한 12번째 단락에서 쓰고 있다. 기사의 길이가 조금 더
짧아진 스페인어와 프랑스어 번역기사에는 대처 수상과 고르바초프 서기장
의 연설에 나온 몇 가지 인용 부분을 싣지 않았다.

　뉴스 번역의 목적은 기사를 다양한 독자층의 욕구에 맞게 구성하는 것
이다. 이러한 목적을 위해 정보를 재구성하고 맥락에 따라 변화를 주며 원
문 기사의 효과를 극대화하기 위해 다시 쓰기를 신중하게 고려할 필요가
있다. 기사는 보도되는 나라의 현실을 반영한다. 뉴스 기사가 지닌 의사소
통의 목적으로 인해 자국화 번역이나 목표 언어 용례에 맞는 변화된 언어
가 가장 적절한 번역전략이다. 이 말은 목표언어에 맞게 언어구조로 바꾸
는 일반적인 변화와 내용의 변형을 뜻한다. 우고 차베스의 발언을 최소화
하여 뉴스보도에 있어 더 공평하고 중립적인 방식으로 정치적인 관점에서
바라보는 여러 원천 기사들을 우선적으로 다루어 베네수엘라의 현실에 접
근하지만 유럽 대중들은 그를 베네수엘라의 인기에 영합하는 대통령으로
인식하고 있다. 비슷한 논리로 냉전체제에서 많은 인명 피해를 입은 미국
의 뒷마당 격인 라틴 아메리카의 대중에게 로날드 레이건의 장례식은 승리
자로서 전직 대통령을 기리는 행사라기보다 냉전 지도자들이 모두 참석한

추모식으로 더 큰 의미가 있는 것처럼 보인다.

글로벌 뉴스에서 뉴스 에이전시의 역할 변화: 로이터 통신의 인터넷 뉴스기사를 중심으로

앞서 지적한대로 로이터 통신은 인터넷을 이용하여 다른 언론기관을 위한 도매 생산자로서 뉴스 에이전시의 역할과 결별하였다. 대중에게 직접적으로 정보를 제공하기 위한 조직으로 로이터가 추진한 인터넷 전략과 그 중요성은 최근 세계 15대 디지털 뉴스 미디어에 로이터가 포함되었다는 사실에서 알 수 있다. 계속 쏟아져 나오는 정보를 유통하는 조직들이 뉴스기사를 다른 매체에 판매하여 도매와 소매의 전통적인 경계를 없애고 있는 상황에서 로이터가 택한 대응책은 인터넷을 통하여 직접 도매상이 되는 것이다. 이에 대해 이그나시오 뮤로 베나야스Ignacio Muro Benayas는 다음과 같이 말한다. 'Si las fronteras de la actividad entre las agencias y los medios estaban claras hace apenas una década, Internet los ha forzado a compartir, cada vez más, nuevos espacios y a competir por mercados fronterizos y competitivos'(2006: 148)(10년 전에는 뉴스 에이전시와 미디어의 활동 영역이 분명히 나눠졌지만 인터넷의 등장으로 인해 새로운 영역을 공유하게 되었고 근접 시장을 확보하기 위한 경쟁을 벌이게 되었다).

베나야스가 지적하듯이 인터넷은 즉시성, 정확성 그리고 실시간 정보라는 전통적인 가치와 아주 유사한 새로운 형태의 정보전달 메시지를 활성화시켰다(2006: 147). 이러한 형태는 로이터를 비롯한 여러 에이전시들이 기술을 매우 성공적으로 활용할 수 있게 된 이유를 설명한다. 사실 이 장의 앞부분에서 언급했듯이 정보를 지속적으로 생산하고 어떠한 '공백'도 피해야 한다고 설명하고 있는 AFP 매뉴얼의 인용 부분이 연중무휴의 실시간 인터넷 뉴스가 근거로 삼고 있는 원칙들과 아주 유사한 것을 알 수 있다.

가장 중요한 부분으로 뉴스 에이전시와 다른 매체 사이의 경계가 불분명한 것은 인터넷이 가져온 멀티미디어 공간과 텍스트와 오디오-비디오의 통합과 관계가 있다는 점이다. 인터넷은 텍스트, 그림, 동영상을 수렴하여 그림과 표를 포함한 여러 형식이 결합되고 이미지와 짧은 코멘트가 텍스트를 보완하며 기사를 전달하는 중요한 매체가 되었다.

로이터통신의 웹사이트를 적절한 사례로 들 수 있다. 이 웹사이트에는 경제 기사와 더불어 주식 시황과 경제지표를 보여주는 투자 섹션을 일반 뉴스와 함께 내보낸다. 경제기사 서비스와 로이터통신의 수입 중 7%에 해당하는 일반 뉴스 서비스를 통해 얻은 수입이 얼마나 되는지 국제 뉴스를 우선으로 하는 웹사이트에서는 분명하게 드러나지 않는다. 로이터통신의 웹사이트는 텍스트, 그림, 동영상 뉴스 링크와 그래프, 주식시세 등을 제공하며 10개국 언어로 된 18개 지부에서 발행한 기사에서도 비슷한 형식을 취한다. 영국·미국·캐나다·남아프리카 공화국·인도는 영어, 스페인·라틴아메리카·아르헨티나·멕시코는 스페인어, 전통 한자와 간자판을 발행하는 중국어 서비스가 있고 그 외 언어는 러시아어, 프랑스어, 독일어, 포르투칼어(브라질 판), 아랍어, 이탈리아어가 있다.

미국과 영국의 웹사이트가 뉴스 기사의 수에서 단연 앞선다. 이 두 나라의 웹사이트는 동영상 뉴스와 뉴스 사진을 제공하는 특별 지면을 갖춘 멀티미디어를 제공한다. 영국의 웹사이트를 자세히 살펴보자. 이 웹사이트는 이전 24시간 동안 올라온 사진 중에 편집자가 선택한 사진과 특정 사건을 설명하는 캡션을 단 일련의 사진으로 이루어진 '사진 기사', 공개 행사 사진을 담은 행사와 월중 최고의 사진을 싣는다. 다른 지역의 웹사이트는 이

보다는 적은 수의 사진을 텍스트의 보조물 형식으로 실으며 일본어 웹사이트가 예외이긴 하나 동영상은 전혀 없다. 브라질, 아르헨티나, 이탈리아, 남 아프리카 공화국과 같이 규모가 작은 경우 사진을 전혀 싣지 않기도 한다.

특정한 날에 실린 뉴스 기사의 내용을 분석하면 중요한 특징과 어떻게 뉴스기사가 웹사이트를 통해 전 세계로 퍼져나가는지에 대한 전반적인 동향을 파악할 수 있다. 여기서 표본으로 삼은 기사는 세 개의 언어(영어, 스페인어, 프랑스어)로 다섯 개의 웹사이트(미국, 영국, 라틴 아메리카, 스페인, 프랑스)에 실린 2006년 7월 20일자 보도기사이다. 10개의 기사가 최소 2개의 언어로 쓰였고 전체 기사의 수는 26개였다. 이날 주요 기사는 번역기사가 대부분 다루었던 교전 중인 레바논 헤즈볼라와 이스라엘간의 전쟁기사였다, 이 기사와 관련된 기사로는 분쟁지역에서 탈출하고 있는 미국과 프랑스 국민에 대한 기사와 이스라엘과 스페인간의 외교 관계와 헤즈볼라에 대한 독일 스파이의 기록 등이 있었다. 그 외에도 자바섬의 쓰나미로부터 생존한 사람들, 지단과 마테리지 선수에게 내려진 FIFA 출전 금지 처분, 소말리아 이슬람교도와 이디오피아 군대 사이에 벌어진 분쟁, 이라크에서 탈출하려는 피난민의 수가 급증했다는 번역 뉴스 기사가 있었다.

첫째로 눈에 띄는 부분은 영어에서 다른 언어로 번역되는 단방향성이다. 샘플 기사 대부분은 영어에서 스페인어로 번역되었고 영어에서 프랑스어로 번역된 기사가 2개 있었다. 예외에 속한 유일한 경우는 스페인 주재 이스라엘 대사가 양국간 관계를 언급한 기사로 로이터 지부의 영국과 스페인 웹사이트에 실렸다. 이 기사 또한 처음부터 스페인어로 쓰였는지 혹은 스페인에 있는 국제 기자가 영어로 쓴 것인지 불분명하였다. 로이터통신의 프랑스 웹사이트에는 주로 자국 기사를 다루고 있으며 번역기사는 스페인이나 라틴 아메리카 웹사이트보다 확연하게 적었다. 샘플기사가 실린 날짜에 로이터의 프랑스 웹사이트에는 레바논에서 탈출하여 본국으로 귀환하는 프랑스인들에 관한 2개의 프랑스어 원문기사와 베이루트에서 발생한 폭격에 관한 기사가 게재되었다. 이 기사들이 다른 언어로 번역되지 않았고 프랑스 웹사이트에서만 실렸다는 점은 주목할 만하다. 프랑스 웹사이트와 마찬가지로 스페인 웹사이트에서도 국제 기사가 전체적으로 두각을 나타냈지만 더불어 상당히 많은 자국 기사를 함께 실었다. 라틴아메리카 웹사이트는 한 페이지를 번역한 국제 뉴스를 특집으로 실었지만 또 다른 페이지에는 라틴아메리카 기사를 실었다.

독일의 시사주간지 《델 스피겔*Del Spiegel*》의 인터넷 국제 기사를 영어로 번역한 기사를 분석하면서 크리스티나 샤프너Christina Schäffner는 종이신문에 실린 기사를 웹사이트 환경으로 옮길 때 번역가는 사진을 바꾸고 저작권 규정에 맞는 캡션을 달며 종이신문에 나타난 가주를 없애는 등 두 유형의 매체에서 드러난 근본적인 차이를 명심해야 한다고 주장한다(2005: 163-64). 에이전시 뉴스기사에서도 거의 마찬가지로 독자가 기사를 쉽게 읽을 수 있도록 소제목을 써 넣는 것과 같은 약간의 변화를 찾아볼 수 있다. 그러나 이런 변화가 그리 크지 않은 이유는 웹사이트의 기사들이 뉴스 기사의 결과물에 대해 일반적으로 규제하는 원칙을 따르기 때문이다. 일반적인 규제 원칙으로 관련 증언과 정보에 대한 많은 인용을 담은 사건에 대한 사실 묘사와 역피라미드 구조를 들 수 있다. 게다가 웹사이트는 에이전시가 사건을 보도할 때 주요 특징으로 삼는 업데이트 속도를 임의로 조정해서 싣는다. 이런 일은 업데이트한 기사를 규칙적으로 내보내고 그 사이에 지나간 시간을 표시할 뿐만 아니라 속보의 헤드라인을 제공하는 것으로 이루어진다. 하지만 일반적으로 기자가 서명을 한 장문의 기사만 특별히 선별해서 웹사이트에 싣는다. 일반 뉴스 서비스에 아주 흔하게 등장하는 400

자 정도의 짧은 리드 기사는 웹사이트에 싣지 않는다. 그래서 에이전시는 웹사이트의 기사를 통해 기자가 취재한 장문의 정보 기사를 생산하는 기관이라는 이미지를 우선적으로 드러낸다. 집단 생산물로서의 기사의 흔적은 보도 말미에서 찾아볼 수 있으며 이때 여러 기자들의 노고에 고마움을 표시한다. 로이터통신은 번역기사를 항상 원문기사가 나온 직후인 바로 당일 날짜에 웹사이트에 올린다. 일반적으로 기사 원문의 구조와 작성자의 이름을 변경하지 않고 싣는다. 당연한 말이지만 번역자의 이름은 찾아볼 수 없다. 위에서 살펴본 뉴스 기사 번역의 특징인 정보 삭제, 단락 재구성, 새 정보 첨가 및 문맥구성과 같은 변화를 많은 부분에서 찾아볼 수 있다. 첨가한 정보는 웹페이지나 뉴스 제공 서비스를 통해서 입수하는데 이는 원천기사를 여러 개 이용하는 관행이 널리 펴져있다는 증거이다. 반대의 경우로 번역기사의 길이는 원문기사의 3분의 2정도로 짧아지고 마지막 단락이 편집과정에서 잘릴 가능성이 있기 때문에 역피라미드 구조가 번역에 도움을 주는 것 또한 분명한 사실이다. 이전에 보았던 AFP의 샘플기사처럼 어떤 경우에는 새로운 문맥에 더 적합하다는 판단에 따라 기사 정보를 재구성하고 다른 시각을 강조함으로 새로운 시장에 맞게 고치기도 하였다.

웹사이트에 실린 로이터의 뉴스기사를 분석하는 일을 통해 같은 언어권의 여러 웹사이트에서 특정 독자를 겨냥한 기사와 비교하는 일도 가능하다. 영어의 경우 매우 비슷하거나 거의 똑같은 기사를 로이터통신의 영국과 미국 웹사이트에서 찾아볼 수 있었다. 선별한 10개의 뉴스 기사 중에 8개가 같았고 각각 한 개의 기사만 달랐다. 대체로 비슷하게 기사를 제공하였고 철자 변경, 화폐 단위, 특정 국적 명시와 같이 최소한으로 변경한 점만 약간 달랐다. 미국 웹사이트에서 'Marines(해병대)'로 표기한 부분을 영국 웹사이트에서는 'US Marines(미 해병대)'로 표기한 점을 예로 들 수 있다. 일부 기사에서는 제목을 약간 바꾸고 문장과 짧은 단락을 생략하거나 변경하기도 하였다.

그러나 스페인어의 경우는 판이하게 다르다. 서로 독자적으로 운영하는 라틴 아메리카와 스페인의 웹사이트는 각 특정 지역과 관련이 있는 기사를 최우선으로 다루며 필요에 따라 영어 기사를 스페인어로 옮긴다. 이런 과정에서 영어 원문기사가 각기 다른 2개의 스페인어 기사로 번역된다. 이 점은 라틴 아메리카와 스페인 웹사이트에 실린 2006년 7월 20일자 번역기사 10개 중에 4개만 같은 기사라는 사실로 알 수 있다.

같은 텍스트에서 두 개의 스페인어 번역기사가 나왔다는 사실은 불필요한 이중 노력과 독자의 요구를 구체적으로 검토할 필요가 있음을 시사한다. 기사에서 선택한 4개의 예문기사 중 하나의 제목은 '이스라엘 군대, 레바논에서 헤즈볼라와 싸우다'이며 스페인 웹사이트 기사에서는 'Israel se enfrenta a Hezbolá en Líbano, Annan pide alto el fuego'로, 라틴 아메리카 웹사이트는 'RESUMEN - Tropas Israel luchan contra Hizbollah dentro del Líbano'로 제목을 달고 있다. 라틴 아메리카 웹사이트의 기사 제목이 영어 기사 제목과 아주 흡사하며 이스라엘 군대와 헤즈볼라 무장게릴라가 레바논에서 싸운다고 어순까지 일치시키면서 보도하고 있다. 게다가 내용면에서도 희생자의 수, 유엔 사무총장인 코피 아난의 즉각적인 교전 중지 요구, 이웃국가인 사이프러스로 미국 민간인을 대비시키기 위한 소규모 미 해병대 배치, 이스라엘 정부의 공식 입장 및 영토 공격 가능성, 이스라엘의 가자 구역에 가해진 공격 등이 똑같다. 미 해병대의 자국민 대비 작전과 레바논에 대한 이스라엘의 지원 약속을 다룬 네 번째 단락에서 마지막 단락까지가 삭제되었다. 대체로 길이가 짧고 전체적으로 원문을 다시 쓰고 있는 스페인 웹사이트는 전체 내용의 3분의 1을 삭제하였으며 다른 기사에서 가져온 내용을 첨가함으로써 단락을 재구성하였다. 스페인 웹사이트 기사는 이스라엘과 헤즈볼라간의 싸움과 양 진영의 희생자 수를 보도하고 이스라엘과 헤즈볼라의 주장을 직접적으로 인용하였지만 미국 민간인 철수에 대한 언급은 마지막 단락에서 요약 형식으로 전할 뿐 대부분 생략하였고 제목에서 언급한 휴전에 대한 코피 아난의 주장과 가능한 외교적 협상을 중심 소재로 다루고 있다.

정보를 바라보는 이러한 시각의 차이는 전체 기사를 요약하고 가장 중요한 사실을 제공하는 첫 단락인 리드의 번역에서 분명히 나타나고 있다. 원문 기사를 먼저 살펴보자.

레바논에서 9일째 계속되고 있는 교전을 피해 1,000명의 미국 민간인을 비롯한 수천 명의 외국인이 미 해병대의 도움으로 레바논을 탈출하는 가운데 목요일에 레바논 국경지역에서 헤즈볼라와 이스라엘 군대는 격렬한 교전을 벌였다.

번역 1 (라틴 아메리카)

Hizbollah sostuvo el jueves fieros enfrentamientos contra tropas israelíes en la frontera libanesa, mientras miles de extranjeros huían de Beirut debido a la guerra que se ha extendido por nueve días.
(수천 명의 외국인이 9일간의 교전으로 베이루트를 탈출하고 있는 가운데 목요일에 레바논 국경지역에서 헤즈불라는 이스라엘 군대와 격렬한 교전을 벌였다.)

번역 2 (스페인)

Israel mantuvo el jueves fuertes enfrentamientos militares con Hezbolá en la frontera libanesa, mientras el secretario general de Naciones Unidas, Kofi Annan, pidió un cese inmediato de las hostilidades.
(유엔 사무총장인 코피 아난이 즉각적인 전쟁 종식을 요구하는 가운데 목요일에 레바논 국경지역에서 이스라엘과 헤즈불라는 격렬한 교전을 벌였다.)

두 번역에는 모두 작성자의 서명을 기재하고 있지만 영어 원문 기사와 상당히 다른 내용을 제공하고 있기 때문에 단순히 정보를 옮기는 수준에서 접근하기보다는 특정 기사를 각자의 입장에서 관련성이 있다고 여겨지는 사실을 강조하는 독특한 문맥에 맞게 각색한 것으로 파악할 필요가 있다. 같은 샘플 기사를 다루고 있는 두 개의 프랑스 번역본은 스페인어 번역기사를 표본으로 삼아 영어 원문기사를 상당히 바꿨고 동시에 다시 쓰기를 하였다. 'Diplomatie et évacuations profitent d'une pause'라는 제목의 프랑스 웹사이트의 리드는 다음과 같다.

Les raids de l'aviation israélienne au Liban ont marqué une pause relative qui a favorisé les évacuations d'étrangers, rendu plus audibles les appels à l'arrêt des hostilités et entrouvert un espace à la diplomatie.
(레바논에서 이뤄진 이스라엘의 공습으로 외국인 탈출 지원 작전이 중지됨에 따라 전쟁종식에 대한 목소리가 커졌고 외교적 타협의 길이 트였다.)

스페인 웹사이트 번역과 마찬가지로 이 기사 역시 코피 아난 유엔 사무총장의 휴전에 대한 요구를 중점적으로 다뤘지만 진행 중인 미국 민간인 탈출에 대한 부분은 언급하지 않았다. 이스라엘이 헤즈불라의 지도자인 하산 나스랄라를 겨냥한 공격을 자세히 다루고 스페인어 번역에서도 언급한 알 자지라 방송에서 내보낸 하산 나스랄라와의 인터뷰의 일부를 인용한 부분이 특히 눈에 띄었다. 프랑스 번역기사에서는 나즈랄라가 밝힌 견해가 'Nasrallah nie tout affaiblissement'라는 부제로 강조되었다. 코피 아난 사무총장이 제안한 구체적인 조치에 대한 자세한 언급도 실었으며 기사 말미에는 진행 중인 프랑스 민간인들이 포함된 사이프러스로의 탈출 과정을 상세히 다루었다. 프랑스 번역기사는 비슷한 길이를 유지하긴 했지만 영어 원문기사와 공통 내용은 3분의 1정도뿐이다. 이런 사실은 번역을 통해 원문기사와 상당히 다른 번역기사가 전세계로 전파되고 있음을 말해준다. 로이터만 살펴봐도 서로 연관된 기사들이 광범위하게 확산되는 과정을 엿볼 수 있다.

글로벌 뉴스에 나타난 역방향 통행(contraflow)* 현상: 세계사회포럼에 대한 IPS의 보도를 중심으로

이번 장의 마지막 연구로 1월 16일에서 21일까지 뭄바이에서 열린 2004 세계사회포럼을 취재한 IPS의 원문기사와 번역기사를 집중적으로 살펴보자. 개별 행사에 대해 보도한 모든 원문기사 및 번역기사를 표본으로 삼아 양적인 측면에서 에이전시 뉴스 기사를 다루고자 한다. 그 결과 특정 텍스트와 번역을 탐구·비교하는 것이 아니라 선별한 기사를 중심으로 IPS의 사건 취재와 관련된 문제를 언어와 번역에 주안점을 두면서 전체적으로 다룬 것이다. 본 저서의 5장에서 IPS와 다른 에이전시의 기사 결과물에 대한 주요 차이를 설명하였다. 앞서 보았듯이 IPS는 분석적인 성향의 긴 기사를 통

---

* 역주-도로 한 쪽 절반에 보수 공사를 할 때 나머지 절반 부분에서 양 방향으로 통행이 이뤄지게 하는 것을 역방향 통행이라 하듯이 뉴스 기사 번역에 있어서도 여러 군소 언어들이 영어나 스페인어를 매개로 번역이 이루어지는 현상을 말한다.

해 심층적인 시각을 제공하고 있다. 번역에 있어 IPS의 글로벌 서비스는 영어와 스페인어 양방향으로 번역을 하는 반면, 유럽과 제3세계의 많은 국가들은 뉴스 기사가 14개 언어로 번역이 이뤄지는 통합망을 갖고 있다. IPS는 시민사회와 개발도상국의 관점에서 글로벌 사건을 집중적으로 다룬다. 2001년 이후 시민 사회 대표들을 초대해서 세계 문제와 대안발전에 대한 가능성을 논의했던 세계사회포럼은 뉴스 기사와 관련하여 IPS에 있어 매우 중요한 행사이며 행사가 진행되는 동안 IPS의 웹사이트와 일간지인《테라비바*TerraViva*》를 통해 폭넓게 보도된다. 세계 포럼에서 언어와 번역의 문제가 명시적으로 제기되었고 통·번역 자원봉사자로 이뤄진 국제적 네트워크인 바벨스*Babels*가 반자본주의 논쟁에 참여하는 주자라는 가치를 내세우면서 만들어졌다는 사실은 주목할 만한 가치가 있다. 바벨스의 선언문에 따르면 바벨스가 지향하는 여러 목표 중에는 모든 사람이 스스로 선택한 언어로 의사를 표현할 권리를 보장하고 문화 지배 메커니즘과 다양한 사회운동단체와 시민운동단체 사이에서 나타나는 아이디어의 순환에서 언어가 수행하는 역할을 논의하는 데 일조하는 것이 포함되어 있다. 이러한 문제들은 각 국의 대표가 참석하는 세계사회포럼과 분명한 관계를 지니고 있다. 라틴아메리카가 아닌 지역에서 최초로 개최된 뭄바이2004에서는 여러 문화집단들 사이에서 나타나는 언어사용과 의사소통에 관한 새로운 문제와 어려움이 제기되었다.

로이터와 마찬가지로 IPS는 일찍부터 기사를 직접적으로 대중에게 전달하는 매체로 인터넷을 이용하였다. IPS 웹사이트에 실린 대부분의 기사들은 이용자가 무료로 이용할 수 있지만 일부기사는 등록절차를 거쳐야 한다. 현재 이용 가능한 13개국 언어(영어, 스페인어, 프랑스어, 스웨덴어, 이탈리아어, 독일어, 터키어, 스와힐리어, 네덜란드어, 아랍어, 핀란드어, 포르투갈어, 일본어)의 경우도 상황은 비슷하다. 기사화면 가운데에는 가장 관련성이 높은 기사를 배치하고 오른쪽에 배치한 칼럼은 다른 상위 뉴스를 비롯해 중요 주제를 다룬 기사가 링크되어 있다. 왼쪽에는 지역(세계정세, 아프리카, 아시아-태평양, 캐리비안, 유럽, 라틴 아메리카, 중동과 지중해, 북아메리카)이나 주제(개발, 시민사회, 세계화, 환경, 인권, 건강, 토착민들, 경제와 무역, 노동, 인구, 예술과 엔터테인먼트)에 따라 분류한 뉴스와 연결하는 하위링크가 있다. 또다른 서비스로는 IPS 칼럼 서비스의 일원인 저명한 논평가들이 작성한 짧은 기사인 주간 칼럼의 요약기사가 있으며 이는 가입 언론기관을 대상으로 한다. 분석을 위해 참고한 웹사이트는 IPS의 영어, 스페인어, 프랑스어, 네덜란드어 웹사이트이다. 그러나 프랑스어 웹사이트는 지역적 특성을 담은 아프리카 뉴스만 제공할 뿐 세계사회포럼에 관한 기사는 일체 싣지 않았다. 그래서 샘플기사는 세 개의 웹사이트에 실린 기사들을 대상으로 삼았다. IPS 글로벌 뉴스 서비스로 제공하는 스페인어와 영어 그리고 유럽의 소수언어인 네덜란드어 웹사이트가 바로 그 대상이다. 가장 먼저 눈여겨봐야 할 부분은 이 세 웹사이트는 다른 주요 뉴스 에이전시와는 대조적으로 세계사회포럼이 진행된 6일(1월 16일~21일)동안으로 뉴스 기사 보도를 한정하지 않고 대회 시작 8일 전부터 대회가 마치고 난 다음날까지 계속 보도하였다. 대회 3일 전부터 뉴스보도의 양이 증가하였고 대회가 마칠 때까지 주말을 제외하고는 그 강도를 유지했다. 이 시기동안 세 웹사이트는 세계사회포럼과 관련된 새로운 기사를 최소 하나는 실었으며 대개 두 개 이상의 기사를 실었다. (표 6.1 참조)

표 6.1 언어별 뉴스기사 등록 수 (2004년 1월)

	화 8	금 9	토 10	일 11	월 12	화 13	수 14	목 15	금 16	토 17	일 18	월 19	화 20	수 21	목 22	합계
영어		1			2	3	1	3	1	1		3	2	1	1	19
스페인어	1				1	1	2	2	2	1		2	5	1	1	19
네덜란드어				1		4	1	1	3		1	4	2	3	1	21
합계	1	1	0	1	3	8	4	6	6	2	1	9	9	5	3	59

(참고) 음영 부분은 세계사회포럼(WSF)이 열린 날이다.

세 곳의 웹사이트에서 내보낸 전체 59개 뉴스기사에는 원문기사와 번역기사가 포함되었다. 영어와 스페인어 뉴스기사는 19개로 같았고 네덜란드 웹사이트에는 2개가 더 많은 21개 뉴스기사가 실렸다. 이렇게 많은 기사가 실린 이유는 뉴스텍스트를 살펴봄으로 쉽게 설명할 수 있다. 네덜란드어 웹사이트 뉴스기사의 60% 이상은 번역기사이다(표 6.2 참고).

세계 경제·정치의 질서를 확립하는데 중요한 역할을 담당하고 있는 비정부 단체와 활동가들의 연례포럼인 세계사회포럼은 2001년부터 브라질의 포르투알레그레에서 개최되었으나 이번 제4차 포럼은 처음으로 다른 장소에서 열렸다. 행사가 개최되기 전에 실린 원문기사 12개와 번역기사 12개를 더한 24개의 뉴스기사는 전체 뉴스기사의 40.6%에 해당하며 이번 행사에서 다룰 구체적인 안건에 대해 보도하고 있다. 여기에는 뭄바이 개최를 통해 세계사회포럼이 진정한 글로벌 행사로 승격되었으며 많은 가난한 나라들이 계속적으로 참여의 열기를 높여갈 것이라는 내용을 구체적으로 다루었다. 더불어 신자유주의 세계화, 세계사회포럼 참여국 통계, 같은 종류의 포럼인 2004 뭄바이 레지스탕스Mumbai Resistance 2004와 같은 개혁주도세력의 최근 비판

등 사회적으로 극명한 대조를 특징으로 하는 한 도시의 자화상을 보여주었다. 뉴델리, 리우데자네이루, 방콕, 브뤼셀, 나이로비 등 각 지역의 비상근 기자들은 특히 포럼기구와 관련한 지역현안과 다양한 국적의 활동가들의 참여를 다룬 뉴스기사를 작성하였다. 구체적으로 살펴보면 벨기에에서 열리는 지역 포럼들에 대한 축하, 케냐 활동가들이 뭄바이 대회에서 제기할 예정인 나이로비의 주택공급문제, 세계사회포럼에서 워크숍을 조직한 근로자들이 소유한 타이공장에 대한 설명, 파키스탄 대표의 지원과 가난한 라틴 아메리카 활동가들의 세계사회포럼대회 참석의 어려움 등의 내용이 실렸다.

1월 13일부터 뭄바이로 지명 날인된 기고문 기사가 등장하기 시작한다. 31개 원문 뉴스기사 중 20개가 행사와 관련이 있는 기사이다. 일반 연합기사 뿐만 아니라 뭄바이 포럼을 직접 취재한 IPS특파원의 기사가 실렸다. 취재 특파원을 언어별로 살펴보면, 영어는 마르와안 마칸-마르카르와 란지트 데브라즈이고 스페인어는 라울 비에리와 마리오 오사바, 네델란드어는 지에 고리스이다. 행사가 시작할 때부터 실린 19개 원문기사와 이 원문의 번역기사는 행사 진행에 맞춰 시간 순으로 여러 현안을 다루었다. 세계사회포럼 행사장 바로 근처에 위치한 슬럼가, 이라크 침략 1주기를 기념해서 생긴 세계평화 단체와 반(反) 부시 시위, 아시아에서의 벼 품종 다양성 회복, 아프리카의 부채탕감 필요성 등과 같은 기사가 실렸다. 그밖의 국제기구와 시민사회, 세계화와 안보를 주제로 한 세미나와 워크샵 취재 기사와 조셉 스티글리츠Joseph Stiglitz, 매리 로빈슨Mary Robinson, 네이왈 엘 사아다위Nawal el Saadawi와 페데리코 메이얼 자라고자Federico Mayor Zaragoza 등의 유명 인사들의 기고문 기사도 있었다. 다양한 참석자의 증가, 세계사회포럼에 대한 비판, 세계사회포럼 미래에 대한 숙고와 같은 근원적인 문제들은 1월 20일부터 세계사회포럼 행사를 요약하고 평가하기 시작한 5개의 기사에서 다루었다.

앞서 언급한 것처럼 번역이 차지하는 비중은 21개 기사 중 61.9%에 해당하는 13개의 번역기사를 실은 네덜란드어 웹사이트가 가장 높았다. 영어와 스페인어 웹사이트는 이 비율이 네덜란드어와 반대로 나타나긴 하지만 여전히 40%가량으로 번역기사의 비중이 컸다(표 6.2 참고). 전체통계를 보면 번역기사의 비중은 거의 50%에 이른다(28).

번역의 방향성을 살펴보면 글로벌 뉴스기사의 역방향 통행과 언어와 번역의 대안적 관계가 무엇을 말하는지 알 수 있다. 로이터 웹사이트에 대한 이전 분석에서 살펴보았던 번역의 방향성은 영어에서 다른 언어로 바뀌는 일방통행이었다. 여기에서는 전혀 다른 양상을 띤다. 28개의 번역기사들 중 16개만이 영어 원문기사이며 12개는 스페인어 원문기사이다. 12개의 영어 원문기사 중 11개 기사가 번역되어 다른 웹사이트에서 이용했으며 이 중 6개 기사는 스페인어와 네덜란드어로 번역되었다. 스페인어 원문기사 11개 중에 7개가 다른 언어로 번역되었으며 이 중 5개 기사는 영어와 네덜란드어 웹사이트용으로 번역되었다. IPS 글로벌 번역기사 서비스는 영어와 스페인어로만 제공되기 때문에 8개의 네덜란드어 원문기사는 번역되지 않고 자국내에서만 서비스되었다.

중요한 역할을 수행하는 번역 덕분에 세계사회포럼 활동을 포괄적으로 취재하는 게 용이했다. 하나의 언어나 문화적 관점에서가 아니라 다른 언어 능력을 갖춘 기자들이 이용할 수 있도록 여러 언어로 된 정보를 통합하는 기사들이 등장했다. 결과적으로 IPS 뉴스기사 번역은 정보의 가감을 위해 다양한 다시쓰기와 재구성 작업을 수행하는 일반적인 번역 절차를 따른다. 다른 뉴스 에이전시와 한 가지 다른 점은 번역자에게 주어진 작업시간이 길다는 것으로 번역 뉴스기사가 원문기사가 실리고 난 다음 날에 올라온다는 사실이 이를 입증한다.

6.2 언어별 원문기사와 번역기사의 수

	원문기사		번역기사	합계
	총계	번역된 기사		
영어(영)	12	11 스+네 6	7	19
		스 2		
		네 3		
스페인어(스)	11	7 영+네 5	8	19
		영 2		
		네 0		
네덜란드어(네)	8	0	13	21
합계	31		28	59

번역의 중요성이 가장 분명하게 드러나는 웹사이트는 자국어로만 번역을
한 네덜란드 웹사이트이다. 이 웹사이트는 다른 두 언어보다 많은 번역기
사를 실고 있으며 원문 기사를 재작성하고 변형시키는 정도도 훨씬 높은
편이다. 대체로 네덜란드 번역은 요약과 다시쓰기를 통해 벨기에식 네덜란
드어를 말하는 대중이 관심을 끌만한 세부적인 기사 내용을 싣는다. 이런
식으로 메첼렌 지역 사회 포럼과 세계사회포럼 벨기에 참석자들, 봄바예
Bombaye라는 벨기에 마을에서 열린 축하행사 등의 기사를 다룬 벨기에어로
된 취재기사와 지역현안문제를 중점적으로 다루는 네덜란드어로 된 뭄바이
취재기사 등이 번역을 통해 이상적으로 보충되었다. 네덜란드어 번역에는
다시쓰기가 높은 비중을 차지하기 때문에 많은 경우, 기사에 적는 필자 이
름을 변형하기도 한다. 한 경우는 스페인어와 영어로 된 두 개의 원천 기사
텍스트를 요약한 기사에 두 작성자의 이름이 함께 실렸다. 가장 주목한 만
한 것은 번역자가 공동 작성자로 실리면서 번역자를 기사 작성자만큼이나

활동적이고 인정받는 존재로 보는 것이다. 첫 번째 경우는 버나드 카센이 세계사회포럼를 비평한 기사로 재작성자는 새로 작성한 기사내용의 약 40%를 여러 저명한 유럽 참여자들의 의견을 싣는데 할애했다. 두 번째 경우는 조셉 스티글리츠가 세계사회포럼에서 중재한 내용을 담은 기사를 패널로 참석한 기자가 같은 주제를 다룬 스페인어 기사를 이용해서 전혀 다른 기사로 생산한 것이다. 이 기사를 원문기사로 분류할 것인지 번역기사로 분류할 것인지는 어느 정도 자의적인 판단의 문제이며[32] 번역의 가시성을 옹호하는 새로운 언어 정책으로부터 나온 번역관행의 혼종적인 특성과 관련이 있다고 할 수 있다.

결론

언론 텍스트는 뉴스 관련성과 목표독자의 배경지식을 원칙으로 특정 대상을 위해 작성된다. 현재의 네트워크는 특정 뉴스 에이전시에 고용되어 전 세계 뉴스를 수집하는 외국 특파원들로 이뤄져 있으며 지정학, 사회문화, 언어별로 해당 독자들을 위해 새로운 기사를 작성할 필요가 있다는 사실을 기반으로 한다. 제4장에서 살펴보았듯이 뉴스 에이전시는 고유의 이중구조를 구축하였고 이를 통해 위의 기준에 맞춰 여러 언어로(최소 한 가지 지역 언어와 에이전시가 사용하는 국제 언어) 같은 시간대에 정보를 생산한다. 하지만 다양한 분야의 독자들에게 맞춰 다양한 언어로 수많은 기사를 생산하는 것은 실제로 불가능하기 때문에 전 세계 독자들의 다양한 욕구를 만족시키기 위한 차선책으로 번역이 등장한다. 원본 기사가 없을 때 번역기사가 개입하여 새로운 대중을 위해 기사를 재작성하며, 이 기사는 특별히 목표독자를 위해 재작성이 되면서 번역기사라기보다는 새 기사에 가깝다.

우리는 단락순서의 변경, 맥락화, 새 정보의 첨가나 더 이상 관련이 없는 단락의 제거와 다양한 뉴스시각의 특화 등이 뉴스기사 번역의 일반적인 기능의 일부로 어떻게 나타나는지 살펴보았다.

뉴스기사 번역의 역할을 이해하기 위해 필요한 요소로 글로벌 뉴스 시장에서 나타나는 불공정한 권력분배와 번역 흐름의 지향성을 고려할 필요가 있다. 서구 뉴스 에이전시들은 처음 등장할 때부터 언론 분야를 지배했으며 글로벌 통신 시스템을 가능하게 하는 구조와 네트워크를 구축하였다. 이 사실이 의미하는 바는 특정 유럽의 언어가 지배적인 위치를 점했으며 지난 수십 년 동안 영어가 글로벌 언어들 중에서 가장 글로벌한 언어가 되었다는 점이다. 1970년대에 UNESCO가 출범시킨 글로벌 뉴스 채널을 서구가 독점하였다는 지속적인 논쟁에서 언어와 번역을 명시적으로 다루진 않았지만, 언어와 번역은 세계적인 불평등을 드러내며 이에 대한 검토를 통해 뉴스 분야에 있어 글로벌 지배의 메커니즘을 이해하는데 도움을 주었다.

뉴스의 흐름이 세계와 개별 국가의 상호관계를 어떻게 형성했는지 이해하는 데 언어와 번역의 중요성은 아주 크다. 뉴스기사는 번역을 통해 새로운 문맥에서 조명되고 언어와 문화의 경계를 극복하고 진정으로 글로벌한 실체로 거듭난다. 다시 말해서 문화와 언어의 경계로 분리된 독자와 소통을 하게 되었다. 뉴스기사는 서구 뉴스 에이전시에 의해서 글로벌화된 뉴스기사의 가치와 텍스트가 생산되는 개별 지역의 맥락에 의해 형성된다. 이 사실은 공통 규범은 물론 객관성, 중립성, 뉴스로서의 가치에 부합한 뉴스 시장에서 번역이 다소 쉬워졌다는 것을 의미한다. 게다가 많은 경우 자국화와 투명성을 통해 기사를 새로운 맥락에 맞춰 각색하며 이러한 맥락 속에서 문화 특성이 제거되거나 수정이 되어 새로운 기사에 가까워진 번역 기사는 새로운 독자가 요구하는 정보를 제공할 수 있다. 이러한 흐름 속에서 서구 뉴스의 가치와 세계관이 궁극적으로 전달되는지에 대한 논의가 필요하지만 그 해답을 언어와 번역만으로는 찾을 수 없다. 이는 서구의 통신 네트워크와 미디어 관행의 세계화와 관련이 있으며 동시에 대체관행과 IPS, 바벨스 등과 같은 기관이 문제를 제기하는 서구 뉴스 에이전시의 지속적인 우위와 관련이 있다.

번역은 글로벌 뉴스 에이전시의 뉴스 생산 과정에 통합되었으며 가장 빠르고 효율적으로 뉴스기사를 주요 뉴스 시장에 전달하는 매개로서 역할을 분명히 하고 있다. 하지만 글로벌 뉴스 분야에서 항상 분명한 역할을 담당한다고 볼 수 없는 에이전시와 마찬가지로 번역은 지금까지 불가시적인 상태로 남아 있다. 최근 인터넷의 등장으로 일반 대중을 대상으로 하는 에이전시의 뉴스기사는 가시성이 증가하였으며 지역 정보를 위한 새로운 정보의 요구와 더 많은 수요를 창출하고 있다. 뉴스 에이전시는 새롭게 등장한 맞춤식 멀티미디어 온라인 기사를 생산하여 그러한 수요에 대응하고 있다. 이들 온라인 뉴스기사 생산의 특징은 소비자의 요구에 대한 높은 적응성과 뉴스기사의 가시성을 증대시키는 다양한 개별지역에 적합한 웹사이트 생산이다. 번역이 텍스트 차원에서 뉴스기사에 개입하는 방식을 연구하면 텍스트 기사의 생산을 지배하는 조건, 규범, 관행들을 밝힐 수 있으며 글로벌 뉴스기사 분야에서 번역이 차지하는 중요한 역할을 설명하는 데 도움이 된다.

7

번역과 신뢰

충실성과 뉴스보도

우리는 그 어느 때보다도 빠른 속도의 대중 매체 속에서 살아가고 있다. 정치인이 재난이 발생했다는 사실을 부인하는 성명서를 발표하는 바로 그 순간, 재난 현장으로부터 받은 메시지가 24시간 뉴스속보로 전파되는 오늘날, 우리 모두에게 분명한 것은 뉴스 기자의 충실성이 중요하다는 사실이다. 우리의 삶을 형성하는 사건에 대해 기자들이 전 세계에서 제공해주는 보도가 진실한 것임을 믿어야 한다. 그리고 그들의 정보가 거짓으로 판명 날 때, 대중은 분노한다. 2004년, 영국의 한 신문사 편집자가 권고사직을 당한 일이 있었다. 그 이유는 그가 이라크에서 영국 군인이 죄수들을 학대하는 사진을 게재하도록 승인했지만, 나중에 그 사진이 가짜로 밝혀졌기 때문이다.

이런 경우, 우리 모두는 기만당했다고 생각한다. 언론의 자유와 충실성은 떼려야 뗄 수 없는 관계이기 때문에 정부가 언론의 자유를 침해하는 나라에 대해서 우리는 똑같은 분노를 느낀다.

뉴스전달의 기본 전제는 진실해야 한다는 것이다. 신문의 독자나 저녁 뉴스 시청자들은 자신들이 읽거나 보고 있는 모든 것이 정직한 사실이라고 믿고 있다. 그러나 본고의 앞부분에서 살펴본 바와 같이, 기삿거리가 정해지고 지면이나 방송으로 나오기까지의 과정은 다양하고 복잡하며 조작적이다. 인쇄물이나 방송으로 나타나는 최종생산물은 앞서 살펴 본 시간과 공간의 제약, 편집 정책, 문화적 수용성, 그리고 많은 다른 요소들로 구성된 몇 가지 필터에 의해서 조정되고, 그 결과 수용자에게 적합한 모양을 갖추게 된다. 이러한 조정의 과정에서 뉴스가 다른 언어로 번역될 경우 그 복잡성은 더욱 증가하며, 여기서 번역에 대한 담론을 혼동시키는 부가적인 문제에 부딪히게 된다. 즉, 어느 정도까지를 충실하고 정확하게 원문의 뜻을 전달한 번역이라고 말할 수 있는가 하는 문제이다.

제1장에서는 **스코포스** 이론이 번역분석의 관점에서 가장 유용한 접근법 중 하나라는 사실을 제시했다. 그 이유는 **스코포스** 이론은 정확한 텍스트적 전이의 개념이 아니라 동등한 효과의 개념을 전제로 하고 있기 때문이다. **스코포스** 이론은 뉴스 번역 논의에 대한 출발점을 제공해주고 있지만, 똑같은 내용을 번역한 뉴스가 각기 다른 신문사에서 보도되는 방식을 비교할 때 그 한계점이 드러난다. 극명하게 다른 표현 양상은 언어적 차이를 넘어서 목표 문화에 팽배해 있는 텍스트 조작의 측면을 보여준다.

바로 여기서 이데올로기적 제약이 표면으로 떠오른다. 알베르토 오렌고 Alberto Orengo는 이탈리아 신문의 에세이에서 뉴스기사가 어떻게 '하위지역 sub-locales'에 적합한 형태를 갖추어 나가는지를 조사할 때 '로컬라이제이션

localization' 이론을 채택하는 것이 유용하다고 말했다.

뉴스번역을 분석하는데 있어서 큰 어려움 중 하나는 여러 국가에서 작용하는 서로 다른 관습 뿐 아니라 하나의 국가 내에서도 시장이나 정치적인 요구로 인해 문체나 목표에 커다란 차이가 있다는 점이다. 그러나 이런 차이점과 더불어 하나의 기사가 제시되는 방식에 있어서 눈에 띄는 공통점도 있다. 이것은 동일한 언어적 요소에서 오는 것이 아니라 공유된 시각적 이미지에 대한 접근성으로부터 야기된 것이다.

예를 들어 사담 후세인의 체포와 재판에 대해서 영국, 프랑스, 이탈리아 신문사의 각각 다른 보도를 살펴보자. 이들 신문은 모두 2003년 12월에 쫓겨난 독재자의 체포 직후 장면을 담은 사진들로 기사를 시작하고 있다. 후세인은 자신의 정예 부대가 연합군에게 패배하자 도피했지만 결국 체포되었다. 이라크전이 정부의 통제에서 벗어나 일상적인 폭력과 횡포 수준의 점령으로 변질되어 가던 시기에, 그 모든 것에 암묵적 책임이 있는 후세인의 생포는 큰 의미를 띤다. 언론은 이 사건을 대대적으로 그리고 시각적으로 다루었다. 후세인이 자신의 허름한 아지트에서 발견되었을 당시 전파된 첫 번째 모습은 헝클어진 머리와 수염의 늙은 노인이었다. 이 모습은 군복을 입고 한 나라의 군대를 지휘하며 국가를 통치하던 그의 강력한 이미지와는 거리가 멀었다.

특히 놀라운 사진은 후세인이 체포 직후 치과 진료를 받고 있는 모습이다. 이 불명예스러운 모습은 다양한 함축적 의미를 가지고 있다. 즉, 높은 지위에서 몰락한 현재의 무력한 후세인을 강조하고, 그가 짐승과 다를 바 없는 상태로 전락했다는 것을 뜻한다. 대조적으로, 그를 체포한 측은 그에게 의료 서비스를 제공해 줄 만큼 그의 복지에 신경을 쓰고 있는 인간적인 사람들이라는 점을 암시하기도 한다. 이 모습은 그가 체포한 측에 의해서 보살핌을 잘 받고 있다는 은연중의 암시와 함께 후세인의 비참함을 강조하고 있다. 이 사진을 전면에 배치하는 그 자체는 하나의 이야기를 전달했고, 그 다음에 이어질 내용에도 영향을 미쳤다. 사담 후세인 재판 보도에서 언어적 효과를 상쇄시킬만한 시각적 이미지의 체계적인 사용이 있었음을 살펴보도록 하자.

후세인의 비참한 모습이 전 세계로 전파를 탄 몇 달 후, 후세인은 처음으로 법정에 나타났다. 각국의 뉴스는 잘 손질된 머리와 수염, 깔끔한 옷차림 등 후세인의 외모가 얼마나 달라졌는지를 앞다퉈 다루었다. 2004년 7월 2일자 《데일리텔레그래프*Daily Telegraph*》* 는 후세인이 넥타이 없이 흰 셔츠에 세로 줄무늬 재킷을 입고 손가락을 공중으로 치켜든 채 법정에서 항변하는 사진을 신문지면의 반 크기로 게재했다. 사진 위에는 '교활한 전(前)독재자 후세인, 마침내 정의와 직면'이라는 헤드라인이 있었다. 커버스토리는 그가 체포된 후에 얼마나 건강해졌는가와 '회색 줄무늬 재킷과 갈색 바지, 빛나는 검정 구두'를 신고 있었음을 독자에게 말해준다.

옷에 대한 이야기는 재판기사의 많은 부분에서 특징적으로 다루어졌고, 이러한 현상은 영국과 프랑스, 이탈리아 3개국 언론에서 발전해온 '문화 간 공통점'의 한 예라고 볼 수 있다. 2005년 10월 19일자 《코리에레델라세라 *Corriere della sera*》**가 후세인의 첫 번째 재판을 다룰 때에도 헤드라인은 '짙은 색 정장, 손에는 코란을'으로 역시 그의 외양에 초점을 맞추었다. 짙은 색 정장은 우아함과 침착성을, 그리고 코란은 품위와 진실한 이미지를 강조하기 위한 소도구로 제시되었다. 같은 날 《피가로*Le Figaro*》***는 좀 더 자세한 묘사를 했다.

---

* 역주-영국 일간지.
** 역주-이탈리아 일간지.
*** 역주-프랑스 일간지.

Vétu d'un costume sombre, le col de sa chemise blanche ouvert, Saddam Hussein, les cheveux mi-longs mais soigneusement teints, la barbe poivre et sel et les traits tirés, fait ses 68 ans.
(흰색 오픈 셔츠에 짙은 정장을 입고 어중간한 길이지만 세련되게 염색한 머리, 은회색 수염, 굳은 표정을 한 사담 후세인은 정확히 그의 나이인 68세로 보였다.)

'soigneusement teints(세련되게 염색한)'이라는 어구는 '허영'의 의미를 함축하고 있다. 이것은 머리가 여전히 'mi-longs(어중간한 길이)'지만 후세인이 체포될 당시 눈에 띄었던 흰머리를 깔끔하게 정리했기 때문이다. 11월 30일자 《타임즈*The Times*》는 후세인의 양복 재단사인 이스탄불 출신의 쿠르드인인 레제프 제수르에 대한 기사를 다루기도 했다. 제수르는 '중동의 스타 일전문가'였고, 전(前)독재자를 위해 2개월마다 50벌의 정장을 만들었다. 이라크 전체 각료들 뿐 아니라 이라크 축구팀조차도 제수르의 옷을 입을 정도였다. 후세인이 체포된 후, 제수르는 후세인의 치수를 다시 재고, 이전보다 마른 그에게 네 벌의 정장을 만들어 주기 위해 소환되었다. 후세인의 옷은 헤드라인 뉴스가 되었고 심지어 그의 재단사까지 특집기사가 된 것이다. 첫 재판을 위한 법정 출두에서 후세인의 외양은 이전에 언론에 비춰졌던, 세상을 떠돌다가 지치고 늙은 모습으로 머리는 엉클어지고 수염은 들쑥날쑥한 채 치과진료를 받기위해 입을 벌리고 있던 때와는 매우 대조적이었다. 그의 옷을 주제로 다룬 기사들이 단 하나의 원천기사에서 번역되었고 그 원천기사가 다양한 언어로 직접 번역되었다고 보기는 어렵지만, 옷에 대한 기사는 조롱의 도구 뿐 아니라 외양과 현실사이에 존재하는 차이를 독자들에게 알려주는 수단으로써 반복적으로 나타났다.

또한 이러한 기사들은 이목을 끄는 재판을 더욱 극적으로 만들기 위한 첫 번째 단계가 무엇인지를 보여준다. 후세인이 처음 체포될 당시, 타블로이드 신문 《선The Sun》의 1면은 미리 그 배열을 마친 상태였다. 1면의 거의 3분의 2는 덥수룩한 머리에 멍한 눈을 하고 막 체포된 독재자의 모습에 할당되어 있었고, 그 왼쪽 아래구석에는 단정했던 후세인의 사진을 작게 실을 예정이었다. 신문이름 옆에는 볼드체 대문자로 두 단어가 있었다. 'SADDAM CAPTURED(사담후세인 체포)'. 사진 옆 페이지의 왼쪽은 거의 전체가 헤드라인인 'WE GOT HIM(그를 잡았습니다)'이라는 어구로 채워져 있었다. 바로 위에는 'Ladies and gentlemen...(신사숙녀 여러분)'의 친숙한 문구를 넣어서 헤드라인을 더욱 연극적으로 소개하는 역할을 했다. 'WE GOT HIM'은 'Ladies and gentlemen, we got him(신사숙녀 여러분, 드디어 그를 잡았습니다)'로 연결되어 약간은 코믹한 어조를 만들어내며 수사적 도구 역할을 했다. 이치럼 《선》은 옛날 음악회 사회자가 다음 곡을 소개할 법한 방식을 사용함으로써 효과적으로 사담 후세인을 대중에게 소개하고 있었다.

진정성에 대한 판단

마틴 몽고메리Martin Montgomery는 1997년 8월 31일 다이애나 왕세자비의 사망 직후 언론 보도를 다룬 에세이에서 라디오와 텔레비전 보도의 진정성에 대해 대중의 다양한 의견을 논의했다. BBC는 다이애나비의 사망 후에 고위인사 세 명의 애도사를 방송했었고, 이 애도사에 대한 영국 국민의 반응이 에세이의 연구 대상이었다. 첫 번째 애도사는 파리에서의 자동차 사고 후 6시간 만에 방송된 토니 블레어의 인터뷰였다. 그가 인터뷰에서 처음으로 사용한 'the people's princess(국민의 왕세자비)'라는 호칭은 그 후 전 세계 사망보도에서 계속 사용되었다. 수많은 마이크에 에워싸여서 실외에서 진

행된 연설에서 영국수상은 카메라를 똑바로 응시하지 않고 감정에 북받쳐
서 떨리는 목소리로 말을 이어나갔다.

두 번째는 9월 5일에 버킹엄 궁전에서 전파를 탄 영국 여왕의 연설이었
다. 이 연설에서 여왕은 며느리의 죽음에 대한 슬픔을 표하며 '여러분의 여
왕이자 할머니'로서 연설하고 있는 것이라 밝혔다. 텔레프롬프터*를 사용
하여 생중계된 이 방송에서 여왕은 침착한 모습을 보였고 명료하고 유창하
게 연설했다. 세 번째로 분석한 연설은 다이애나비의 오빠인 얼 스펜서가
웨스트민스터 사원에서 열린 장례식에서 했던 애도사이다. 그는 다이애나
비의 '혈족blood family'들이 그녀의 아들들을 키우기 위해 최선을 다 할 것이
며 이것은 죽은 다이애나비도 바라는 바일 것이라고 말했다. 연설이 끝날
때쯤에는 눈물이 흘러내릴 것 같았다.

몽고메리는 과장, 반복 패턴, 결합어**와 같은 수사적 도구 뿐 아니라 어
조와 바디랭귀지까지 분석하면서 이 세 개의 방송을 주의 깊게 연구했다.
그는 시청자들이 연설자의 진정성을 어떻게 판단하고 있는지 그 반응에 주
목하며, 대체로 특정 화행은 다른 것보다 그 진정성을 훨씬 잘 투영한다는
사실을 지적한다.

> **일반적으로** 칭찬, 사과, 약속과 같은 화행은 진정성을 포함한 것으로 볼 수
> 있다. 그러나 명령, 요구, 형의 선고, 추방 등의 화행은 그렇지 않다. 예를
> 들어, 판사는 배심원에게 피고를 사면하라고 말할 수는 있지만, 일단 유죄
> 판결이 내려지면 피고인에게 형을 선고해야 한다. 판사의 개인적인 신념과
> 관계없이 선고된 형은 효율적으로 전달된다. 반면에 약속은 그것이 행해진
> 다는 전제하에서 진정성을 가지고 있다.
>
> (Montgomery, 1999: 21)

---

* 역주—TV출연자들에게 대본을 확대시켜 보여주는 장치.
** 역주—예: '여러분의 여왕이자 왕세자비의 할머니'.

몽고메리에 따르면 위 기준에서 볼 때, 세 개의 연설은 각기 다른 방식이긴 하지만 '진정성있는sincere' 것으로 받아들여졌다. 그러나 가장 진정성있게 보였던 것은 개인적 감정을 뚜렷하게 보여줬던 다이애나비 오빠의 연설이었고, 여왕은 감정을 절제하고 보다 형식적인 연설을 했기 때문에 더 부정적인 평가를 받았다. 또한 몽고메리는 화행을 형성하고 제시하는 방식이 우리가 듣고 있는 내용에 대한 반응에 영향을 미친다는 사실을 지적하고 있다. 언어의 중요성은 '지금 이 자리에서 명제적으로 어떤 것을 의미하는 방식뿐만 아니라 그것이 타당하거나 부당하다고 여겨질 수 있는 방식'에도 놓여있다(Montgomery, 1999: 12).

몽고메리의 이론적 출발점은 위르겐 하버마스Jürgen Habermas의 유효성론이다. 하버마스는 언어의 유효성은 진실성truth과 적합성appropriateness, 그리고 진정성sincerity에 대한 판단에 의존한다고 주장한다. 진실성과 적합성은 토론에서 협상을 통해 평가되는 반면 진정성은 화자의 행동에 의해 타당성이 입증되고 신뢰를 얻을 수 있다고 한다. 하버마스의 뒤를 이어 몽고메리도 공공분야에서의 연설은 그 자체가 진실하고 진정성 있으며 적합한 것으로 인지될 때 유효하다고 주장한다. 몽고메리는 뒤이어 발표한 에세이에서도 이러한 개념들을 발전시켜서 공공분야에서의 '진정성있는 논의authentic talk'라고 이름붙이고 이를 집중적으로 연구하였다. 그는 방송이 진실한 것으로 받아들여질지 아닐지를 결정하는 것은 연설자의 권위나 '권위 있는' 정보원의 존재라기보다는 '강력한 증거를 구성하는 연설 그 자체의 본질과 전달 방식'이라는 흥미로운 결론을 내린다(Montgomery, 2001: 404). 다시 말해서, 화행의 타당성은 다양한 표시 체계와 그것이 만들어지고 받아들여지는 환경에 따라서 평가된다는 것이다. 다이애나비에 대한 애도사의 경우, 사망 직후 고위 정치인이 한 연설과 다이애나비의 오빠가 장례식장에서 했던 연설은 여왕의 연설보다 큰 진정성을 전달했다. 그 이유는 여왕의 연설은 '나는 진심을 전하고 있습니다'나 '나는 그녀를 사랑하고 존경했습니다'와 같은 어구를 포함하고 있었지만, 사망사건 후 버킹엄 궁전의 침묵에 대한 미디어의 추측들이 난무했던 며칠 후에 이루어졌다는 배경과, 보다 공식적인 분위기에서 이루어졌다는 점 때문에 그 진정성이 약하게 비춰졌다. 여기서 알 수 있는 사실은 진정성에 대한 평가는 주관적이며 바디랭귀지, 어조, 어휘 선택 뿐 아니라 여러 상황에 의해서도 평가된다는 것이다.

뉴스의 각색, 연극화

배우들은 각색이라는 개념을 잘 이해하고 이에 따라서 반응을 조작한다. 그러나 방송뉴스 인터뷰와 연극작품 사이에 차이점이 있다면 전자는 더 자연발생적이기 때문에 더 진정성이 있는 것으로 여겨지는 반면, 후자는 꾸며낸 상황 속에서 진정성의 느낌만을 전달한다는 점이다. 이러한 명백한 차이점에도 불구하고 몽고메리가 제시한 바와 같이 방송뉴스를 분석하는 도구와 연극을 분석하는 도구는 매우 유사하다. 그 이유는 방식이 다르기는 하지만 둘 다 관객이 해독해야만 하는 복잡한 기호체계를 가지고 있기 때문이다.

인터뷰나 대화 혹은 의회나 법정에서 행해지는 보다 격식 있는 대화를 옮겨 쓰거나 출판할 때는, 물리적인 정황이 제거되기 때문에 정확성이나 신빙성의 문제가 더 모호해진다. 신문에서 인터뷰기사를 읽을 때, 독자들은 바디랭귀지나 목소리 톤의 변화, 혹은 대화의 속도와 주변의 상황을 알지 못한다. 그럼에도 불구하고 하버마스의 세 가지 잣대, 즉 진실성, 적합성, 진정성은 이와 같은 텍스트를 연구할 때 도움이 된다. 특히 많은 양의 직접 인용이 있다거나, 마치 연극작품의 대본인 것처럼 발화가 발생할 때마다 대사 앞에 화자의 이름이 제시되는 텍스트의 경우에는 더욱 유용하다. 이 경우에 실제 대화를 마치 연극 작품인 것처럼 쓰는 각색이라는 과정이 발생한다. 보편적이지 않은 이 전략은 뉴스보도형식보다 신뢰성이 떨어지는 연극의 형식으로 각색한다는 점에서 정확성의 평가에 중대한 문제를 제기한다. 신문이 연극적인 텍스트의 형태로 사건을 전달할 때는 이것이 특정 목표를 위해 사용되는 전략이기 때문에 주목할 가치가 있다. 인터뷰 기사는 인터뷰에 대한 논평과 함께 실리는 경우도 있지만 어떤 경우에는 다른 기사 없이 연극처럼 각색된 텍스트 형식만 실리기도 한다. 연극적 텍스트의 배열은 앞으로 살펴볼 사담 후세인의 재판 보도에서도 자주 사용되었다.

정확성과 자국화

이 책의 첫 장에서 정확한 번역의 불가능성에 대해 언급한 바 있다. 어떤 두 개의 언어도 동일한 의미적·통사적 구조를 가지지 않기 때문에, 어떤 번역도 텍스트를 정확히 똑같은 형태의 다른 언어로 재생산해낼 수 없다. 예를 들어, 위에서 언급한 바 있는 《피가로》에는 'Saddam Hussein … fait ses 68 ans'라는 문구가 있다. 이것은 영어에서 'looked all of his 68 years(정확히 그의 나이 68세로 보였다)'라고 번역하는 일종의 관용어구로 한스 페르메이르Hans Vermeer의 스코포스 모델에 입각해서 볼 때는 동일한 효과를 가지는 어구이지만 결코 불어와의 단어 대(對) 단어 번역은 아니다. 변형은 번역의 피할 수 없는 특징이지만 문제는 어느 정도까지의 변형을 가능하다고 보는가이다. 변형의 정도가 너무 심해서 원천 텍스트의 흔적이 남아있지 않다면 이것을 번역이라고 할 수 있을까? 이 문제는 뉴스 번역에 관한 논의의 중심에 놓여있다. 뉴스 번역에서 유일하게 추적 가능한 원천 텍스트는 사건 자체이다. 그러나 뉴스가 수집되는 방식을 고려해 볼 때, 원래의 정보가 언어를 횡단하고 목표문화의 규범에 알맞게 문체상으로 조정되는 과정에서 정보들은 합성하게 된다.

번역의 정의와 번역된 문장의 정확성에 관한 문제는 2004년 7월 사담 후세인의 첫 번째 법원 출두에 대한 영국 언론의 보도에서 명백하게 드러난다. 영국의 몇몇 신문에서는 사건 설명과 함께 판사 앞에 서서 이상하게도 연극적인 제스처를 취하고 있는 이라크 전(前)독재자의 짧은 출현과 그 심문기록을 실었다. 이렇게 심문기록을 싣는 의도는 독자들이 자신들이 읽고 있는 것은 법정에서 발생했던 사건에 대한 거짓 없는 완전무결한 설명이라는 사실을 믿도록 함으로써 정확성을 강조하기 위함이다. 후세인이 체포된 직후의 모습을 게재했던 순간부터 전체 과정이 연극적으로 개작되었다는 사실을 고려할 때, 심문기록을 싣는 것 또한 보도의 드라마적 효과를 증대시키는 역할을 한다. 실제로,《데일리텔레그래프》는 '후세인은 자신의 대사를 하지 않고는 무대를 내려오지 않을 것이다'라고 보도하며 연극적 측면을 강조했다. 언론은 이 재판을 세계무대에 오른 작품으로 구성했던 것이다.

특히 흥미로웠던 점은 비록 신문에 게재된 심문기록들이 원전에 대한 정확한 번역이라고 말하고는 있지만 이 글들은 놀라울 정도로 서로 달랐다. 《인디펜던트Independent》*는 심문기록이 불완전하고 편집되었다는 사실을 독자에게 밝혔지만 원래의 심문기록에는 전혀 포함되어 있지 않은 대화들도 있다는 모호한 말을 덧붙였다.

---

* 역주－영국 일간지.

다음은 사담 후세인이 라에드 주히판사로부터의 질문에 대답할 때 번역가가
번역한 것을 편집한 심문기록이다. 몇몇 대화는 심문기록 원문에는 포함되
어 있지 않다.

(Independent, 2004년 7월 2일)

이 말은 심문이 진행되는 동안 기자들은 듣고 있는 내용을 자신들만의 버
전으로 생산해냈고 심문이 끝나고 나서 자신의 텍스트와 공식적인 의사록
을 통합했다는 의미이다. 즉 기록된 모든 대화를 종합적으로 포함하고 있
지는 않다는 말이다. 이 기사의 온라인 버전에서는 마이크 때문에 모든 소
리를 다 들을 수는 없었다고 했다. 이것이 사실인지 아닌지는 추측에 맡길
수밖에 없다.

《데일리텔레그래프》도 소위 '심문기록'을 게재했지만 '어제 있었던 후
세인과 판사의 법정대화 포함'이라는 서문역할의 한 문장을 추가함으로써
기사는 대화를 요약하고 재구성한 편집버전임을 표시했다. 《데일리텔레그
래프》의 심문기록은 《인디펜던트》에 비해 상당히 짧았다.

이 두 신문의 심문기록을 살펴보면, 신뢰와 정확성의 문제가 수면위로
떠오른다. 아랍어원문을 접할 수 없는 독자들은 자신들이 영어로 읽고 있
는 기사가 실제로 법정에서 일어난 사건을 정확하고 진실하게 전달한다고
믿으며 이에 의존해야만 한다. 그러나 이 두 가지 버전을 대충 훑어만 보더
라도 상당한 차이가 있음을 알 수 있다. 《인디펜던트》에서는 다음과 같이
일종의 무대지시 역할을 하는 문장으로 심문기록을 시작한다. '판사는 후
세인에게 이름을 물으면서 심문절차를 시작했다.'

SADDAM: …… Hussein Majid, the president of the Republic of Iraq.
The judge then asks his date of birth.

SADDAM: 1937.

JUDGE: Profession? Former president of the Republic of Iraq?

SADDAM: No, present. Current. It's the will of the people.

JUDGE: The head of the Baath Party that is dissolved, defunct. Former commander and chief of the army. Residence is Iraq. Your mother's name?

SADDAM: Sobha. You also have to introduce yourself to me.

JUDGE: Mr Saddam, I am the investigative judge of the central court of Iraq.

SADDAM: So that I have to know, you are an investigative judge of the central court of Iraq? What resolution, what law formed this court?

The judge's response could not be heard.

(후세인: ......후세인 마지드, 이라크 공화국의 대통령.

판사는 그의 생년월일을 묻는다.

후세인: 1937.

판사: 직업은? 이라크 공화국의 전(前)대통령인가?

후세인: 아니, 현재요, 현재. 국민들은 그렇게 생각하오.

판사: 지금은 해산된, 현존하지 않는 바쓰당의 당수. 전(前)군수사령관. 거주지는 이라크. 모친의 이름은?

후세인: 소바. 당신도 나에게 소개를 해야지.

판사: 사담씨, 난 이라크 중앙법원의 수사판사입니다.

후세인: 그렇다면 나는 당신이 이라크 중앙법원의 수사판사라는 사실을 알아야겠군? 어떤 결의안으로, 어떤 법률에 의해 이 법정이 만들어졌단 말이오?

판사의 대답은 들리지 않았다.)

(Independent, 2004년 7월 2일)

《데일리텔레그래프》도 역시 무대지시문을 포함하고 있다. 앞부분의 무대지

시문은 판사측 움직임의 형태로 제시되지만 후반부에서는 후세인이 '법원 경호원에 의해서 끌려 나가며' 말한다고 기록하고 있다. 이 가상의 무대지시문은 그 장면에 생명력을 불어넣고 법정에 있었던 사람들에게는 명백하게 보였을 바디랭귀지와 동작들을 암시해주는 효과를 가진다. 하지만 《데일리텔레그래프》의 언어 사용역이나 재생산된 화행은 《인디펜던트》와는 확연히 다르다. 이 두 가지를 비교해보면 후세인과 판사 사이에 오간 대화의 요지뿐 아니라 조금은 다른 무언가를 이해할 수 있을 것이다.

JUDGE: Are you the former president of Iraq?

SADDAM: I am Saddam Hussein, president of Iraq.

JUDGE (to court clerk): Put down 'former' in brackets.

SADDAM: I am the president of the republic so you should not strip me of my title to put me on trial.

JUDGE: You are the ex-leader of Iraq and the ex-leader of the dissolved armed forces. Were you the leader of the Ba'ath party and head of the armed forces?

SADDAM: Yes. I've introduced myself to you but you haven't introduced yourself to me. So who are you?

JUDGE: I am a judge of the criminal courts of Iraq.

SADDAM: So you repress Iraqis under the orders of the coalition? Do you represent the American coalition?

(판사: 당신이 이라크의 전(前)대통령인가요?

후세인: 나는 사담 후세인, 이라크의 대통령이오.

판사(법원 서기에게): 괄호 안에 '전(前)'이라고 써 넣으시오.

후세인: 나는 공화국의 대통령이오. 당신들이 내게서 내 직위를 빼앗고 법정에 세울 수는 없단 말이오.

판사: 당신은 이라크의 전(前)지도자요. 해체된 무장 세력의 전(前)지도
자. 당신이 바쓰당의 지도자이자 무장 세력의 우두머리였죠?

후세인: 그렇소. 난 내 소개를 했는데, 당신은 아직 하지 않았군. 당신은
누구요?

판사: 나는 이라크 형사법원의 판사입니다.

후세인: 그렇다면 당신은 연합군의 명령 하에 이라크국민을 억압하고 있
는 게지? 당신이 미국연합을 대표하는 거요?)

(Daily Telegraph, 2004년 7월 2일)

앞서 언급한 바와 같이 위의 기록들은 둘 다 편집된 것이다. 제공되는 정보
의 용어나 질문과 응답의 구조, 사건을 구성하는 안무법* 및 어조가 서로
다르다. 전자에서 판사는 더 권위적인 인물로 나타난다. 전(前)군대 수장으
로서의 후세인의 역할을 언급할 때, 그는 후자의 버전에서처럼 질문 형식으
로 말하는 것이 아니라 확인의 형태를 취하고 있다. 또한 《데일리텔레그래
프》에는 기록되어 있지 않은 후세인의 모친 이름을 묻기도 한다. 후세인의
질문에 대해서도 두 가지 버전에서 판사는 자신을 '이라크 중앙법원의 수
사판사'와 '이라크 형사법원의 판사'라는 각각 다른 답을 하고 있다.

계속 읽어나가면 이 두 가지 버전의 차이점은 더욱 눈에 띈다. 후세인은
《인디펜던트》에서 훨씬 더 긴 진술을 하고 때때로 판사에게 도전한다.《데
일리텔레그래프》에는 적혀져 있지 않은 혐의가 쭉 나열되어 있기도 하다.
《데일리텔레그래프》에서는 후세인이 쿠웨이트 침공에 대한 명령을 내렸을
때, '이라크 여성들을 10디나르**짜리 창녀로 만들려고 하는 미친개들에 대
항해서 이라크 국민들을 위해'라는 말을 했다고 인용했다. 이 말에 판사는

---

* 역주-예: 《인디펜던트》는 판사의 말이 들리지 않았다고 한 반면, 《데일리텔레그래프》는 판
  사가 법원 서기에게 지시한 내용을 적어놓은 것.
** 역주-이라크, 쿠웨이트, 알제리 등 중동지역 국가들의 화폐 단위.

그를 호되게 비난하고 난 뒤 후세인에게 그의 권리를 적어놓은 문서에 서명하라고 했다. 《인디펜던트》의 기록이 훨씬 더 길었음에도 불구하고 이 신문에서는 그런 언급은 전혀 나타나있지 않다.

마지막 대화 또한 다소간의 차이가 있다. 《인디펜던트》에서 후세인은 자신의 변호사 없이는 어떤 문서에도 서명하지 않겠다고 했고 둘 사이의 거친 대화로 심문이 끝난다.

> SADDAM: Then please allow me not to sign anything until the lawyers are present.
>
> JUDGE: That is fine. But this is your ……
>
> SADDAM: I speak for myself.
>
> JUDGE: Yes, as a citizen you have the right. But the guarantees you have to sign because these were read to you, recited to you.
>
> SADDAM: Anyway, why are you worried? I will come again before you with the presence of the lawyers, and you will be giving me all of these documents again. So why should we rush any action now and make mistakes because of rushed and hasty decisions or actions?
>
> JUDGE: No, this is not a hasty decision-making now. I'm just investigating. And we need to conclude and seal the minutes.
>
> SADDAM: No, I will sign when the lawyers are present.
>
> JUDGE: Then you can leave.
>
> SADDAM: Finished?
>
> JUDGE: Yes.

> (후세인: 그렇다면 내 변호사가 올 때까지 어떠한 서류에도 서명하지 않도록 허락해주시오.
>
> 판사: 좋소, 하지만 이것은 당신의 …….

후세인: 이미 답을 한 것 같소만.

판사: 알겠소. 당신도 시민으로서의 권리가 있지. 하지만 당신에게 다 읽어주었으니 서명은 해야 한단 말이지.

후세인: 도대체, 웬 걱정이오? 나는 변호사들과 함께 다시 당신 앞에 설 것이오. 그때 당신은 이 모든 서류들을 다시 나에게 주면 되지 않소. 도대체 왜 서둘러서 성급한 결정으로 실수를 만든단 말이오?

판사: 아니, 이건 성급한 결정이 아니오. 나는 단지 심문만 하고 있는 거요. 그리고 우리는 결론을 짓고 이 회의록을 마무리해야 한단 말이오.

후세인: 싫소, 나는 변호사가 있을 때만 서명할 것이오.

판사: 그렇다면, 이제 나가도 좋소.

후세인: 끝난 건가?

판사: 그렇소.)

《데일리텔레그래프》에서의 심문은 다르게 끝난다.

SADDAM: Would you accept if I do not sign this until the attendance of my lawyers?

JUDGE: This is one of your rights.

SADDAM: I am not interfering with your responsibilities.

JUDGE: Fine, then let it be recorded that he has not signed. You are dismissed from the court.

SADDAM: Finished?

JUDGE: Finished.

SADDAM (as he is led away by guards): Take it easy, I'm an old man.

(후세인: 내 변호사들이 참석할 때까지 내가 서명을 하지 않는다면 받아들이겠소?

판사: 그건 당신의 권리입니다.

후세인: 내가 당신의 책무를 방해하려는 것은 아니요.
판사: 괜찮습니다, 그러면 서명하지 않았다는 것을 기록하도록 합시다.
이 법정에서 나가도 좋습니다.
후세인: 끝난 건가요?
판사: 끝났습니다.
후세인: (법정 경호원에게 끌려 나가며) 천천히 가세. 난 노인이야.)

여기서는 어떠한 언쟁도 없었고 후세인은 판사가 가도록 허락할 때까지 많은 말을 하지도 않았다. 그가 경호원에게 했던 말이 마지막 언급으로 기록되어 있는데 이 말은 영국식 구어체표현으로 번역되어 있으며 재판 내내 후세인이 사용했던 언어와는 어울리지 않는다.

위 두 가지 버전이 이라크 법정에서 발생했던 사건의 요점을 우리에게 효율적으로 전달하고 있다면 이런 세세한 사항들이 중요할까? 대답은 그것들이 정말로 중요하다는 것이다. 왜냐하면 일단 독자들이 똑같은 원천 텍스트의 정확하고 충실한 버전이라고 자칭하는 것들 사이에서 차이점을 발견하고 나면 보도내용 전체에 대한 신뢰성에 의문을 가지기 때문이다. 번역 분석가의 관점에서 볼 때에도 두 텍스트가 하나의 사건에 대해 매우 다른 인상을 창조하고 있기 때문에 이러한 차이점들은 크게 중요하다. 만약이 텍스트들이 연극으로 상연된다면 배우들은 자신들이 받은 대본에 따라서 매우 다른 역을 연기하게 될 것이다. 《데일리텔레그래프》에 등장하는 난폭하고 다소 야비한 남자는 《인디펜던트》에서는 자신의 입장을 강하게 변호하는 좀 더 진지하고 논리 정연한 인물로 이 둘을 같은 인물로 보기는 어렵다. 또한 《인디펜던트》는 번역문이라는 것을 암시하는 어조와 《데일리텔레그래프》보다 더 이국적인 표현을 사용함으로써 전체적으로 약간은 어색한 면을 보이기도 한다. 후세인 말에 대한 번역문인 'I'm not holding fast to my position, but to respect the will of the people that decided to choose Saddam Hussein as leader of the revolution(내가 내 입장을 강하게 고수하겠다는 것은 아니오만, 사담 후세인을 혁명의 지도자로 선택한 국민들의 의지를 존중하오)'는 표준 영어의 구조는 아니다. 이 글에서 어느 정도의 이국성을 보유한 것은 이 심리절차가 영어로 행해지지 않았다는 것과 후세인의 개인적인 어투를 독자들에게 알려주는 역할을 한다. 이러한 이국화는 기사의 신빙성과 《인디펜던트》가 중동문제에 관한 전문성을 가지고 있다는 명성을 강조하고 있다. 이라크전쟁에 반대하는 이 신문사의 입장 또한 후세인의 말을 재현해내는 과정에서 작용한 것으로 보인다.

반면에 《데일리텔레그래프》는 자국화 번역의 좋은 예이다. 지역색을 부여하기 위해 삽입되어 있는 '10디나르짜리 창녀'와 같은 이국화의 흔적은 현저히 줄어들었다. 이 글에서 후세인은 피고인의 입장에 있는 전(前)독재자라기보다는 다소 우스꽝스러운 인물로 그려져서 영국 법정에서 사용하는 언어를 구사하는 절제된 도시적 이미지의 판사와 대조를 이룬다. 이런 미묘한 텍스트적 차이는 독자를 상당히 다른 방향으로 이끈다. 여기서 중요한 점은 자국화가 전체 텍스트를 목표문화의 시스템으로 가져가는 반면, 이국적 요소를 보유함으로써 독자가 읽고 있는 것이 다른 어딘가에서 발생한 사건이라는 점을 일깨운다는 것이다.

그러나 정확성의 문제로 다시 돌아가 보면 위의 두 가지 텍스트 중에서 어느 것이 실제 심문기록을 충실하게 번역한 것인가에 관한 의문이 여전히 남아있다. 두 개의 텍스트는 모두 편집본이고, 더 긴 버전으로 재생산된 대화의 일부는 원래 법정기록에는 포함되어 있지 않다는 사실이 독자에게 공지되어 있다. 그러나 어디에 대화를 추가했는지는 명시하지 않았고 그 추가분은 마치 누군가에 의해 어디선가 기록된 자료의 번역처럼 포함되어 있

다. 이런 상황에서 우리는 불편한 감을 떨칠 수가 없다. 아랍어를 모르는
사람은 원천언어의 기록과 위 버전의 기록들을 대조해 보고 정확성을 따져
볼 수가 없기 때문이다. 우리가 가지고 있는 것은 아랍에서 있었던 법정심
문에 대한 종합적 기록에 대한 두 개의 영어번역문이 전부이고, 이 둘은 각
각의 신문사 편집 규칙과 독자의 기대치에 따라 다른 방식으로 편집되었다.
우리는 전혀 다른 번역과정이 발생했음을 알 수 있다. 즉, 구어에서 문어로,
아랍어에서 영어로, 완전한 길이의 문장에서 축약된 형태로, 원본에서 특정
독자층을 겨냥해 다듬어진 각 신문사의 문체로 번역되었다. 한 신문사는
다른 신문사의 버전에서 보다 명백한 자국화전략을 따르고 있다. 이렇게
각기 다른 과정의 모든 단계에서 조작이 발생하지만, 독자는 여전히 그 최
종산물을 진실하고 정확한 버전으로 받아들일 수밖에 없다.

정확성의 변형

후세인의 재판이 진행됨에 따라 법원에서 이용 가능한 자료의 범위 때문에
심문기록의 사용은 줄어들고 요약이나 논평이 늘어났다. 심문기록의 재생
산은 예비심문과 재판 초기에 극의 형식으로 풀어나가는 방법을 설정하며
그 목적을 수행했다. 재판 초기에 후세인이 처음으로 공식적인 모습을 드
러낸 다음날인 2005년 10월 20일, 몇몇 신문사들은 법정기록 발췌문을 실
었지만 시간이 지남에 따라 이 요약된 대화문들은 점차 재판에 배석했던
기자들의 기사로 대체되었다. 10월 20일자 《데일리텔레그래프》는 후세인과
판사사이의 짧은 대화를 두 남자간의 언쟁이라고 보도했다.

JUDGE: Mr Saddam we ask you to write down your identity, your name, occupation and address and then we will allow you to talk. Now it is time to write down your identity.

SADDAM: I was not about to say much.

JUDGE: We want your identity, your name, and then we will listen to what you have. (sic) We are writing down the identities at this time. We will hear you when we need to listen to you.

SADDAM: First of all, who are you and what are you?

JUDGE: The Iraqi criminal court.

SADDAM: All of you are judges?

JUDGE: We don't have time to get into details. You can write down what you like.

SADDAM: I have been here in this military building since 2.30, and then from nine I have been wearing this suit. They have asked me to take it off and then put it on again many times.

JUDGE: Who are you? What is your identity? Why don't you take a seat and let the others say their names and we will get back to you.

SADDAM: You know me. You are an Iraqi and you know who I am. And you know I don't get tired.

JUDGE: These are formalities and we need to hear it from you.

SADDAM: They have prevented me from getting a pen and a paper because paper, it seems, is frightening these days. I don't hold any grudges against any of you. But upholding what is right and respecting the great Iraqi people who chose me I won't answer your questions or what you call a court, with all due respect to the individuals involved in it, and I reserve my constitutional rights as the president of Iraq. You know me.

JUDGE: There are the procedures. A judge cannot rely on personal knowledge.

SADDAM: I don't recognize the group that gave you the authority and assigned you. Aggression is illegitimate and what is built on illegitimacy is illegitimate.

(판사: 후세인씨, 당신의 신분과 이름, 직업, 주소를 적어주십시오. 그런 후에 당신에게 발언권을 주겠소. 신분을 적으시오.

후세인: 많은 말을 하지는 않겠소

판사: 당신의 신분과 이름을 적으시오. 그러면 당신이 하는 말을 듣겠소. (원문 그대로) 이번에는 우리가 대신 적겠소. 들을 필요가 있을 때 당신의 말을 들을 것이오.

후세인: 우선, 당신들은 누구고 뭣 하는 사람들이오?

판사: 이라크 형사 법원판사입니다.

후세인: 당신들이 모두 판사들인가?

판사: 자세히 말할 시간은 없습니다. 원하는 것을 적을 수 있게 허락합니다.

후세인: 나는 2시 30분부터 이 군사건물에 있었소. 그리고 9시부터 이 옷을 입었지. 계속해서 벗으라고 했다가 입으라고 했다가 몇 번을 시키더군.

판사: 당신은 누구입니까? 신분은 뭐죠? 앉아서 다른 사람들이 소개하는 것을 들읍시다. 그리고 다시 당신 이야기를 하도록 하죠.

후세인: 당신은 나를 알잖소. 당신은 이라크국민이고 당신은 내가 누군지 알고 있소. 그리고 내가 지치지 않을 것이라는 사실도.

판사: 이것은 형식적인 절차입니다. 우리는 당신으로부터 직접 당신의 신분을 들어야 해요.

후세인: 사람들이 내가 펜과 종이를 가지지 못하게 하더군. 요즘 종이라는 물건은 무서운 것인가 보오. 나는 당신들 중 누구에게도 원한이 없습니다. 하지만 옳은 것을 지키고 나를 선택했던 위대한 이라크 국민들을 존중하기에 나는 당신들의 질문이나 당신들이 법정이라 부르는 것에 어떠한 대답도 하지 않을 것이오. 관련된 모든 이들을 존중하며 나는 이라크 대통령으로서의 헌법에 입각한 권리를 가지고 있소. 당신도 나를 알잖소.

판사: 절차라는 것이 있습니다. 판사가 개인적으로 아는 것에 의존할 수

는 없습니다.

후세인: 나는 당신에게 권위를 주고 당신을 임명한 단체를 인정하지 않소. 침략은 불법이며, 불법에 기초하여 만들어진 그 어떤 것도 불법이오.)

같은 날, 이탈리아 신문인 《라 레푸블리카*La Repubblica*》는 바그다드 법정에서 '결투*duello*'의 세 시간이 있었다는 말로 서문을 열며 심문기록을 실었다. 이 신문에 따르면, 아민이라는 이름의 판사는 후세인에게 이름, 신분, 직위, 직업을 말하라고 요청한다. 여기서 이탈리아어 동사 'communicare'는 영어 'write down'보다 훨씬 더 포괄적이다. 그러고나서 판사가 법정에는 따라야 할 절차가 있다고 하자, 후세인이 말을 가로막는다.

SADDAM: Chi sei tu? Voglio sapere qual è il tuo ruolo.

GIUDICE AMIN: Noi siamo la corte penale irachena. Dunque, per cortesia, risponda: queste formalità non hanno nulla a che fare con lei.

SADDAM: Mi hanno fatto attendere per ore e non mi è stato concesso di portare carta e penna, perchè perfino le penne fanno paura oggi. (Saddam sorride.) Non nutro alcun risentimento per nessuno di voi. Ma mi rifaccio ai miei direitti e al rispetto che devo agli iracheni che mi hanno eletto. Non rispondo a questa cosidetta corte, con tutto il rispetto per chi ne fa parte. E mi riservo i diritti costituzionali di presidente della Repubblica dell'Iraq, non seguirò ⋯⋯ Non riconosco nè l'entità che vi ha dato mandato e autorizzazione ne l'occupazione perchè tutto quello che e basato sulla falsità e falsità. ⋯⋯ Hai mai fatto il giudice prima d'ora?

GIUDICE AMIN: Non c'e spazio per simili argomenti in questa Corte.

SADDAM: Sono in questa corte militare dalle 2 e mezzo di stanotte e dalle 9 del mattino son qui che vi aspetto con il mio vestito migliore. Tu sai chi sono, sento dal tuo accento che sei iracheno e dunque sai molto bene chi sono io, sai ch non mi stanco e non mi arrendo.

GIUDICE AMIN: Sono qui per chiedere formalmente della sua identità. Un giudice non può contare sulle proprie conoscenze personali.

SADDAM: Ho risposto a questa domanda per iscritto e te l'ho fatto avere.

(후세인: 당신은 누구요? 당신의 직위를 알고 싶군.

아민 판사: 이라크 형사법원판사입니다. 그러니 대답하십시오. 이런 형식들은 당신과 관계가 없지 않습니까.

후세인: 사람들이 나를 몇 시간 동안이나 기다리게 하면서 종이와 펜조차 허락하지 않았소. 요즘은 펜마저도 무서울 테니까. (후세인, 웃는다.) 나는 당신들에게 어떤 유감도 없소. 하지만 나는 내 권리와 나를 뽑아준 이라크 국민들에게 받은 존경을 지키리다. 또한 이라크 공화국의 대통령으로서 내 헌법적 권리를 가지며……. 나는 귀하에게 명령권과 권위를 준 단체나 귀하의 직책을 인정하지 않습니다. 왜냐하면 거짓에 기초해서 만들어진 모든 것은 거짓이니까. 전에도 판사로서 일한 적이 있소?

아민 판사: 이 법정은 그런 논쟁을 하기 위한 곳이 아닙니다.

후세인: 나는 오늘 새벽 2시 30분부터 이 군사법원에 있었소. 9시부터는 이 최고의 옷을 입고 여기서 당신들을 기다리고 있었단 말이오. 당신은 내가 누군지 알고 있소. 억양을 들으니 당신은 이라크인이군. 그러니 당신은 내가 누군지 잘 알고 있을 것이고 내가 절대 지치지 않으며 포기하지 않으리라는 사실도 잘 알겠지.

아민 판사: 나는 지금 당신의 신분을 공식적으로 밝히라고 요청하는 바입니다.

후세인: 나는 서면으로 그 질문에 답을 했고 당신들은 그것을 받았소.)

이 두 버전에도 상당한 차이점이 있다. 후세인이 오래 기다린 것과 종이와 펜을 주지 않았다는 점에 대한 불평의 순서가 뒤바뀌었다. 이탈리아 신문에서 후세인은 최고의 옷을 입고 기다렸다고 말하지만 영어버전에서는 여러 번 옷을 입었다 벗었다 해야 했던 것에 대해 불평하고 있다. 이탈리아어 버전에서 후세인은 판사에게 이전에도 판사의 경력을 가지고 있는지 여부를 물어보았지만 영어버전에서는 그 부분이 빠져있다. 판사의 이라크 억양에 대한 언급도 영어에서는 생략되었다. 가장 중요한 것은 아마도 영어버전에서는 침략은 불법이라는 말을 했지만, 이탈리아어 버전에서는 'falsità(거짓)'에 대해서는 언급하고 있으나 침략에 대한 말은 전혀 없다는 점이다. 판사의 직업에 대한 언급은 이탈리아어 버전에서도 하고 있다.

후세인과 판사가 사용하는 말에서 나타나는 둘 사이의 관계 또한 영어와 이탈리아어 버전에서 매우 다르다. 이탈리아어 버전에서 판사는 대화 내내 'per cortesia(-하시기 바랍니다)'와 같은 예의바르고 정중한 표현을 사용한 반면, 영어버전에서는 'You can write down what you want(원한다면 적으시오)'와 같이 무례하다고 볼 수 있을 정도로 퉁명스럽게 말하고 있다.

프랑스 신문 《피가로》 역시 10월 20일자 신문에서 'Saddam Hussein defie ses juges(사담 후세인, 판사들에게 으르렁대다)'라는 헤드라인 아래 재판당시의 심문기록을 부분적으로 싣고 있다. 기사의 도입부에는 모하메드 아민 판사가 쿠르드 출신이라는 사실이 나타나있다. 후세인은 'Qui êtes-vous? Que me veut ce tribunal?(당신은 누구십니까? 이 재판은 나에게 무엇을 원합니까?)'라는 말로 대화를 시작했다. 그가 사용한 격식적인 'vous'라는 단어는 대화 전반에서 계속 사용되지만, 이탈리아어 버전에서는 좀 더 친근한 표현인 'tu'를 사용함으로써, 후세인의 판사에 대한 무례한 태도를 보여준다. 《피가로》에 실린 대화는 다음과 같다.

'Avez-vous déjà jugee auparavant?' demande Saddam aux magistrates.

'Monsieur Saddam, nous ne vous demandons pour l'instant que votre nom complet et votre profession', retorque le juge, 'Vous aurez l'occasion de parler plus tard. Maintenant vous devez decliner votre identité, c'est une simple formalité.'

Devant le refus de Saddam Hussein, le juge lit lui-même les noms et qualités de l'accusé. 'Saddam Hussein Majid, ancien président de l'Irak ...... '

'Je ne dirais pas ancien président,' l'interrompt Saddam, 'je dirais que je suis le président de la République irakienne.'

'Dites ce que vous voulez, mais pour moi ce n'est pas la même chose,' lui retorque le juge, qui continue: 'commandant des forces armées. Résidence: Irak.'

'Vous me connaissez. Vous êtes irakien. Laissez-moi vous expliquer pourquoi je refuse de répondre à vos questions,' le coupe Saddam. 'Je ne reconnais ni l'entité que vous à nomme, ni l'agression contre notre pays. Je me suis ici par respect pour le grand peuple irakien qui m'a choisi. Je demande que mes droits constitutionnels en tant que président de l'Irak soient reconnus. Cette cour n'est pas légale,' dit il.

('전에도 판사직을 맡은 적이 있습니까?', 후세인은 치안판사에게 물었다.

'후세인씨, 지금 우리가 당신에게 요청하는 바는 당신의 이름과 직업입니다,' 판사가 답했다. '나중에 이야기 할 시간을 드리겠습니다. 당장 당신의 신분을 말하십시오. 이건 단순한 형식일 뿐이에요.'

사담 후세인이 거부하자 판사는 피고인의 이름과 고소내용을 읽는다. '사담 후세인 마지드, 이라크의 전(前)대통령......'

'나라면 전(前)대통령이라고 말하진 않겠소,' 후세인이 끼어들었다. '나는 이라크 공화국의 대통령입니다.'

'당신이 좋을 대로 말해도 좋소만, 내 생각은 다릅니다.' 판사는 반박하

고서 계속 읽어나갔다. '무장 세력의 수장이자 이라크의 거주민인……'

'당신은 나를 알고 있소. 당신은 이라크인이오. 내가 왜 당신의 질문에 대답하기를 거부하는지 설명할 기회를 주시오,' 후세인이 말을 자르고 끼어 들었다. '나는 당신이 말하는 것도, 우리나라에 대한 침공도 인정할 수 없소. 내가 지금 이 자리에 나온 것은 오직 위대한 이라크 국민들이 나를 선택 해준 것에 대한 존중 때문이오. 나는 이라크 대통령으로서 나의 헌법적 권리를 요구하는 바입니다. 이 법정은 불법입니다,' 후세인이 말했다.)

영어나 이탈리아어 버전과 비교해봤을 때,《피가로》는 대화 순서와 후세인이 비춰지는 방식에 있어서 상당한 차이를 보이는 또 하나의 버전이다. 《피가로》는 이라크에 대한 미국의 점령을 처음부터 적대적인 시각으로 보았기 때문에 후세인을 자신의 헌법적 권리를 주장하고 그 법정을 점령군의 도구로 여기며 부인하는 지휘관의 모습으로 묘사하는 것은 당연한 일이다. 자신을 지도자로 '선택choisir'한 이라크 국민에 대한 의무를 언급하면서 후세인은 다른 버전에서보다 더 진지한 인물로 그려지고 있다. 영국 언론에서 그린 우스꽝스럽고 풍자적인 모습과 프랑스 언론에서 보여주는, 적에게 에워싸여 있지만 도덕적 위엄을 갖춘 정치인의 모습은 너무나 다르다. 물론 당시는 프랑스가 이라크전에 전면적으로 반대할 때였고, 영국정부는 미국과 연합했기 때문에 후세인을 악마처럼 묘사하는 것은 침략선동기제의 핵심이었다.

진실성, 적합성 및 진정성은 문화에 따라 결정되고 따라서 변하기 쉽다는 것은 사실이다. 어떤 환경에서는 적합한 것으로 받아들여지는 것이 다른 환경에서는 완전히 부적합 것으로 여겨질 수도 있다. 그러나 그런 불균형은 바로 번역을 통해서 나타난다. 과장이나 단정적 어투가 일반적인 환경에서 반어법이나 절제된 영국식 표현은 매우 부적합하다. 사담 후세인

사건의 기사를 쓰는 기자가 직면했던 문제 중 하나가 바로 이 불일치로부터 나왔다. 법정에서 후세인이 한 말은 그 환경에서는 충분히 이해가 가지만, 편집하지 않고 그대로 실었다면 매우 다른 각도에서 읽혀졌을 것이다. 그러므로 편집과정은 다층적이며 해당 신문사 고유의 문체와 이념적 입장뿐 아니라 문화적 기대치의 차이를 인식하는 것 또한 포함하고 있다. 동시에 재판을 세계적인 연극으로 보여주는 행위는 각기 다른 나라에서 독자에게 무엇을 제공해 줄지를 결정지었다.

번역과 뉴스

뉴스 번역을 언급할 때 '번역'이라는 단어를 사용하고는 있지만, 일반적인 번역과는 다르다. 바로 이 점이 기자들이 번역가보다는 국제기자로 불리기를 선호하는 이유이다. 뉴스에서 하나의 문화로부터 정보를 가져와서 다른 문화로 옮기는 과정은 언어 간의 전이라는 요소를 포함하고 있지만 그 초점은 언어적 이동보다는 목표 독자의 요구를 충족시키기 위한 형태로 맞추어진 정보 이동에 있다. 원천 텍스트가 존재하든 기자가 다양한 출처로부터 기사를 편집해서 썼든, 언어를 넘어선 텍스트적 과정의 모든 종류가 뉴스 번역에 포함되어 있다.

원천 텍스트가 존재하지 않을 수도 있다는 사실은 번역이라는 개념에 의문을 제기한다. 번역이라는 것이 한 언어에서 생산된 텍스트를 다른 언어로 바꾸는 것이라고 정의한다면, 뉴스 보도에서의 언어전이 과정은 번역이라고 볼 수 없는 경우도 많다. 그러나 분명히 또 다른 차원의 번역은 존재한다. 그것은 한 맥락에서 시작한 이야기가 전해지고, 그 후 다른 어딘가에서 또 다른 언어로 다른 독자들에게 다시 전달되는 번역이다.

심지어 원천 텍스트가 존재할 때에도 그 그림은 흐릿하게 남아있을 수 있다. 본 장의 예에서 살펴보았다시피 하나의 원본에서 나온 정확한 번역으로 추정되었던 번역물들이 다양한 텍스트 조작의 결과로 너무나 달라져서 독자들은 원본이 무엇이었는지 어렴풋하게만 이해할 뿐이다.

실제로 뉴스 번역에서 발생하는 일은 뉴스 에이전시에 소속되어 있거나 연계하여 활동하는 외국 특파원들이 정해진 독자를 위해 이야기를 쓰고 그 형태를 잡아나가는 것이다. 결과적으로 이것은 완전히 새로운 텍스트를 창조하며 번역의 정의에 이의를 제기한다. 특정 언어들이 세계에서 우위를 점하고 있다는 것은 사회·정치적 각축장에 존재하는 권력의 불평등이 국제기자가 쓰는 텍스트에서도 명백히 드러남을 뜻한다. 그러므로 글로벌 뉴스 번역 연구의 목표는 우리가 읽고 있는 글에 내재되어 있는 조작적 과정을 더 잘 인식하고, 다른 문화적 맥락에서 무엇이 말해지고 무엇이 침묵되었는지를 어느 정도까지 알 수 있을지에 대한 진지한 의문을 제기하는 것이다.

부록
글로벌 뉴스 언어

2004년 4월 23일 워위크 대학에서 개최한 국제학술 심포지엄은 뉴스제작에 있어 세계화, 언어차이, 번역의 역할을 집중적으로 다루었다. 글로벌 뉴스에서 번역이 갖는 다양한 역할과 관련된 여러 문제를 토론하기 위해 첫 번째로 기획된 심포지엄이었다.

이 국제학술 심포지엄은 AHRC*가 후원한 연구 프로젝트의 대표 행사로 3년에 걸쳐 글로벌 미디어에 나타난 언어와 번역의 문화·정치·경제에 관해 연구할 예정이다. 패널로 초대된 사람은 더블린 시티 대학의 마이클 크로닌Michael Cronin 교수, 핀란 투르쿠 대학의 이브스 갬비어Yves Gambier 교수, IPS 총괄책임자 마리오 루베트킨Mario Lubetkin, 런던 골드스미스 대학의 다야 튜쑤Daya Thussu 박사, 로이터통신 경제뉴스 편집자 앤서니 윌리암스Anthony

---

* 역주-예술인문 연구회(Arts and Humanities Research Council).

Williams, AFP 편집부장 에릭 위셔트Eric Wishart, 경제뉴스 분야의 저명한 번역가인 앤 월러스Anne Wallace 등이다. 심포지엄의 제1목적은 교수, 실무자, 언론인, 번역가들이 한 자리에 모여 토론을 통해 국제커뮤니케이션의 과정에서 나타나는 여러 가지 측면을 탐구하는 것이다.

이 심포지엄은 녹화된 프레젠테이션의 발췌 영상물과 함께 발표 후에 이어진 토론의 핵심내용을 보고서로 작성하였다. 심포지엄 후 참석자들에게 본 행사와 미래 연구방향에 관해 의견을 보내줄 것을 요청하고 의견 제시 방식에 관한 샘플을 제공했다.

개회사에서 AFP의 위셔트와 로이터의 앤서니 윌리엄스는 3대 글로벌 뉴스 에이전시 중 AP를 제외한 AFP와 로이터 두 기관에 관한 유용하고 구체적인 정보를 제공했다. 뉴스 수집에 있어 글로벌 뉴스 에이전시의 역할은 심포지엄 시작부터 강조되었다. 신문, 라디오, TV 등의 언론사가 전 세계에 기자를 배치할 수 없다는 한계 때문에 글로벌 뉴스 에이전시의 주요 뉴스 공급원으로서 역할은 상대적으로 중요하다. AFP는 전 세계적으로 160여개 지사를 두고 있고 6개 국어-프랑스어, 영어, 스페인어, 아랍어, 독일어, 포르투갈어-로 서비스를 제공한다.

위셔트는 AFP가 프랑스 내의 국내 뉴스 에이전시와 글로벌 뉴스 에이전시의 역할을 둘 다 수행한다는 점을 지적하였다. 1957년에 독자체제를 갖춘 AFP는 꾸준히 성장을 거듭해왔고 2003년에는 프랑스 자국 내 미디어보다 국제 미디어에서 더 많은 수입을 벌어들였다. 그는 이런 변화가 국제적으로 큰 영향력을 발휘하는 영어로 인한 변화라고 보고 있다. 아시아시장에서는 영어로만 서비스를 해온 AFP는 1970년 말과 1980년대 초에 영어 뉴스서비스를 본격적으로 시작했으며 초기에는 번역 위주의 서비스를 제공했다. 위셔트는 자신이 겪은 당시의 경험을 다음과 같이 얘기한다.

당시 저는 프랑스어로 쓴 뉴스를 영어로 바꾸도록 요청을 받았습니다. 번역을 아는 사람이면 누구나 단어 대 단어의 번역은 나쁜 번역으로 생각했기 때문에 피했습니다. 프랑스어 기사를 간략하게 줄인 후 영어로 바꿨습니다. 영어 서비스는 프랑스 기자들이 보유한 네트워크를 갖추고 있지 않은데다 프랑스어 담당기자가 영어 담당기자보다 훨씬 많았기 때문에 아주 빨리 번역을 해야 했습니다. 프랑스인들은 자국 언어로 된 기사를 영어로 번역하는 것을 선호했지만 얼마 지나지 않아, 우리는 이 과정이 비효율적이라는 사실을 알게 되었습니다. 기자들은 언어 능력을 갖추고는 있지만 전문 번역가는 아니었습니다. 번역이 엉망으로 보일 때가 많았습니다. 번역 오류도 종종 눈에 띄었습니다. 한 예로 '동정녀La Pucelle'라는 볼테르의 서사시에 등장하는 '잔 다르크Joan of Arc'를 '올리언즈의 아가씨Maid of Orleans'가 아닌 '작은 벼룩 a little flee'으로 번역하기도 했습니다. 로이터 통신과 경쟁하려면 변화가 필요하다고 생각하고 지난 20년 동안 영어 서비스 네트워크를 확장하여 가능한 영어 원문으로 기사를 쓰고 있습니다. 이 방법이 더 직접적이고 빠르고 좋습니다.

위셔트는 뉴스 수집 과정의 단계를 설명했다. 4월 22일에 전 세계 언론을 통해 보도하기 시작한 북한의 기차 사고에 대해 언급한 다양한 설명을 예로 들었다. 중국 통신사가 중국어와 영어로 이 기사를 처음 보도했을 때 사상자의 수가 3,000명에 이른다고 하였다. 그 후 AFP의 중국과 한국지사는 기사를 받아 번역하기 시작했다.

여기에는 2단계의 과정이 포함됩니다. 한국 언론사가 한국어로 쓴 원문을 영어담당 한국어 기자가 영어로 번역한 후 홍콩 중앙 편집국의 프랑스 기자가 다시 번역합니다. 이런 과정을 거치는 이유는 서울지사에는 프랑스 기자가 없기 때문입니다. 로이터나 AP도 보도경쟁에 끼어들만한 큰 사건이기에 뉴스를 빨리 확보해야 합니다.

속도경쟁과 정보출처의 다양성으로 인해 사실을 검토하는 일은 어렵다. 북한 열차 충돌 사건의 경우 최종 사상자는 100명도 채 되지 않았다. 정보의 신뢰성을 확보하는 일이 복잡한 이유는 언어 간의 번역 문제와 빠른 보도 경쟁 때문이다. 번역은 보도 과정에 있어서 중요한 부분이다.

> 일본 대형 뉴스 에이전시는 이 뉴스를 일본어로 번역해서 일본 언론사들에게 재배포합니다. AFP의 신규 언론사들은 영어로 작업하기를 선호하기 때문에, 영어 뉴스 서비스를 제공하지 않는다면 AP나 로이터에게 고객을 뺏기게 될 것입니다. (중략) 그래서 뉴스 에이전시에서 뉴스를 번역하는 일을 모른 체할 수 없습니다.

이라크를 예로 들어보자. AFP는 미군과 함께 파견된 미국 기자들과 페루자 소속의 이라크 기자를 동원하였다. 이리그 기지들이 바그다드 AFP지사에 전화를 하여 아랍어로 기사내용을 전달하면 그곳에서 2개 국어를 구사하는 아랍기자가 아랍어 기사를 받아서 영어로 작성한다. 이렇게 작성된 영어 기사는 다른 언어로 번역된다.

또한 위셔트는 모든 기사를 수집하여 같은 종류의 이야기로 바꿔야 하는 과정을 언급한다.

> 일반 AFP 뉴스서비스에는 매일 약 350,000단어가 실립니다. 6개 국어 서비스와 여러 다른 뉴스서비스를 더하면 수백만 단어가 됩니다. 이렇게 많은 단어가 계속 번역되어 전 세계로 전해집니다. 우리는 다언어, 다문화의 용광로 상태에 있다고 말할 수 있으며 프랑스의 목소리만 내고 있다고 할 수 없습니다. 페루자에서 보도하는 아랍기자는 미국인 기자와 같은 방식으로 일하지 않습니다. 뉴스를 다루는 데 있어 번역의 문제는 아주 중요한 문화 차이를 보여줍니다.

이러한 문화 차이는 문체에서도 나타난다. 위셔트는 '마지막까지 최고의 기사를 얻기' 위해 프랑스의 기사 작성 관행에 주목하였다. 영어 독자들은 뉴스 기사의 첫 부분에서 핵심 내용을 읽고 세부사항을 이해해 나가기를 원하는 반면 프랑스인들은 기사가 끝날 때까지 이야기의 대단원을 기대하면서 기사를 읽는다. 위셔트는 가상의 프랑스 기사를 예로 들어 설명한다. 대통령이 차에 탄 후 차가 폭우 속을 달린다. 서서히 긴장감이 고조되고 마지막 단락에서 대통령은 기다리고 있던 암살자의 총을 맞고 사망한다. 반면 영어기사는 첫 단락에 대통령 암살에 관한 기사를 먼저 쓰고 난 후 내용들이 더해진다. 번역 작업은 독자의 기대치를 명확하게 인지하는 것과 기자의 관행에 맞춰 이루어진다.

앤서니 윌리엄스는 문화간에 통용되는 우스갯소리를 곁들여 다음과 같이 말한다.

번역에 관한 회의가 완성도 높은 결과를 얻으려면 오역이나 최소한 상황에 맞지 않는 번역이 주는 즐거움을 반드시 인정할 수 있는 분위기여야 합니다. 독일어 사용자들은 왜 아이리시 미스트가 독일어권에서 잘 팔리지 않는지를 알고 있으며 스페인어 사용자들은 라틴아메리카에서 파제로 지프의 판매량이 저조한 이유를 알고 있을 겁니다. 파카펜 광고도 마찬가지로 오해를 낳았습니다. '펜 잉크가 주머니에 흘러나와 당신을 당황하게 만들지 않습니다'라는 광고를 스페인어로 번역하면 '임신을 시키지 않으니 안심하십시오'라는 문구로 바뀝니다. 개인적으로 가장 재미있었던 경험은 1980년대에 남아공 대표단의 스위스 방문을 동행 취재할 때입니다. 수상이었던 P.W. 보타P.W.Botha는 외무부 장관인 피크 보타Pik Botha와 함께 있었습니다. 아주 적대적인 분위기가 감도는 기자 회견에서 수상 보타는 프레토리아 정부가 사람들을 강제로 흑인 거주구역에 살도록 하는 이유가 무엇인지 질문을 받았습니다. 수상은 화석처럼 몸이 굳은 듯이 보였고 다음과 같이 대답했습니다. '사람들을 강제로 그곳에 살도록 하지 않습니다. 그들을 복종시킵니다(We coerce them).' 단상에 있는 수상에게 피크는 작은 목소리로 '수상님, 설득 시킵니다(Convince them)라고 하셔야죠, 설득시킵니다.'

윌리엄스의 지적에 따르면 뉴스 번역은 새로운 현상이 아니고 BBC, 자유 라디오 유럽과 자유 라디오는 오랫동안 전 세계를 대상으로 방송을 진행해 왔고 CNN은 현지 뉴스제공자와 연계하여 국제 뉴스를 자체적으로 제작·공급하고 있으며 최근에는 알 자지라 방송이 아랍권에 공급하기 위해 아랍어를 사용하는 뉴스 서비스를 개발했다고 한다. 로이터는 총 18개 언어로 뉴스를 보도한다. 하지만 윌리엄스는 로이터통신에서 일하는 2000명 이상의 편집자들 중에 번역가는 한 명도 없다는 사실에 주목한다. 로이터가 하루에 생산하는 뉴스기사는 성경책 한 권 분량에 맞먹고 60% 이상은 영어 기사이며 다음으로 일어 기사가 7%를 차지한다.

뉴스 제공자가 번역자가 아니라면 누가 번역을 할까? 기자나 편집자가 번역을 담당한다. 일반적으로 현지 언어를 사용하는 로이터 통신 지국에는 주재국의 소식을 세계에 알리는 국제부 직원과 현지 시장을 공략하기 위해 비슷한 현지어로 기사를 쓰는 기자가 있다. 이들에 의해서 작성된 기사는 다른 날짜에 쓰인 현지어 기사로 보충되며 정보 면에서는 영어 번역 기사를 기초로 한다. 이 과정에서 정해진 틀에 맞추어 번역하는 것을 기본으로 하는 것은 다 아는 사실이다. 국제 특파원은 파견된 국가에서 일어나는 사건을 이해하기 위해 수개 국어에 능통한 사람이 되어야 하겠지만 지국의 직원들은 영어 기사를 독일어나 프랑스 등등으로 번역할 수 있어야 한다. 이런 작업은 순수하고 단순한 번역이 아니라 특정한 현지 독자의 구미에 맞게 언론규범을 반영하면서 특정언어로 뉴스를 제공하는 뉴스 생산물이다.

위셔트와 마찬가지로 윌리엄스는 문체와 독자의 기대수준에 주목했다. 그는 영어 독자는 인용부호를 사용한 직접화법을 선호하는 반면 독일어 독자는 간접화법을 선호한다고 지적하였다. 영어 독자는 자유형식의 단락에 많은 정보를 집어넣은 것을 선호하지만 독일어 독자는 짧은 한 문장으로 쓴 간결한 머리글을 선호한다.

경력 기자들 중에서 언론발표문을 재생산하는 기자는 없지만 재배열과 재작성의 필요성은 항상 느낀다. 그러나 이러한 관행은 문제의 소지가 있다. 소설가 윌리엄스의 경우 자신의 작품이 번역될 때 어느 정도의 지배 권한을 가지지만 뉴스업계에서 그러한 권한이 주어진 경우는 거의 없었다.

> 다행히 뉴스 에이전시의 문체는 단순한 구조를 사용하는 경향 때문에 이런 과정에 적합합니다. 누가? 어디서? 무엇을? 왜? 언제? 그리고 정확하고 공정한 사실을 핵심 목적으로 하는 구조를 가진 뉴스 에이전시의 기사는 논쟁의 소지가 없으며 불필요한 장식이 없고 주로 사실을 기술하는 것을 목적으로 삼습니다.

윌리엄스는 CPI지표나 그룹의 순이익에 관한 기사를 작성하기 위해 컴퓨터를 이용할 수 있다는 점은 인정하지만 단어 대 단어의 번역인 기계번역에는 반대한다. 또한 문화와 관련된 문제를 논의하면서, 한 언어에서 사용한 단어가 다른 언어에서 비슷한 대상을 의미하지만 실제로는 아주 다른 의미를 지닌 경우나 구어표현의 번역과 비격식 언어가 지닌 어휘의 무게감 등을 그 예로 들고 있다. 어휘의 무게감의 예로 조지 부시와 블라디미르 푸틴이 사용한 저속한 언어가 번역자에게는 문제가 된다는 점을 지적하였다. 덧붙여서 여러 언어로 뉴스기사를 전달할 때 수반되는 복잡성으로 인해 의미의 미묘한 변화가 일어난다는 점도 언급하였다.

　　IPS의 목적을 세계적 확장으로 언급한 마리오 루베트킨Mario Lubetkin이 두 번째 세션을 시작하였다.

　　지금보다 더 많은 사람에게 정보를 전달하기 위한 목표를 위해 인도나 부르키나파소*의 국민이 자국어로 그들이 가장 적합하다고 생각하는 방식으로 정보를 받으려면 언어와 문화 장벽을 극복해야 합니다. IPS의 핵심 활동은 개발도상국가에 경제, 사회, 정치에 영향을 미치는 전 세계 사건과 그 과정에 대한 개별 뉴스와 분석을 생산하는 것입니다. 70, 80년대에 우리는 소위 제3세계 국가에 집중하면서 인권, 성, 환경 문제에 특별한 관심을 기울였던 몇 안 되는 거의 유일한 뉴스 에이전시입니다. 주요 고객인 개발도상국 중에서도 특히 라틴 아메리카를 기반으로 하였습니다.

오늘날 IPS는 개발문제, 시민사회 문제, 세계화의 영향 등에 치중한다. 논설에서 최우선으로 다루는 내용은 '발언권이 없는 사람에게 발언권을 주자'이기 때문에 IPS는 사람들의 다양한 의견을 물색한다. IPS의 주언어는 영어와 스페인어이지만 기사는 17개 국어로 배포된다. 다른 뉴스 에이전시와는 달리 IPS는 세 개의 다른 시장에 힘을 쏟는다. 언론 매체, 시민 협회, 국제 협회, 지방 기구와 조직이 바로 그것이다.

　　세계 시장에서 지역 시장으로, 다시 정보 사용자의 생각에 영향을 미치지 않고 세계 시장으로 뉴스를 전달하려는 노력은 이해할 만합니다.

1992년 브라질에서 열린 세계 정상회담에서 IPS는 《테라비바TerraViva》라는 회의 소식지를 매일 발행했고 국제행사를 위한 유사한 발행물을 계속 펴냈다. 하지만 인도에서 2004년 1월에 열린 제4차 세계사회포럼에서 그 소식

---

* 역주-부르키나파소-아프리카에 있는 공화국이며 수도는 와가두구.

지를 가져간 참석자들의 수가 채 반도 되지 않아 편집자들은 그들이 세운 정책을 재고하였다. 많은 기사를 힌두어로 번역했을 때에는 큰 호응을 얻어 일일 배포 부수가 6만 부에 이르렀다.

> 위 일화는 내용과 형식을 독자의 기대에 맞추기 위해 어떤 내용을 기사화하고 어떤 방식으로 독자에게 기사를 전달하는가에 중점을 둬서는 안 된다는 사실을 이런 경험을 통해서 확인하였습니다. 우리는 뉴스와 커뮤니케이션 분야에서 문화 다양성을 계속해서 존중할 것입니다.

앤 월러스Anne Wallace는 자신의 발표에서 번역자의 다양한 역할과 책임을 논하였다. 저울의 한쪽에는 지사에 근무하는 기자들에게 시장에 영향을 줄 수 있는 핵심 인용문을 번역하라는 요구가 종종 놓였다. 그녀는 《알-커즈 *Al-Quds*》 런던지사에서 발행한 뉴스 기사의 사례를 인용하였다. 이 기사에서 알 카에다Al-Qaeda는 2003년 가을에 발생한 이스탄불 폭발 사건에 대한 책임을 요구하였으며 이는 정치적·경제적 영향을 주는 사안이었다. 저울의 다른 한 쪽에는 번역가들이 뉴스 제공업자들과 협력관계를 유지하면서 특정 국가에서 일어나고 있는 일에 통찰력을 제공한다. 로이터에서 일할 당시 그녀에게 주어진 업무 중 하나는 지국의 취향과 의견을 가미한 뉴스거리를 선별하여 번역하는 것이었다. 그녀의 시각에서 보면 '여담'에 지나지 않는 이야기일 수 있지만 그녀는 이러한 여담을 편집하는 번역자의 결정이 얼마나 큰 영향을 미칠 수 있는가를 보여주는 상당히 많은 예를 보여주었다. 그녀는 이러한 일이 이해 증진을 위해서 뉴스거리를 조사한 후 잘라내고 첨가하는 과정을 거친다는 점에서 문학번역 이상의 일이라고 지적한다.

금융 분야에서 번역을 대하는 태도는 다양하다. 투자은행은 정보가 번역되기를 원하며 있는 그대로 영어로 번역하여 분석가들의 권고내용들이 충실하게 전달되기를 원한다. 그러므로 번역자는 때로는 뉴스거리를 편집하여 새로운 형식을 만드는 기자가 되기를, 때로는 가급적 원문에 충실한 하인이 되기를 요구받는다.

> 번역가는 글로벌 뉴스를 전 세계의 독자들에게 전달하는 상당히 다양한 역할을 담당합니다. 속보 기사에서 발췌한 중요 인용문을 제공하거나 투자가들을 위해 현지 국가의 분위기를 전하고, 정부부처에 정보를 제공하기도 하고 소외된 국가의 목소리를 드러내기도 하며 기업들이 시장에서 지분을 얻고 시장에 대한 인식을 증대하는데 도움을 주기도 합니다.
> 현지 국가의 번역 전담 데스크가 성공하기 위한 두 가지 주요 문제는 누가 비용을 지불하고 집단의 존재 이유는 무엇인가 하는 것입니다. BBC 모니터링 번역가는 서비스를 정부에 제공하기 위해 BBC 월드 서비스와 FCO*, MOD**, 다시 말해 납세자로부터 임금을 받습니다. 민간 뉴스 단체들은 그들의 주주들을 만족시키기 위해 돈을 벌어야 합니다. 그러므로 번역기사는 수입을 이끌어낼 수 있어야 합니다.

월러스는 1996년까지 번역 전담팀의 인원을 32명에서 16명으로 감원했던 문제에 주목하였다. 1990년대 말 즈음에는 지역 언어를 담당하는 핵심 서비스 전담팀을 설치하려는 경향이 널리 퍼졌다. IPS는 번역 서비스팀을 유지하여 개발도상국가에 발언권을 제공하고 있다.

다야 튜쑤Daya Thussu는 글로벌 TV뉴스에서 언어의 역할에 대해 말하였다. 프레젠테이션을 통해 TV뉴스의 번역이 언어뿐 아니라 사상, 가치, 세계관을 전달하는 방식을 풍부한 예시와 함께 보여주었다. 상업적 가치에 대한

---

* 역주—FCO: Foreign and Commonwealth Office(외무연방부).
** 역주—MOD: Ministry of Defence(국방성).

간단하 논의를 하면서 프레젠테이션을 시작한 그는 인도의 루퍼트 머독 Rupert Murdoch 소유의 스타 TV뉴스 채널이 18개 공식 언어를 사용하는 인도의 복잡한 언어상황을 감안하여 거대 TV시장을 형성했던 전략을 아래와 같이 소개하였다.

> 머독 미디어가 1990년 초에 인도 시장에 진입했을 때, 인도는 세계에서 가장 통제가 잘된 방송 시스템의 환경을 형성하고 있을 때였습니다. 과거는 말할 것도 없고 현재도 민주적으로 운영이 되고 있는 방송 전파가 국가에 의해 완전히 통제되었습니다. 표준 BBC 세계 뉴스로 시작하였습니다. 0.5%의 영어 사용자를 제외한 나머지 사람들은 이 문제에 전혀 관심을 갖지 않았습니다. 당시 그들은 인도화 작업을 점진적으로 시작하고 있었습니다. 머독은 델리와 봄베이 대도시를 넘어 대중에게 이르려면 현지인들처럼 살아야 한다고 생각했습니다. 실제로 그들은 현지인처럼 살았습니다. 이런 일을 어떻게 하였는지를 살펴보면 참으로 흥미롭습니다. 또한 얼마나 빠르게 적응했는가를 보면 놀랍기까지 합니다. 결과적으로 글로벌 문제를 다룬다는 생각에 지역 문화에 신경을 쓰지 않는 매우 무분별하고 공격적인 미디어 재벌이 탄생하였습니다. 인도는 아시아 시장을 공략하는 계획의 일부에 지나지 않습니다. 머독은 인도 언어 시스템의 미세한 부분에 관심이 없었고 돈에만 관심을 가졌습니다. 그래서 그는 힌두어를 최고 우선 언어로 택했습니다.

인도 최고의 TV네트워크인 MDTV가 제공하는 뉴스 서비스를 시작으로 머독은 인도 TV시장을 개척하였다. MDTV는 영어와 힌두어로 24시간 뉴스 채널을 가동하였다. 인도의 근로 중산층과 집단 이주민 중 극히 소수만이 고국에서 일어나고 있는 사건 사고를 스타뉴스Star News를 통해 시청한다는 사실을 간파한 머독은 현지화 전략을 채택하였다. 더수는 힌두어로 된 스타뉴스의 홍보 광고로 제작한 짧은 기사를 보여주었다. 볼리우드 스타일의 노래를 대충 번역하면 다음과 같다. '우리는 당신을 최우선으로 생각합니다. 우리는 뉴스 이상을 전달합니다. 시청자가 뉴스의 중심입니다.' 문화면에서 친숙한 스타일의 광고로 인해 스타뉴스는 인도에서 가장 인기 있는 TV뉴스 네트워크가 되었다. 더수는 국영 방송인들이 지향하는 공공서비스의 가치를 훼손한다는 이유로 스타뉴스를 비난하였다.

문제는 그들이 이런 광고를 자국의 언어로 내보내고 있지만 실제로 자유시장의 가치를 합리화시키는 내용이 바탕에 깔려 있습니다. 이것은 분명한 사실입니다. 대중이 나쁘다는 말을 볼리우드 스타일을 씌운 힌두어로 말하고 있습니다.

이 말은 개념 번역, 즉 사상과 가치의 번역에 대한 논의를 불러일으킨다. 더수는 ITV, Sky, 유로뉴스, 알 자지라, 알 아라비아 그리고 스타 등의 뉴스 네트워크가 그대로 기사를 따서 보도하는 CNN현상에 대해 다음과 같이 언급했다.

우리는 24시간 뉴스 환경에서 살고 있습니다. 화면이 지닌 권력으로 인해 실제 전 세계 독자가 뉴스를 접하고 있습니다. 하지만 화면에 실린 장면들을 어디서 얻을까요? TV는 돈이 많이 드는 사업입니다. 전 세계적에서 방영되는 뉴스의 80% 이상은 로이터 TV와 AP 텔레비전 뉴스 에이전시 두 곳에서 나온 것입니다.

미디어 기업이 뉴스 네트워크를 지배하고 난 후 24시간 뉴스의 출현뿐만 아니라 몇 가지 근본적인 변화가 나타났다. 더수는 지정학적인 전략에 대한 관심이 부상했지만 대안이 될 만한 아이디어가 두각을 나타내지 못하는 상황에서 미디어 소유권의 집중화는 한층 복잡해졌다고 주장한다. 그는 미군이 2001년에 아프가니스탄을 폭격하기 시작했을 때 알 자지라 방송이 내보낸 토니 블레어의 연설 장면을 보여주었다. 그의 연설은 즉각 아랍어로 번역되어 방송되었다.

> 24시간 뉴스가 생방송으로 당신에게 전달됩니다. 미국 대통령이 자국민에게 연설을 할 때 아프리카 사람들도, 인도 사람들도, 아시아 사람들도 실시간으로 연설을 들을 수 있습니다. 지연 없이 바로 번역됩니다. 알 자지라 방송에서 보듯이 즉시 그 나라 언어로 번역됩니다.

글로벌 뉴스 번역은 구조 번역이라는 자신의 주장을 입증하기 위해 더수는 인도에서 CNN과 스타TV가 방송한 두 개의 비슷한 장면을 보여주었다.

> 같은 사람이 자막을 제공하고 있다는 것이 주요 핵심입니다. 미 국방부에서 '우리는 이 나라에 폭격을 가할 예정입니다'라는 자막을 주요 뉴스 에이전시에게 제공하면 에이전시는 전 세계로 이 자막을 단 뉴스를 전송합니다. 우리가 기사에 대한 글로벌 뉴스의 흐름과 장애를 이야기할 때 가장 큰 장애는 구조라고 생각합니다. 세상과 매스미디어, 특히 TV의 구조가 어떻게 이루어져 있는지 정의하는 구조 문제의 핵심입니다.

마이클 크로닌Michael Cronin은 자신의 동료들이 제기한 몇 가지 문제를 고찰한 후 오늘날 세계적으로 변화하는 번역의 본질로 관심을 돌렸다. 언어가 차지하는 지위가 올라가기도 내려가기도 한다는 점을 지적하면서 전통적으로 이어져온 언어, 문화, 장소 사이의 등식과 모순되는지 의문을 제기하였다. 다음 글은 그가 발표한 내용이다.

번역이 갖는 역사적인 의무 중 하나가 특정 장소와 연계된 특정 문화를 번역하는 것이라면 번역을 여러 역사적인 기능, 보편화를 지향하는 능력, 특정 시간과 장소를 기초로 하는 특정 문화를 중심으로 사물을 파악할 수 있는 능력과 일치시키기 위해 어떻게 해야 하는가? 번역을 통해 사람들이 개별 문화의 본질과 깊이를 인식하는 두 가지 방식이 있으며 오늘날에도 계속 중요시하는 문제입니다. 외적으로 문화를 토대로 풍요로운 문화를 보여주는 번역 방식과 내적으로는 문화에 잠재된 숨은 가능성을 드러내주는 번역 방식이 바로 그것입니다. 그래서 번역하기는 문화적으로 올바른 어떤 것을 드러내는 특정화된 동력과 문화의 풍요로움을 다른 사람들이 이용할 수 있도록 하는 보편화된 동력 사이에 위치합니다. 일종의 오순절 성령 강림의 순간과 같이 누군가가 건물의 꼭대기 층에 올라간 후 뛰어 내려오면서 어떤 언어로도 설교를 할 수 있게 되고 개종의 순간에 보편화가 가능해지는 것과 같습니다.

크로닌은 심포지엄에서 두 가지 중요한 문제를 언급하였다. 하나는 가능한 빨리 뉴스를 배포해야 하는 필요성 및 시간 제약으로 인해, 번역이 단순한 도구로 전락하는 위험이고 다른 하나는 문화, 장소, 시간의 경계를 초월하는 보편적인 임무를 망각하는 위험이다.

번역의 정의에 관한 문제는 어떤 논의에서도 빠지지 않는 기본적인 문제이다. 윌리엄스는 로이터 통신이 소위 '순수 전문 번역자'라는 용어를 거의 쓰지 않는다고 말하지만 위셔트는 AFP의 경우는 보통 '본사에서 지정하는 번역자'가 있다고 말한다. 북한에서 발생한 열차 사고를 언급하면서 중국과 북한은 외국인에게 뉴스가 전달되는 것을 꺼린다고 지적하고 중앙집권 사회가 아닐수록 통역자와 번역자가 지닌 역할의 중요성은 더 크다고 말한다. 오사마 빈 라덴이 말한 것으로 추정되는 녹음의 사례를 언급하면서 함축된 의미를 알기 위해 특별한 기술이 필요하다고 언급하였다.

빈 라덴이 말한 코란식 아랍어를 이해하기는 참으로 힘듭니다. 경로는 다수 있지만 인용 글을 이해할 수 있을 정도로 아랍어를 말하고 동시에 코란 지식을 갖춘 기자는 한 명 밖에 없습니다. 빈 라덴이 말하는 내용의 함축된 의미를 이해하려면 두 세 번은 들어야 합니다. 전적으로 번역의 문제가 아닙니다. 문화 배경이 필요합니다. 코란 인용문을 읽을 수 있고 뉴스 감각을 갖춘 사람이 필요합니다. 이런 일을 기자가 아닌 전문 번역가가 감당하기는 무척 힘듭니다. 어떤 언어의 어휘를 만 개 안다고 해서 영어 어휘를 만 개 혹은 만 오천 개를 알아야 하는 게 아니라 빠르게 핵심 내용을 이해하고 제시할 수 있는 사람이 필요합니다.

크로닌은 변형된 번역이 매개물이 아닌 실제 과정이라는 점을 주목했다. 앤 월러스와 앤소니 윌리엄스는 위셔트의 말을 수용하면서 로이터가 사용한 '번역자이자 추출자translator-abstractor'라는 용어에 주목하였다. 이러한 역할의 주요 임무는 1차 언어로 생산된 뉴스기사를 추출하여 주요 핵심을 부각시키면서 전문용어로 '작지만 가치 있는 정보nugget'로 지칭되는 중요 이야기를 영어 사용자들에게 보여주는 것이다.

뉴스 기사를 설명하는 사진의 사용과 언론 관행상 나타나는 다양한 변화를 논의하였다. 문제가 되는 부분은 오역으로 분류하였다. 크로닌은 오역 또한 번역을 가시화하는 방법 중의 하나로 소중하게 다뤄야 한다고 지적하였다. 왜냐하면 오역이 없다면 번역상의 성공이 눈에 띄지 않을 것이기 때문이다. 위셔트는 한 뉴스기사에 '사망자(fatality)'라는 의미로 '사상자(casualty)'를 사용한 오역의 예를 보여주었다. 24시간 뉴스 속보기사에 대한 수요가 번역의 질에 미치는 영향에 많은 의문이 제기되었지만 뉴스 에이전시 대표들은 반박하였다. 뉴스 에이전시들은 속도와 뉴스 전달이 항상 등가를 이루며 질적 감소보다는 오히려 더 많은 엄격한 규칙과 출처 검증에서 나타나는 현상이라고 주장한다.

이브스 갬비어는 토론을 진행하면서 윤리 문제와 독립에 관한 곤란한 질문을 중점적으로 다루었다. 그와 루베트킨은 글로벌 뉴스의 의미와 뉴스 기사 및 예시가 선택되는 방식에 관한 문제를 논의하였다. 루베트킨은 전 세계적으로 많은 지역 뉴스 에이전시가 사라졌다고 지적하였다. 작은 나라와 지역의 뉴스기사를 보여주는 일은 더 어렵다. IPS는 짧은 뉴스 기사보다는 다방면에 걸친 기사들을 생산하는데 집중한다.

우리가 작성하는 기사는 짧지 않습니다. 1,000단어 정도 되는 제법 긴 기사를 로이터에서 받은 후에 내보내는 특집기사이며 구성요소가 모두 포함되어 있습니다. 우리는 대형 에이전시에서 받은 정보를 보충해서 내보냅니다. 대형 에이전시에 속하지는 않지만 언론의 큰 장에서 한 몫을 담당하고 싶은 목표를 갖고 있습니다.

논의는 활발했으며 시간만 허락한다면 더 오래 논의를 진행할 수도 있었을 텐데 그러지 못했다. 참석자들에게 행사에 대한 소감과 미래 발전을 위한 의견을 보낼 것을 요구하였다. 아래 내용은 참석자들이 신중하게 생각한 후 우리에게 전달한 내용이다.

참석자들의 반응

심포지엄에서 매우 재밌고 중요한 문제가 제기되었습니다. 개인적으로 번역에 대한 대형 에이전시들의 태도를 보고 놀랐습니다. 지국 파견특파원들이 모국어가 아닌 영어로 직접 언론 보도기사를 작성하면 이것을 뼈대로 기자들은 각색합니다. 다음에는 비전문 번역자가 번역과 각색을 합니다. 주요 에이전시는 번역자를 채용하지 않습니다. 그 이유는 전문 번역자가 훌륭한 번역을 생산한다는 사실을 모르거나 자금부족 때문이 아닙니다. 고객들이 각색된 언론보도를 원하기 때문이라고 그들은 말합니다. 대중은 각색된 번역의 사건 기사, 다른 문화를 이해하는데 큰 노력이 필요 없는 기사, 공통 가치를 언제나 재확인할 수 있는 기사를 읽거나 듣고 싶어 합니다.

속보를 빠르게 전달하는 데는 큰 관심이 없고 고품격 정보를 제공하는 것을 목표로 하는 IPS가 번역에 많은 관심을 보인 것은 재밌는 현상입니다. 다른 에이전시의 작업 품질이 뒤떨어진다는 말이 아니라 그들 에이전시들은 속도를 주요 목표로 삼기에 덜 정확하고 자주 교정을 보아야 한다는 의미입니다. IPS는 번역을 필요로 하는 정확한 정보를 더 많은 시간을 들여 수집합니다.

심포지엄 때 제기된 문제는 번역학 분야를 훨씬 넘어서는 문제라고 확신하지만 심포지엄의 핵심은 번역이었습니다. 역설적이지만 그 이유는 심포지엄 과정에서 번역이 부재하였기 때문입니다. 실제 번역 작업 시에 웹 지방화와 같은 여러 분야에서 전문능력을 갖춘 번역자의 중재가 필요합니다. 하지만 마케팅을 다루는 기사를 각색하는 전문 번역자를 찾아 일을 맡기는 것도 좋지만 뉴스기사 각색이 좋은 실천 방안이라고 생각하지 않습니다. 개인적으로 뉴스기사가 판매를 늘이기 위해 판매기술을 필요로 하는 필수 항목이 아니라면 각색한 뉴스기사는 더 이상 목적이 될 수 없다고 생각합니다. 주요 언론 에이전시에 번역자가 없는 것은 비슷하거나 객관적인 수준의 뉴스기사를 유지할 필요가 없으며 오히려 판매를 주요 목적으로 한다는 것을 입증한다고 심포지엄에 대해 일시적이지만 첫 번째 결론을 내릴 수 있습니다. 각색한 번역 기사를 독자들이 원한다면 외국어를 아는 기자는 뉴스를 적당히 고쳐 그들의 구미에 맞출 필요가 있습니다.

그렇지만 심포지엄 동안 에이전시 대표들이 번역에 대한 관심을 표명하고 외국어를 아는 많은 사람들이 인터넷을 통해 해외 언론을 쉽게 접한다는 사실을 감안하면 앞으로 더 많은 희망을 가질 수 있습니다. 앞으로 각색된 뉴스기사보다 번역된 뉴스기사에 더 많은 관심을 갖는 독자층이 형성될 수 있을 것이라고 예상할 수 있을 겁니다.

(M. Cristina Caimotto)

이번 심포지엄은 언어와 글로벌 뉴스에 대해 두 가지 점을 통찰하게 했습니다. 하나는 글로벌 뉴스, 표현, 전송의 개념에서 드러나는 이념, 정치, 윤리 문제이고 다른 하나는 뉴스 제작자, 기자, 언어 전문가에게 근거를 제공하는 '정확성'에 대한 관심과 일시적인 제약입니다.('번역자'라는 용어를 사용하지 않은 이유는 아래 내용에서 밝힐 예정입니다.) 뉴스 에이전시에서 파견한 대표들은 이러한 관심 사항을 투명하게 드러냈습니다. 위에서 언급한 두 가지 점에서 이번 심포지엄은 매우 재미있고 고무적인 행사였습니다.

하지만 부정적인 측면이 존재한다는 사실에 주목할 필요가 있으며, 여기에 대한 저의 관심은 번역을 연구하고 번역자와 통역자를 훈련시키는 '학술 분야' 동료들의 생각과 대체로 일치합니다. '전문 종사자'와 뉴스 번역 사용자의 메타언어가 대개의 경우 전문 종사자인 번역 연구자의 메타언어와 얼마나 다른가를 보면 놀랄 것입니다. 거칠게 말해 '번역'이라고 다 같은 번역이 아니라는 의미입니다. 다시 말해 '독자연계'를 위한 번역은 처음 시작했던 그 자리에서 끝나는 것 같습니다. 사용자와 번역자 자신을 위한 번역은 '순수 번역(벤야민과 관련이 없음)' 혹은 사람을 당혹해 만드는 우려스러운 글자 그대로의 번역이 지닌 개념과 관련이 있는 것 같습니다. 번역이 문맥을 중시하고 문화를 인식하는 의사소통의 진정한 소통이 될 때 번역에 다른 이름을 붙여 번역이 갖는 '부정적' 의미를 없애야 합니다. 이것은 사람들이 '지역화'라는 용어를 점점 더 많이 사용하는 현상과 일치합니다. 똑같은 이치로 작업의 내용이 언어적인 등가 이상의 의미를 갖게 되면 '번역자'라는 호칭을 '번역 편집자(translator/editor)', '번역 발췌자(translator/abstractor)'라고 바꿔 불러야 합니다.

마지막으로, 여러 대담과 토론을 통해 '번역자'라는 개념 자체가 불분명하다는 사실이 분명하게 드러났습니다. 어떤 경우에는 편집을 할 수도 혹은 하지 않을 수도 있는 사람을 번역자로, 다른 경우는 기자나 편집팀이 하는 일의 일부를 담당하는 사람을 번역자로 생각했습니다. 번역은 자격을 갖춘 번역자, 전문 언어학자, 기자 등등에 의해서 이루어졌습니다.

덧붙이는 말—아랍 언어 뉴스에서 여러 방언이 문제가 된다는 말을 들은 적이 있습니다. 구어에서는 실제로 문제가 될 수 있겠지만 써지거나 방송이 되는 언론 언어는 나라와 상관없이 표준 아랍어를 사용합니다. 용어를 선택할 때 일부 지역 방언을 쓰기도 하지만 그 정도는 대체로 프랑스어권 언론에서 사용하는 방언 수준으로 미미합니다. 심포지엄을 끝까지 참석하지 못하고 가야 했기 때문에 이와 관련된 문제의 핵심을 파악하지 못했습니다.

(Dr. Miriam Salama-Carr, University of Salford, UK)

심포지엄의 주목적은 뉴스 제작에 있어 세계화, 언어의 차이, 번역 등의 역할을 탐구하는 것이었습니다. 첫 번째 연사였던 위샤트, 윌리엄스, 월러스는 실전 번역 과정에서 일어나는 재미있는 작업 풍경을 보여주었습니다. 뉴스 에이전시는 어떻게 작업하는가? 뉴스 제작 과정에서 번역자가 맡은 주요 역할은 무엇인가? 번역자들이 겪는 어려움은 어떤 게 있는가? 학생, 선생, 번역자, 커뮤니케이션 전공 학자, 연구자, 이론가, 실전경험이 있는 일반 사람들 등등의 여러 종류의 사람들이 심포지엄에 참석했지만 이들 모두가 글로벌 뉴스 메시지가 탄생하는 과정에서 일어나는 여러 복잡한 과정을 아는 것은 아니었습니다. 가장 재미있는 질문 중의 하나는 번역자가 '있는 그대로의 이야기를 말할 수 있는가'와 전통적인 기자와 비교하여 '자신의 의무를 어떻게 규정하는가'이었습니다. 연사들이 모두 똑같은 생각을 갖고 있지는 않았지만 이런 질문은 번역자의 전반적인 역할과 글로벌 뉴스제작 과정에 있어 주요 목적을 생각하게 만든 계기를 제공했습니다. 기자들의 이야기를 하면서 때로 너무 많은 일화를 예시로 제시한 점을 제외하면 연사들을 먼저 내세운 점은 괜찮은 선택이었습니다. 여러 일화를 일반화시키고 구조화하는 경향이 있는 모든 질문들에 대해 한 가지 일화로 답을 했습니다.

오늘 발표한 연사들 중에 가장 재밌었던 사람은 마이클 크로닌과 다야 더수였습니다. 이 둘은 뉴스와 번역의 역할과 기능을 확대시켰고 특히 사회·정치적 결과로 나타난 현상에 대해 우리의 견해를 확장시킨 구조틀을 제공했습니다. 이들은 자신들의 발표에서 학문의 적극적인 개입은 실전 경험에서 나온 이야기를 보충하기 위해 반드시 필요하다고 주장하였습니다.

우리는 후속조치로 두 가지 점에 집중해야 한다고 제안했습니다.

1. 번역학과 커뮤니케이션학을 공통으로 하는 일반 근거에 대한 연구로서 이미 앞서 언급한 사회·정치적 주제입니다.
2. 전통적인 기자와 번역자가 인터넷과 글로벌 뉴스라는 새로운 디지털 현실 속에서 맡게 되는 역할입니다.
(Luc van Doorslaer, Michaël Opgenhaffen at Lessius Hogeschool, Belgium)

번역과 문화비교학 학회의 주최로 최근에 열린 심포지엄에서 국제뉴스 제작에 있어 글로벌라이제이션과 번역의 역할을 탐구하면서 많은 문제가 제기되었으며 폭넓은 학문적 논의가 있었습니다. 또한 이 행사에서 탐구 가치가 있는 몇 가지 잠재적인 방안들이 제시되었습니다.

　뉴스 번역에 대한 견해를 밝혔던 학회 회원 패널들은 뉴스에 있어 저널리즘 기술의 중요성을 강조하였으며, 대체로 언어학자와 번역자가 아닌 기자의 노하우와 경험을 언급하였습니다. 문화와 정치의 경계를 넘을 때 동반되는 메시지의 의미 변화에 관한 주제에는 상대적으로 관심이 덜했습니다. 영어의 경우 이라크 전쟁과 관련한 뉴스 소재를 영국과 미국 뉴스 미디어에서 서로 다르게 보도하였다는 사실이 알려졌습니다. 언어내 번역이 서로 다르게 나타나는 것은 문화 정치적 요소로 인한 결과일 수도 있지만 언어간 뉴스 전달이 더 안정적이고 배타적인 언어 차원에서도 영향을 받기도 합니다. 법정 번역학에 관한 연구에서 보듯이 통역자들은 불완전한 문장, 중지, 망설임 등을 설명하지 않고 넘기며 피고의 '말쑥한' 설명을 전달할 때 번역된 기록물이 항상 원문을 제대로 나타내지는 않는다는 사실을 모릅니다. 이러한 상황은 글로 정보를 전달할 때 똑같이 나타날 수 있습니다. 비록 유럽어라 할지라도 타언어를 영어로 번역하는 번역자 또한 영국영어에서 선호하는 겸손법에 주의를 기울일 필요가 있습니다. 예를 들어 '괜찮다면(I don't mind)'이 '그렇게 하고 싶습니다(I'd like to)'라는 말을 종종 의미하지만 번역자는 간접적인 함축의미를 제대로 전달하지 못하여 화자의 중립적인 요청이 정중하지 못한 행위로 이해하게 만드는 경우가 있습니다.

　오후에 열린 세계화과 커뮤니케이션 및 국제 뉴스에 관한 토론에서 한 가지 중요한 요소가 예시되었습니다. 최근 전자 미디어의 세계적인 발전에 힘입어 영어가 글로벌 언어로 확립되었고 특히 최근 유럽시장의 확장으로 세계 공통어로 자리매김하였습니다. 심포지엄에서 효과적으로 예시되었던 맥도날드의 언어와 그 언어에 수반되어 나타난 가치들의 사용과 자국어 사용이라는 선택을 활용할 수 있게 되었습니다.

뉴스 전달에 내재한 언어 선택을 할 때 항상 정치적인 전용(轉用)의 가능성이 존재합니다. 이 부분은 오디오-비디오 번역과 자막보다 더빙을 선호하여 원문 메시지의 의미를 억제하는 정치적인 수단으로 이용하는 요인들을 살펴볼 때 이미 입증되었습니다. 또한 번역 분야도 살펴보았습니다. 올해 5월 23일에 스톡홀름 사원을 방문하는 기사를 보도하였던 어떤 스웨덴 주요 일간지는 헤드라인을 '사원방문 기사를 통해서 본 이중 메시지'라고 실었습니다. 아랍어로 화자는 '미국이 이슬람교를 강간하다'라고 썼지만 통역자는 스웨덴어로 '정치범에 대한 미국의 고문을 거절하다'라고 번역하였습니다.

말로 전달하는 메시지뿐만 아니라 글로 전달할 때 언어는 그 자체로 선택적 투자가 가능한 권력을 지닙니다.

(Gunilla Anderman, Professor of Translation Studies, University of Surrey)

글로벌 뉴스의 번역과 언어

심포지엄에서는 글로벌 뉴스에서의 번역과 언어들이라는 두 가지 주제를 다루었습니다. 하루를 할애하여 글로벌 뉴스에서의 번역과 관련된 논쟁을 다루었으며 한 세션에서는 미디어 재벌인 루퍼트 머독이 인도에서 강력한 기반을 확립하기 위해 '원어민 정책'을 사용하여 힌두어로 방송하기로 결정한 방식을 살펴보았습니다.

미디어 유형

심포지엄은 뉴스 에이전시와 TV 송출에 대해 집중적으로 다루었습니다. 뉴스 에이전시의 존재 이유는 TV를 일반대중을 주요 대상으로 삼는 매체로 이용하는 한편 뉴스기사를 다른 전문 뉴스 제공자들에게 제공한다는 점에서 뚜렷한 대칭구조를 띄고 있다는 점입니다.

글로벌 뉴스 보급을 위한 번역

심포지엄에서 가장 분명한 메시지는 글로벌 뉴스 제공에 있어 번역은 필수적이라는 사실입니다. 가장 훌륭한 예시는 2004년 4월 22일에 발생한 북한 열차사건입니다. 북한에서 전해진 이 뉴스는 홍콩에 지사를 둔 AFP와 싱가포르에 지사를 둔 로이터 뉴스 에이전시에게 전해졌으며 이 지사에서 영어와 프랑스어로 번역되어 전 세계 미디어로 전송된 후 각국의 언어로 번역되었습니다.

번역가이기를 거부하는 기자들

기자는 자신을 번역자라고 전혀 생각하지 않습니다. AFP의 편집장인 에릭 위셔트에 따르면 기자들은 번역자와 번역이라는 용어를 사실 좋게 보지 않습니다. 번역은 기자가 갖춘 여러 능력중의 한 가지 도구에 지나지 않으며 훌륭한 뉴스 감각과 빼어난 글쓰기 기술을 더 중요하게 여깁니다.

번역가에 대한 형편없는 인식

번역자에 대한 평판은 별 볼품이 없습니다. 번역자는 나쁜 복제를 작성하는 사람이나 중국과 버마와 같은 중앙통치 정부의 명령에 따르는 정보원

역할을 하는 사람으로 여겨집니다. 글로벌 뉴스에서 일을 하길 원하는 번역자는 기자가 되기 위한 훈련을 받아야 합니다. 최근에 번역자를 이용하고 있는 IPS는 번역자가 보다 나은 뉴스 감각을 갖추도록 하기 위해 번역자가 일하는 방식을 변화시키기 위한 방법을 모색하고 있습니다.

번역을 바라보는 언론과 학계의 엇갈린 시각

뉴스 번역자와 번역을 학문으로 생각하는 사람이 번역을 바라보는 시각은 아주 판이합니다. 뉴스 에이전시는 언어전공자를 뽑아서 기자로 훈련시키는데 매우 열성적입니다. 뉴스 에이전시 소속 기자들은 언어 기술을 활용하여 뉴스 기사를 쓰기 위한 필요한 요소를 수집하지만 엉망인 번역이나 오역의 경우를 제외하면 의식적으로 이런 작업을 수행하지는 않습니다. 학자와 뉴스 제공자 사이의 상호작용은 거의 없거나 전혀 없습니다. 그러므로 글로벌 뉴스에서 번역을 검토하는 프로젝트는 새로운 영역을 개척하는 일이며 뉴스를 번역하는 이유와 방법, 글로벌 인식능력에 미치는 영향에 대한 논쟁이 바로 그 시작점입니다. (번역자 앤 월러스Anne Wallace)

1) 또한 스홀테는 현재 세계 관계에서 영토 공간을 완전이라기보다 상당 정도 초월하였다고 말하고 도시화와 세계적인 대도시의 예와 같은 재영토화의 과정을 언급하면서 초영토적 연결성이 의미하는 바가 영토적 공간이 더 이상 중요하지 않다는 것이 아니라고 말한다(2005: 75-77).

2) 이러한 관점에서 기든스는 다음과 같이 주장한다. '기계식 시계에 의한 시간 측정의 단일성이 시간의 사회적 구조에서의 단일성과 일치될 때까지 여전히 시간은 공간(과 장소)과 연결되어 있었다. 이러한 변화는 현대성의 확장과 동시에 일어나 현재까지 완료되지 않았다'(1991a: 17-18).

3) 이 점에서 현대성에서 글로 된 정보의 주요 전송 수단인 종이 인쇄와 전자 전송이 탈피된 사회관계의 특정 형태를 어떻게 형성하였는지 자세히 조사해보는 것도 흥미로울 것이다.

4) 마르크스의 『자본론』 2권을 참조하라. 순환 영역은 사실상 상품이 돈으로, 돈이 상품으로 변형되는 시장이다. 마르크스에 의하면 가치는 인간의 노동을 통한 생산 영역에서만 발생하고, 물건과 상품의 사회적 관계가 나름의 생명을 부여받는 듯 보이기 때문에 순환 영역에서는 생산자들의 사회관계가 드러난다. 마르크스는 상품의 물신주의의 관점에서 이를 분석하였다(1976, *Capital*, Vol. 1, pp. 163-77).

5) 헬드 외는 최근 전기 통신의 발달을 다루며 다음과 같이 말했다.

이러한 전기 통신 기반 시설이 조직화된 글로벌 커뮤니케이션을 실제로 가능하게 하려면 공유된 언어와 언어 능력이라는 더 나아간 형태의 축적된 토대가 동반되어야 한다. (중략) 공유된 언어와 언어 능력의 존재가 문화 간의 커뮤니케이션과 상호 작용의 중요한 토대이다.

(1999: 345)

6) 전 세계 인터넷 이용자 중 31.2%는 영어 사용자이다. 중국어 사용자(15.7%), 스페인어 사용자(8.7%), 그리고 일본어 사용자(7.4%)가 큰 격차를 보이며 그 뒤를 따르고 있다. 그러나 영어를 제외한 외국어, 특히 중국어, 스페인어, 프랑스어, 포르투갈어, 아랍어의 사용은 영어보다 훨씬 빠르게 증가하고 있다(출처: 국가별 인터넷사용자 통계 보고서, www.internetworldstats.com, 2007년 6월 자료). 추정에 따르면 인터넷 콘텐츠의 절반 이상이 영어로 되어 있으나 정확한 수치로는 나타낼 수 없다. 2000년 네트워크 발전 재단인 펀레데스가 주요 검색 엔진에서 단어 샘플을 검색하여 얻은 연구 결과, 영어로 된 인터넷 영어 콘텐츠는 전체의 52%를 차지한다(www.funredes.org).

7) 문화연구 관련 분야에서 세계와 지역의 표명에 대한 비슷한 견해로는 호미 바바의 식민지 담화에서 지배자 언어의 침식으로서 흉내 내기에 대한 논의(1994), 네스토르 가르시아 칸클리니의 멕시코에서 전통 수공예품이 토착 공동체의 자기 소비를 위한 생산품으로부터 관광객에게 팔기 위한 상품으로 변한 것으로 본 전통 수공예품의 변화된 의미에 관한 연구(1982), 그리고 제임스 클리포드의 접촉의 장으로 본 박물관에 대한 접근법과 이러한 서구 기관인 박물관이 전 세계 지역 문화 전통에 적응한 방식에 대한 논의(1997)를 들 수 있다.

8) 1941년에 Agence France-Afrique와 1947년에 AFP 통신의 창시자이자 대표인 폴 루이스 브렛은 정보의 권한을 가지고 설립된 독립적인 에이전시의 중요성을 주장했으며, 해설이나 해석이 없는 보도로 이해되는 객관적인 개념에 대해서도 언급했다. 그래서 경제적 이득과는 관계없이 공급되어야하는 공공서비스로서 뉴스를 제공한다는 생각은 로이터의 역사에 대한 도날드 리드의 해석에 의해 그리고 뉴스 에이전시에 관한 이그나시오 무로 베나야스의 최근에 나온 책에 의해 제안되었다. 책 제목은 *Between business and general interest*(이익단체와 일반단체의 사이 2006).

9) 1869년 킹크 가족의 살인사건의 서술과 그 후의 살인에서 유죄인 트로프맨의 조사나 재판 및 처형 등의 서술은 범죄 기사의 대중적으로 성공하는 계기가 되었다(Palmer, 1983: 29-32).

10) 전보는 계속 증가하는 비즈니스 커뮤니케이션과 뉴스에 필수적일 뿐만 아니라 외교에 있어서도 중요한 수단이었다. 전보가 외교를 어떻게 변화시켰는지에 대한 설명은 니클스를 참소(2003).

11) 이러한 초기 연합에서는 남아메리카의 AFP의 경우처럼 오래된 제국의 지배를 넘어선 특정 지역의 글로벌 에이전시의 현저하게 드러나는 역사적 뿌리를 찾을 수 있다.

12) 마이클 슈드슨(Michael Schudson)(1978)이 미국신문의 역사를 꿰뚫는 자신의 연구에서 주장한바와 같이, 이상적인 객관성은 시간이 흐르면서 현저히 변화해왔다. 이는 제1차 세계대전 이후, 중립된 사실과 정보에 대한 저널리즘의 순수한 믿음에 이의를 제기하게 되면서 최초로 사용되었으며 해석과 방법의 중요성을 강조했다. 하지만, 객관적인 보도가 숨은 추측을 기반으로 하고 사회적 현실의 공적인 견해를 강화시키던 1960년대에는 비난을 받게 되었다.

13) 팔머(Palmer)(1998)는 20세기 초기에 러시아에 있던 아바스와 로이터의 역할에 관해 하나의 장을 할애하여 잘 서술해 놓았다.

14) AFP와 로이터의 역사는 둘 다 구독료를 오랫동안 동결해 온 것으로 유명하다. 리드는 구독료가 실비 이하를 유지하는 상황에서 볼 때, 로이터가 언론에 공공서비스를 간접적으로 제공하는 것이라고 언급했다(1999: 309). 물론 이러한 사실은 프랑스 정부로부터 총수입의 절반을 받는 AFP의 경우에도 잘 나타나있다.

15) 이안 맥도웰(Ian Macdowell), 전 로이터 뉴스 편집장은 1989에 발생한 천안문사건 관련 보도로 제기된 로이터가 세계적인 에이전시라기 보단 서구적인 기관인가라는 질문에 대해 다음과 같이 재치 있게 대답했다. '만약 우리가 서구권에만 뉴스를 공급하는 것이라면, 민족적이거나 문화적인 편견 때문이 아니라 로이터의 서비스에 최고로 지불해주는 고객들의 수

요에 최대로 관심을 갖기 때문이다'(Read에서 인용, 1999: 470).

16) 채널의 역사는 마일즈(Miles)를 참조(2005).

17) 예를 들어 도널드 리드(Donald Read)가 쓴 로이터의 역사는 조지 더글러스 윌리엄(George Douglas Williams) 같은 인물의 외국어 구사능력을 강조한다. 그는 1861년 편집인으로 입사 당시 프랑스어, 이탈리아어, 스페인어에 능통했으며, 플로렌스와 파리로 파견된 바 있으며, 1971년에 편집장이 되었다. 헨리 콜린스(Henry Collins) 또한 '프랑스어와 독일어를 공부한 후에' 1862년 로이터에 입사했고 대부분 영어사용국가에서 일하긴 했지만, 인도에서 총책임자를 지낸 후, 호주 총책임자로 임명되었다. 월터 브레드쇼(Walter F. Bradshaw)는 스페인어와 포르투갈어 구사능력을 갖추고 1874년 로이터에 입사한 후, 남미 지사를 설립하기 위해 칠레로 파견되었다(Read, 1999: 32-33).

18) 로이터는 아랍어, 중국어, 영어, 프랑스어, 독일어, 일본어, 한국어, 포르투갈어, 러시아어, 스페인어로 온라인 보도를 하고 있다.

19) 편의상, 르페브르(André Lefevere)(1992: 47)가 지적한 바와 같이 '다시쓰기(rewriting)'라는 용어는 "번역", "개작", "모방"과 같은 '다시쓰기'의 다양한 형태의 경계를 구분 지어야 하는 수고를 덜어준다.

20) 이러한 점에서 기자가 어디서 사건을 취재했으며, 그 사건을 직접 목격했는지의 여부를 확인시켜주는 신문발행날짜는 기사에서 중요한 역할을 한다.

21) 이러한 모습은 극단적인 경우이고 다니엘 시메오니(Daniel Simeoni)의 '번역가는 효율적이고 정확하며 열심히, 그리고 눈에 보이지 않게 일하는 전형적인 하인이 되었다'는 주장에서도 잘 나타난다.

22) 번역이 글로벌 뉴스의 흐름을 지연시키거나 방해함으로써 혼란과 부정확성 또는 명백히 잘못된 정보를 유포하는 또 다른 경우는 오역이다. 뉴스 에이전시가 제공하는 어떤 잘못된 정보라도 그것을 제공받는 다른 기관에 의해서 재생산되기 때문에 뉴스 에이전시는 항상 오역에 주의를 기울여야 한다. 오역의 예는 2004년 여름, 미국에서 테러리스트의 공격위험에 대해 당시 국방부 장관이었던 럼즈펠드(Donald Rumsfeld)의 발표를 스페인뉴스통신사 EFE가 했던 번역에서도 찾아볼 수 있다. 럼즈펠드는 미국이 공격받을 가능성을 시사하기 위해서 스페인에서 있었던 공격을 언급했지만, 이것을 스페인의 신문《엘 문도(*El Mundo*)》에서는 스페인이 다시 공격을 받을 가능성이 있다는 경고로 번역했다. 이와 같은 오역을 포함한 부정확한 정보가 배포된 경우, 뉴스 에이전시가 그 실수를 파악한 즉시, 그들의 고객, 즉 가입한 단체들에게 보낸 내용을 즉각적으로 수정하거나 경우에 따라서는 철회해야 한다.

23) 언론분야에서는 기자를 번역 업무까지 함께 맡고 있는 뉴스 편집자로 인식하는 경향이 일반적이며 이 분야에서 '편집번역'이나 '뉴스번역'라는 용어는 둘 다 사용되지 않고 있다.

24) 수잔 바스넷(Susan Bassnett)(2006)은 최근 문학적 글쓰기와 번역하기 사이의 관계를 탐구했다. 이것은 본질적으로 분리할 수 없는 활동이며, 복잡한 방식으로 배움과 창조, 명성과

인지의 상호교환을 포함한다. 바스넷은 번역을 작가의 삶의 연속체 중 일부로 여기고 있다. 그러나 언론이나 학문적 글쓰기와 번역하기 사이의 관계에 대한 어떤 유사한 연구도 아직 발표되지 않고 있다.

25) 이것은 국제화의 한 양식으로, 다양한 언어와 문화적 전통을 재형성의 절차를 거치지 않고 다루기 위한 생산품의 일반화 과정으로 정의된다(Pym, 2004: 29).

26) 참고한 매뉴얼은 다음과 같다: *A Handbook of Reuters Journalism, AFP Manual del Servicio Espanol, IPS Style Manual*. 자료들은 이들 기관의 기자들로부터 제공받은 것이다.

27) 이것은 아마도 AFP 메뉴얼의 경우에는 영어와 프랑스어에서 스페인어로 뉴스를 번역하는 책임이 있는 스페인어 보도국에서 사용하는 것이고, 로이터에서는 영어 서비스 매뉴얼이었기 때문일 것이다.

28) AFP 매뉴얼에만 번역방법에 대한 언급이 있으며, 다음과 같다. 'Debe tenerse especial cuidado en evitar los galicismos y los anglicismos en las traducciones y, en la medida de lo posible, no utilizar localismos incomprensibles en otros países de lengua española si existen términos comprensibles en toda la región. Se recomienda el uso del diccionario a fin de verificar si tal o cual expresión existe en castellano o si se trata de un localismo que sólo se entiende en una región'(p. 73)('번역에서 프랑스식 어법과 영국식 어법을 쓰지 않도록 특별히 주의를 기울여야 한다. 또한, 전 지역에 걸쳐서 이해 가능한 용어가 있다면, 다른 스페인어 사용국가에서는 이해할 수 없는 지방색의 용어를 사용하지 않도록 해야 한다. 하나의 표현이 스페인어에서 존재하는지 아니면 한 지역에서만 이해 가능한 지방어인지를 확인하기 위해서 사전을 참고하기를 권장한다') *Reuter's Handbook*은 이런 종류의 지시사항을 포함하고 있지 않다.

29) 최근 몇 년간 인터넷으로 인해 독자들의 성격이 변화했고 유럽 독자들의 수가 급격하게 증가하였다. 특히 2004년 3월 11일 마드리드 테러가 발생하면서 스페인에 새로운 독자층이 형성되었다.

30) 이는 우선 특별히 라틴 아메리카에 관련되지 않는 정보만을 가리키는 것으로, AFP의 워싱턴 사무소 스페인어 특파원 두 명에 의해 이미 스페인어로 번역된다.

31) 뉴스 에이전시는 자신이 정한 우선순위에 맞춰서 속보기사를 분류한다. 특보나 어전트(urgent)를 가장 우선적으로 다루고 긴급뉴스나 속보는 이전 어전트의 문맥화(contextualization)라고 불리는 뉴스기사이다. 기사의 첫 단락을 이루는 리드와 업데이트는 초기 기사에 새로운 정보나 문맥을 첨가해서 작성된다.

32) 이 연구에서 첫 번째 텍스트는 번역가의 이름이 원자자 다음에 나타나기 때문에 번역문으로 분류되는 반면 번역가의 이름이 먼저 나타나고 참석자에 따라 아주 다른 설명으로 여겨지는 두 번째 텍스트는 원문으로 분류된다.

AFP. (2000). *Manual del Servicio Español*. Montevideo.

Alvarez, R. and Vidal, M. C. A. (eds). (1996). *Translation, Power, Subversion*. Clevedon: Multilingual Matters.

Anderson, B. (1983). *Imagined Communities*. London: Verso.

Appadurai, A. (1996). *Modernity at Large: Cultural Dimensions of Globalization*. Minneapolis and London: University of Minnesota Press.

Apter, E. (2001a). Balkan Babel: Translation Zones, Military Zones. *Public Culture*, 13(1), 65-80.

———(2001b). On Translation in a Global Market. *Public Culture*, 13(1), 1-12.

———(2006). *The Translation Zone*. Princeton and Oxford: Princeton University Press.

Baker, M. (1996). Linguistics and Cultural Studies: Complementary or Competing Paradigms in Translation Studies. In A. Lauer, H. Gerzymisch-Arbogast, J. Haller and E. Steiner (eds), *Übersetzungswissenschaft im Umbruch: Festschrift für Wolfram Wilss*. Tübingen: Gunter Narr.

———(2006). *Translation and Conflict: A Narrative Account*. London and New York: Routledge.

Bassnett, S. (2002). *Translation Studies* (third edition). London: Routledge.

———(2004). Trusting Reporters: What Exactly Did Saddam Say? The Linguist, 43(6), 176-78.

———(2005a). Bringing the News Back Home: Strategies of Acculturation and Foreignisation. *Language and Intercultural Communication*, 5(2), 120-30.

———(2005b). Translating Terror. *Third World Quarterly*, 26(3), 393-403.

———(2006). Writing and Translating. In S. Bassnett and P. Bush (eds), *The*

Translator as Writer (pp. 173-83). London and New York: Continuum.

Bassnett, S. and Lefevere, A. (eds). (1990). *Translation, History and Culture*. New York: Pinter.

———(1998). *Constructing Cultures: Essays on Literary Translation*. Clevedon: Multilingual Matters.

Bauman, Z. (1989). *Legislators and Interpreters*. Cambridge: Polity Press.

——— (1990). Modernity and Ambivalence. *Theory, Culture and Society*, 7, 143-69.

———(1998). *Globalization: The Human Consequences*. Cambridge: Polity Press.

Beck, U. (2000). *What is Globalization?* Cambridge: Polity.

Bhabha, H. K. (1994). *The Location of Culture*. London: Routledge.

Bielsa, E. (2005). Globalisation and Translation: A Theoretical Approach. *Language and Intercultural Communication*, 5(2), 131-44.

———(2006a). Global News Channels. In R. Robertson and J. A. Scholte (eds), *Encyclopedia of Globalization*. New York: Routledge.

——— (2006b). Globalisation and News Translation: The Role of the News Agencies. *Norwich Papers*, 14, 15-28.

——— (2007). Translation in Global News Agencies. *Target*, 19(1), 135-55.

Bourdieu, P. (1992). *Language and Symbolic Power*. Cambridge: Polity Press.

——— (1993). *The Field of Cultural Production*. Cambridge: Polity Press.

——— (1998). *On Television and Journalism*. London: Pluto.

——— (2002). Les conditions sociales de la circulation internationale des idées. *Actes de la Recherche en Sciences Sociales*, 145, 3-8.

Bourdieu, P. and Wacquant, L. (2001). NewLiberalSpeak: Notes on the New Planetary Vulgate. *Radical Philosophy*, (105), 2-5.

Boyd-Barrett, O. (1980). *The International News Agencies*. London: Sage.

——— (1997). Global News Wholesalers as Agents of Globalization. In A. Sreberny- Mohammadi, D. Winseck, J. McKenna and O. Boyd-Barrett (eds), *Media in Global Context: A Reader* (pp. 131-44). London:

Arnold.

———(1998). 'Global' News Agencies. In O. Boyd-Barrett and T. Rantanen (eds), *The Globalization of News* (pp. 19-34). London: Sage.

Boyd-Barrett,O. andRantanen, T. (eds). (1998). *The Globalization of News*. Londoni: Sage.

———(2004). News Agencies as News Sources: A Re-Evaluation. In C. Paterson and A. Sreberny (eds), *International News in the 21st Century* (pp. 31-45). Eastleigh: University of Luton Press.

Boyd-Barrett, O. and Thussu, D. K. (1992). *Contra-flow in Global News*. London: John Libbey.

Castells, M. (2000a). *The Information Age, Volume 1: The Rise of the Network Society* (second edition). Oxford: Blackwell.

Castells, M. (2000b). *The Information Age, Volume 2: Economy, Society and Culture, Vol. 1, The Rise of the Network Society* (second edition). Oxford: Blackwell.

Chalaby, J. K. (1996). Journalism as an Anglo-American Invention. *European Journal of Communication*, 11(3), 303-26.

———(ed.). (2005). *Transnational Television Worldwide*. London, New York: I. B. Tauris.

Cheyfitz, E. (1991). *The Poetics of Imperialism: Translation and Colonization from The Tempest to Tarzan*. New York and London: Oxford University Press.

Clausen, L. (2003). *Global News Production*. Copenhagen: Copenhagen Business School Press.

———(2004). Localizing the Global: 'Domestication' Processes in International News Production. *Media, Culture and Society*, 26(1), 25-44.

Clifford, J. (1997). *Routes: Travel and Translation in the Late Twentieth Century*. Cambridge, Mass.: Harvard University Press.

Crane, D., Kawashima, N. and Kawasaki, K. (2002). *Global Culture: Media,*

Arts, Policy and Globalization. New York: Routledge.

Cronin, M. (2000). A*cross the Lines: Travel, Language, Translation*. Cork: Cork University Press.

———(2003). *Translation and Globalization*. London and New York: Routledge.

——— (2005). Burning the House Down: Translation in a Global Setting. *Language and Intercultural Communication*, 5(2), 108-19.

———(2006). *Translation and Identity*. London and New York: Routledge.

de la Motte, D. (1999). Utopia Commodified. In D. de la Motte and J. M. Przyblyski (eds), *Making the News: Modernity and the Mass Press in Nineteenth-Century France* (pp. 141-59). Amherst: University of Massachusetts Press.

Demers, D. (ed.). (2003). *Terrorism, Globalization and Mass Communication*. Spokane, Wash.: Marquette Books.

Even-Zohar, I. (1990). Polysystems Studies. *Poetics Today*, 11(1).

Featherstone, M. (ed.). (1990). *Global Culture: Nationalism, Globalization and Modernity*. London: Sage.

Friedman, J. (2002). Globalisation and the Making of a Global Imaginary. In G. Stald and T. Tufte (eds), *Global Encounters: Media and Cultural Transformation* (pp. 13-31). Luton: University of Luton Press.

Gambier, Y. (2006). 'Transformations in International News'. Paper presented at the Translation in Global News Conference, University of Warwick.

García Canclini, N. (1982). *Las culturas populares en el capitalismo*. Havana: Casa de las Américas.

García González, J. E. (2005). Palabra, espacio y tiempo. In C. Cortés Zaborras and M. J. Hernández Guerrero (eds), *La traducción periodística* (pp. 137-54). Cuenca: Ediciones de la Universidad de Castilla-La Mancha.

García Suárez, P. (2005). Noticias de agencia: algunos problemas planteados en la traducción español-árabe. In C. Cortés Zaborras and M. J.

Hernández Guerrero (eds), *La traducción periodística* (pp. 175-97). Cuenca: Ediciones de la Universidad de Castilla-La Mancha.

Gentzler, E. (2001). *Contemporary Translation Theories* (revised second edition). Clevedon: Multilingual Matters.

Giddens, A. (1991a). *The Consequences of Modernity*. Cambridge: Polity.

——— (1991b). *Modernity and Self-Identity*. Cambridge: Polity Press.

Giffard, C. A. (1998). Alternative News Agencies. In O. Boyd-Barrett and T. Rantanen (eds), *The Globalization of News* (pp. 191-201). London: Sage.

Giffard, C. A. and Nancy R. (2000). News Agencies, National Images, and Global Media Events. *Journalism and Mass Communication Quarterly*, 77(1).

Gile, D. (2004). Translation Research versus Interpreting Research: Kinship, Differences and Prospects for Partnership. In C. Schäffner (ed.), *Translation Research and Interpreting Research: Traditions, Gaps and Synergies* (pp. 10-34). Clevedon: Multilingual Matters.

Goldscheider, E. (2004). Found in Translation. *Boston Globe Magazine*, 24, 34-42.

Gunter, B. (2003). *News and the Net*. Mahwah, NJ: L. Erlbaum.

Gutiérrez, M. (2006). 'Journalism and the Language Divide'. Paper presented at the Translation in Global News Conference, University of Warwick.

Habermas, J. (1984). What is Universal Pragmatics? In J. Habermas (ed.), *Communication and the Evolution of Society*. Cambridge: Polity.

Hamelink, C. J. (1997). International Communication: Global Market and Morality. In A. Mohammadi (ed.), *International Communication and Globalization*. London: Sage.

Hannerz, U. (1996). *Transnational Connections*. London and New York: Routledge.

——— (2004). *Foreign News*. Chicago: University of Chicago Press.

Harper, C. (1998). *And That's the Way it Will Be: News and Information in a Digital World*. New York: New York University Press.

Harvey, D. (1989). *The Condition of Postmodernity*. Oxford: Blackwell.

——— (2000). *Spaces of Hope*. Edinburgh: Edinburgh University Press.

Hatim, B. and Mason, I. (1997) *The Translator as Communicator*, London and New York: Routledge.

Headrick, D. R. (1981). *The Tools of Empire: Technology and European Imperialism in the Nineteenth Century*. New York and Oxford: Oxford University Press.

Held, D., McGrew, A., Goldblatt, D. and Perraton, J. (1999). *Global Transformations: Politics, Economics and Culture*. Cambridge: Polity Press.

Herman, E. S. and McChesney, R. W. (1997). *The Global Media: The New Missionaries of Corporate Capitalism*. London and New York: Continuum.

Hernández Guerrero, M. J. (2005a). La traducción de los géneros periodísticos. In C. Cortés Zaborras and M. J. Hernández Guerrero (eds), *La traducción periodística* (pp. 89-133). Cuenca: Ediciones de la Universidad de Castilla-La Mancha.

——— (2005b). Prensa y traducción. In C. Cortés Zaborras and M. J. Hernández Guerrero (eds), *La traducción periodística* (pp. 155-73). Cuenca: Ediciones de la Universidad de Castilla-La Mancha.

Holmes, J. S. (1988). *Translated! Papers on Literary Translation and Translation Studies*. Amsterdam: Rodopi.

Hugill, P. J. (1999). *Global Communications Since 1844: Geopolitics and Technology*. Baltimore: Johns Hopkins University Press.

Hursti, K. (2001). An Insider's View on Transformation and Transfer in International News Communication: An English-Finnish Perspective. *Helsinki English Studies*, 1.

Huteau, J. and Ullmann, B. (1992). *AFP: une histoire de l'Agence France-presse: 1944-1990*. Paris: R. Laffont.

IPS. *IPS Style Manual*. Rome.

Jameson, F. and Miyoshi, M. (eds). (1998). *The Cultures of Globalization*. Durham: Duke University Press.

Janelle, D. G. (1991). Global Interdependence and its Consequences. In S. D. Brunn and T. R. Leinbach (eds), *Collapsing Space and Time: Geographic Aspects of Communications and Information*. London: HarperCollins.

Kawamoto, K. (2003). *Digital Journalism: Emerging Media and the Changing Horizons of Journalism*. Lanham: Rowman and Littlefield.

Lash, S. and Urry, J. (1994). *Economies of Signs and Space*. London: Sage.

Lecercle, J. J. (1990). T*he Violence of Language*. London and New York: Routledge.

Lefebure, A. (1992). *Havas: les arcanes du pouvoir*. Paris: B. Grasset.

Lefevere, A. (1992). *Translation, Rewriting and the Manipulation of Literary Fame*. London and New York: Routledge.

McLuhan, M. (1964). *Understanding Media: The Extensions of Man*. Harmondsworth: Penguin.

McPhail, T. L. (2006). *Global Communication: Theories, Stakeholders, and Trends* (second edition). Oxford: Blackwell.

Marchetti, D. (2002). L'internationale des images. *Actes de la Recherche en Sciences Sociales*, 145, 71-83.

Marx, K. (1976) *Capital*. London: Penguin.

Mason, I. (1994). Discourse, Ideology and Translation. In R. Beaugrande, A. Shunnaq and M. Helmy Heliel (eds), *Language, Discourse and Translation in the West and the Middle East*. Amsterdam and Philadelphia: Benjamins.

Matterlart, A. (2002). An Archaeology of the Global Era: Constructing a Belief.

Media, Culture and Society, 24, 591-612.

Miladi, N. (2003). Mapping the Al-Jazeera Phenomenon. In D. K. Thussu and D. Freedman (eds), *War and the Media: Reporting Conflict 24/7*. London: Sage.

Miles, H. (2005). *Al-Jazeera: How Arab TV News Changed the World*. London: Abacus.

Montgomery, M. (1999). Speaking Sincerely: Public Reactions to the Death of Diana. *Language and Literature*, 8, 5-33.

—— (2001). Defining 'Authentic Talk'. *Discourse Studies*, 3, 397-405.

—— (2005). The Discourse of War after 9/11. *Language and Literature*, 14, 149-80.

—— (2006). 'Semantic Asymmetry and "The War on Terror"'. Paper presented at the Translation in Global News Conference, University of Warwick.

—— (2007). *The Discourse of Broadcast News: A Linguistic Approach*. London and New York: Routledge.

Muro Benayas, I. (2006). *Globalización de la información y agencias de noticias*. Barcelona: Paidós.

Musa, M. (1997). From Optimism to Reality: An Overview of Third World News Agencies. In P. Golding and P. Harris (eds), *Beyond Cultural Imperialism: Globalization, Communication and the New International Order* (pp. 117-46). London: Sage.

Nickles, D. P. (2003). *Under the Wire: How Telegraphy Changed Diplomacy*. Cambridge, Mass. and London: Harvard University Press.

Niranjana, T. (1992). *Siting Translation: History, Poststructuralism, and the Colonial Context*. Berkeley and Los Angeles: University of California Press.

Orengo, A. (2005). Localising News: Translation and the 'Global-National' Dichotomy. *Language and Intercultural Communication*, 5(2), 168-87.

Palmer, M. (1983). *Des petits journaux aux grandes agences*. Paris: Aubier.

——— (1998). What Makes News. In O. Boyd-Barrett and T. Rantanen (eds), *The Globalization of News* (pp. 177-90). London: Sage.

Paterson, C. (1997). Global Television News Services. In A. Sreberny-Mohammadi, D. Winseck, J. McKenna and O. Boyd-Barrett (eds), *Media in Global Context: A Reader* (pp. 145-60). London: Arnold.

——— (1998). Global Battlefields. In O. Boyd-Barrett and T. Rantanen (eds), *The Globalization of News* (pp. 79-103). London: Sage.

Paterson, C. and Sreberny, A. (eds). (2004). *International News in the 21st Century*. Eastleigh: University of Luton Press.

Pavlik, J. V. (2001). *Journalism and New Media*. New York: Columbia University Press.

Pym, A. (2004). *The Moving Text: Localization, Translation, and Distribution*. Amsterdam/Philadelphia: John Benjamins.

Rafael, V. (1988). *Contracting Colonialism: Translation and Christian Conversion in Tagalog Society under Early Spanish Rule*. Ithaca: Cornell University Press.

Rantanen, T. (2005). *The Media and Globalization*. London: Sage.

Read, D. (1999). *The Power of News: The History of Reuters* (second edition). Oxford: Oxford University Press.

Reiss, K. (2000). *Translation Criticism: The Potentials and Limitations*. Manchester: St Jerome Publishing, American Bible Society.

Reiss, K. and Vermeer, H. J. (1984). *Grundlegung einer allgemeinen Translationstheorie*. Tübingen: Max Niemeyer.

Reuters. *A Handbook of Reuters Journalism*.

Robertson, R. (1992). *Globalization: Social Theory and Global Culture*. London: Sage.

Said, E. W. (1994). *The Politics of Dispossession*. London: Chatto and Windus.

——— (1997). *Covering Islam* (revised edition). London: Vintage Books.

Sapir, E. (1956). *Culture, Language and Personality*. Berkeley: University of California Press.

Sassen, S. (1998). *Globalization and its Discontents*. New York: The New Press.

───── (2000). Spatialities and Temporalities of the Global: Elements for a Theorization. *Public Culture*, 12(1), 215-32.

Schäffner, C. (ed.). (2000). *Translation in the Global Village*. Clevedon: Multilingual Matters.

─────(2004). Political Discourse Analysis from the Point of View of Translation Studies. *Journal of Language and Politics*, 3(1), 117-50.

───── (2005). Bringing a German Voice to English-Speaking Readers: Spiegel International. *Language and Intercultural Communication*, 5(2), 154-67.

Scholte, J. A. (2005). *Globalization: A Critical Introduction* (second edition). Basingstoke: Palgrave Macmillan.

Schudson, M. (1978). *Discovering the News: A Social History of American Newspapers*. New York: Basic Books.

───── (1995). *The Power of News*. Cambridge, Mass. and London: Harvard University Press.

Schulte, R. and Biguenet, J. (eds). (1992). *Theories of Translation: An Anthology of Essays from Dryden to Derrida*. Chicago: University of Chicago Press.

Schwartz, V. R. (1998). *Spectacular Realities: Early Mass Culture in Fin-de-Siècle Paris*. Berkeley: University of California Press.

Semprini, A. (2000). *CNN et la mondialisation de l'imaginaire*. Paris: CNRS.

Shaw, M. (2005). *The New Western Way of War*. Cambridge: Polity.

Simeoni, D. (1998). The Pivotal Status of the Translator's Habitus. *Target*, 10(1), 1-39.

Snell-Hornby, M. (2000). Communicating in the Global Village: On Language, Translation and Cultural Identity. In C. Schäffner (ed.), *Translation in the Global Village* (pp. 11-28). Clevedon: Multilingual Matters.

Snell-Hornby, M., Pochhacker, F. and Kaindl, K. (eds). (1994). *Translation Studies: An Interdiscipline*. Amsterdam: John Benjamins.

Sreberny, A. (2002). Collectivity and Connectivity: Diaspora and Mediated Identities.

In G. Stald and T. Tufte (eds), *Global Encounters: Media and Cultural Transformation* (pp. 217-33). Luton: University of Luton Press.

Sreberny, A., Winseck, D., McKenna, J. and Boyd-Barrett, O. (eds). (1997). *Media in Global Context: A Reader*. London: Arnold.

Stald, G. and Tufte, T. (2001). *Global Encounters: Media and Cultural Transformations*. Luton: University of Luton Press.

Stetting, K. (1989). Transediting—A New Term for Coping with the Grey Area Between Editing and Translating. In G. Cale (ed.), *Proceedings from the Fourth Nordic Conference for English Studies* (pp. 371-82). Copenhagen: University of Copenhagen.

Thussu, D. K. and Freedman, D. (eds). (2003). *War and the Media: Reporting Conflict 24/7*. London: Sage.

Tomlinson, J. (1999). *Globalization and Culture*. Cambridge: Polity Press.

Tsai, C. (2005). Inside the Television Newsroom: An Insider's View of International News Translation in Taiwan. *Language and Intercultural Communication*, 5(2), 145-53.

—— (2006). 'Translation Through Interpreting: A Television Newsroom Model'. Paper presented at the Translation in Global News Conference, University of Warwick.

Tymoczko, M. and Gentzler, E. (eds). (2002). *Translation and Power*. Amherst and Boston: University of Massachusetts Press.

Urry, J. (2000). *Sociology Beyond Societies*. London and New York: Routledge.

Van Ginneken, J. (1998). *Understanding Global News*. London: Sage.

Venuti, L. (ed.). (1992). *Rethinking Translation: Discourse, Subjectivity,*

Ideology. London: Routledge.

——— (1995). *The Translator's Invisibility: A History of Translation*. London: Routledge.

——— (1998). *The Scandals of Translation*. London and New York: Routledge.

Vidal, J. M. (2005). Algunas vivencias de un traductor de prensa. In C. Cortés Zaborras and M. J. Hernández Guerrero (eds), *La traducción periodística* (pp. 379-90). Cuenca: Ediciones de la Universidad de Castilla-La Mancha.

Volkmer, I. (1999). *CNN: News in the Global Sphere*. Luton: University of Luton Press.

Waters, M. (2001). *Globalization* (second edition). London: Routledge.

Wilke, J. (1998). The Struggle for Control of Domestic Markets (2). In O. Boyd-Barrett and T. Rantanen (eds), *The Globalization of News* (pp. 49-60). London: Sage.

Williams, A. (2004). 'Insiders' Views on the Translation of News.' Paper presented at the Translation in Global News Conference, University of Warwick.

Williams, R. (1977). *Marxism and Literature*. Oxford: Oxford University Press.

〈한글 색인〉

역 자 후 기

현대에 들어서 그 중요성이 커져가는 학문분야 중 하나가 번역학이다. 시간이 흐를수록 양적으로 광범위해지고 질적으로 깊이를 더해가고 있는 번역학은 이제 통섭과 융합의 시대에 걸맞는 학문으로 자리매김하고 있으며 나라와 나라간의 교류가 활발해진 현대에 도구이자 목적으로 인식되고 있다.

이번에 번역 출간하게 된 에스페랑카 비엘사와 수잔 바스넷의 공저인 『글로벌뉴스와 번역*Translation in Global news*』은 세계화라는 큰 테두리 내에서 뉴스 번역의 역할을 심층적으로 다룬 작품이다. 저자가 서문에서 언급하듯이 번역학과 세계화 연구라는 두 학제간 관련성을 다룬 본 저서는 글로벌 커뮤니케이션의 양상을 번역이라는 틀로 조망하고 있다. 더불어 본서에서는 단순히 뉴스 번역에 한정된 실용서의 차원을 넘어 언어, 권력, 뉴스 에이전시, 뉴스번역의 역사 등도 다루고 있다.

『글로벌뉴스와 번역*Translation in Global news*』을 번역할 초기 단계에 역자들은 본서에서 다루는 내용이 뉴스와 번역에 한정된 것으로 인식하였다. 번역을 진행해가면서 저자들이 의도한 저서의 목적은 더 분명해졌고 역자들이 처음 생각한 것보다 훨씬 더 광범위한 내용을 본서에서 다루고 있음을 알게 되었다. 특히 눈에 띈 부분은 체감하기 쉬운 '뉴스'보다는 '세계화'에 대한 강조였다. 세계화와 번역, 뉴스 에이전시와 번역, 뉴스 에이전시 텍스트 분석 등은 특히 중요한 부분으로 번역자들이 번역에 대한 지평을 넓히는 데 큰 도움을 주었으며 뉴스 번역을 현상적인 면으로 인지하는 수준을 넘어 숨겨진 이면의 뜻까지 사료하는 변화를 가져다주었다.

번역의 정확성과 가독성의 우열관계가 번역 과정에서 끊임없이 제기되었지만 이를 원만하게 해결해가는 과정을 통해 번역을 대하는 역자들의 시야가 한층 더 넓어진 부분 또한 이번 번역작업을 통해서 얻은 큰 수확이었다.

이번 역서가 번역과 세계화에 관심이 많은 일반 독자를 비롯해 뉴스 미디어를 연구하는 여타 학문분야 연구가들에게 약간의 도움이 된다면 더없는 영광이자 보람이 될 것이다. 또한 제2, 제3의 후속연구를 통해 세계화와 번역이 인간과 사회에 긍정적으로 영향을 미칠 수 있길 바란다. 끝으로 이 책이 출판되기까지 도움을 준 부산대학교 영어영문학과 BK21 영상번역사업단과 교수님들께 감사의 말씀을 전한다.

역자 일동

글로벌 뉴스와 번역

발행일 • 2013년 2월 28일

지은이 • 에스페랑카 비엘사 • 수잔 바스넷
옮긴이 • 노승엽 • 손은희 • 권인경 • 이한별

발행인 • 이성모/ 발행처 • 도서출판 동인/ 등록 • 제1-1599호
주소 • 서울시 종로구 명륜동2가 아남주상복합아파트 118호
TEL • (02) 765-7145, 55/ FAX • (02) 765-7165
E-mail • dongin60@chol.com/ Homepage • donginbook.co.kr

ISBN   978-89-5506-525-1
정가   20,000원

※잘못 만들어진 책은 교환해드립니다.

■ 저자

에스페랑카 비엘사 Esperança Bielsa

레스터대학교 사회학과 강사이며 주저로는 『라틴아메리카의 어번 뉴스: 문학과 대중문화 사이』(*The Latin American Urban Crónica: Between Literature and Mass Culture*)(2006)가 있으며, 『글로벌리제이션, 정치폭력, 그리고 번역』(*Globalization, Political Violence and Translation*)(2008)을 공동 편집했다.

수잔 바스넷 Susan Bassnett

워릭대학교 번역과 비교문화 연구소 교수이며 20권이 넘는 저서를 출간했다. 주저는 『작가로서의 번역가』(*The Translator as Writer*)(공편자, 2006), 『번역학』(*Translation Studies*)(3판, Routledge, 2002), 『후기식민주의 번역: 이론과 실제』(*Postcolonial Translation: Theory and Practice*)(공편자)(Routledge, 1999) 등이 있다.

■ 역자

노승엽

부산대학교 영어영문학과 번역학 전공 박사과정
『피터 센게의 그린 경영』(공동번역)
『문학 속에서 고양이를 만나다』(공동번역)

손은희

부산대학교 영어영문학과 번역학 전공 박사수료
「A Study on Politeness in English to Korea & Korean to English Translation」
「자막의 번역특징과 유표적 대사의 번역전략」(공저)
국제영화제 등 번역가로 활동

권인경

부산대학교 영어영문학과 번역학 전공 박사과정
현재 기업체 번역가로 활동 중

이한별

부산대학교 영어영문학과 번역학 전공 박사과정
현재 영상번역작가로 활동 중